U0064925

古典文獻研究輯刊

十四編

潘美月・杜潔祥 主編

第12冊

《集韻》引《說文》考（中）

黃桂蘭 著

國家圖書館出版品預行編目資料

《集韻》引《說文》考（中）／黃桂蘭 著 — 初版 — 新北市：
花木蘭文化出版社，2012〔民 101〕
目 2+244 面；19×26 公分
（古典文獻研究輯刊 十四編；第 12 冊）
ISBN：978-986-254-845-5（精裝）
1. 韻書 2. 研究考訂
011.08 101002992

ISBN-978-986-254-845-5

古典文獻研究輯刊
十四編 第十二冊 ISBN：978-986-254-845-5

《集韻》引《說文》考（中）

作　者 黃桂蘭
主　編 潘美月 杜潔祥
總編輯 杜潔祥
企劃出版 北京大學文化資源研究中心
出　版 花木蘭文化出版社
發行所 花木蘭文化出版社
發行人 高小娟
聯絡地址 新北市永和區中正路五九五號七樓
電話：02-2923-1455／傳眞：02-2923-1452
網　址 http://www.huamulan.tw 信箱 sut81518@gmail.com
印　刷 普羅文化出版廣告事業
初　版 2012 年 3 月
定　價 十四編 20 冊（精裝）新台幣 31,000 元 版權所有・請勿翻印

《集韻》引《說文》考（中）

黃桂蘭　著

目次

五、《集韻》、大徐、小徐互有是非者

（計一百零九字）

覔 覍

《集韻》平聲東韻：「《說文》：突前也。徐鉉曰：冃，重覆也，犯冃而見，是突前也。」

《說文》八下見部：「突前也。从見冃。臣鉉等曰：冃，重覆也，犯冃而見，是突前也。」

案：《集韻》引「突前也」與二徐同。玄應《一切經音義》卷九引曰：「覍，突前也」，又引《國語》「戎狄覍後輕儳」，賈逵曰：「覍後猶輕觸也，字體從冃從見。」卷十二引云：「覍突前也，猶輕觸直進也。字从冃从見。」玄應書兩引《說文》皆作「覍」，是古本从冃不从冃。二徐本篆作「覍」，竝誤。小徐「冃」部別出覍字，云「犯而見也，从冃从見也」，犯而見即突前之義，自必一字岐出耳。《集韻》引鉉說「冃，重覆也」，仍承其誤；「犯冃而見」即不誤也。又正文作「覍」亦訛，當改。

滗 洚

《集韻》平聲東韻：「《說文》：水不遵道。一曰：大水。一曰下也。」

《集韻》平聲江韻：「《說文》：水不遵道。一曰：下也。」

《說文》十一上水部：「水不遵道。一曰：下也。从水夅聲。」

案：「遵」下，小徐有「其」字；「下也」上，複舉「洚」字。《廣韻》收東、冬、江三韻，注引《說文》，均與大徐同。田吳炤《二徐箋異》謂《廣韻》引同小徐，非。又小徐本「洚」篆上有「洚」篆，訓「大水也」，王筠《句讀》曰：「即洚字之譌衍也。」《集韻》東韻下有「一曰：大水」四字，疑涉此而羼入。

邕

《集韻》平聲鍾韻：「《說文》：四方有水自邕成池。籀作𡿧。」

《說文》十一下巛部：「四方有水自邕城池者。从川从邑。𡿧，籀文邕。」

案：「城池」二字，大小徐同，《集韻》引「城」作「成」，是也。《廣韻》三鍾、《韻會》二冬引皆作「成池」，是二徐作「城」，乃傳寫之誤。大徐「池」下有「者」字，《集韻》引脫。小徐「者」下，有「是也」二字。

䑀

《集韻》平聲支韻：「《說文》：別也。（兩見，一在班縻切下，一在賓彌切下。）」

《集韻》上聲紙韻：「《說文》，裂也。」

《說文》四下冎部：「別也。从冎卑聲。讀若罷。」

案：「䑀」注「別也」，二徐同。《集韻》平聲支韻兩見，注訓「別也」，不誤。上聲紙韻引則訓「裂也」，蓋誤以《廣雅》爲《說文》也。《廣雅・釋詁》：「䑀，裂也」。

夔

《集韻》平聲脂韻：「《說文》：神魖也。如龍，一足。象有角、手、人面之形。一曰：夔夔，悚懼皃。」

《說文》五下夊部：「神魖也。如龍，一足。从夊。象有角、手、人面之形。」

案：「神魖也」，小徐作「即魖也」，段注云：「『即』，鉉作『神』，疑『神』是。鬼部曰：魖，耗鬼也。神魖謂鬼之神者也。」然則《集韻》引不誤也。「如龍，一足」下，二徐竝有「从夊」二字，《集韻》引脫，當補，否則無以見「足」意。「一曰：夔夔，悚懼皃」，非引《說文》，丁度等所增益也，《孟子》：「夔夔，齋栗。」注：「敬慎戰懼也。」

誒

《集韻》平聲之韻：「《說文》：可惡之辭。一曰：誒然。引《春秋傳》：誒誒出出。」

《集韻》平聲咍韻：「《說文》：可惡之辭。」

《說文》三上言部：「可惡之辭。从言矣聲。一曰：誒然。《春秋傳》曰：誒誒出出。」

案：「《春秋傳》曰」，小徐作「《春秋傳》言」，「言」當改作「曰」，許書無「傳言」之例。《集韻》咍韻引止作「可惡之辭」，蓋與之韻引互見也。

堣　堣

《集韻》平聲虞韻：「《說文》：堣夷在冀州陽谷，立春日，日值之而出。引《尚書》：宅堣夷。」

《說文》十三下土部：「堣夷在冀州、陽谷，立春日，日值之而出。从土禺聲。《尚書》曰：宅堣夷。」

案：「陽谷」，小徐作「暘谷」。段云：「日部暘引《虞書》曰：暘谷，則此當作暘。」是《集韻》引亦當改作「暘」。大徐作「立春日。日值之而出」，小徐作「立春之日值之而出」，段注、王筠《句讀》竝從大徐，《集韻》亦是。

鄌　鄌

《集韻》平聲模韻：「《說文》：馮翊部陽亭。」

《說文》六下邑部：「左馮翊鄌陽亭。从邑屠聲。」

案：「左馮翊」下，小徐有「有」字，《玉篇》注同。《集韻》引「馮翊」上，敓「左」字，宜補。許書邑部「鄜」至「郁」諸字，說解皆冠「左馮翊」，「鄌」字亦其語次。「鄌陽亭」二徐竝同，《集韻》引「鄌」作「部」。段注云：「各本作鄌陽亭，誤。今依《集韻》、《類篇》、王伯厚《詩地理考》正。王伯厚《困學紀聞》亦作鄌陽亭，則宋時本固是，非錯出。」《廣韻》下平九麻：「亭名在部陽。」合諸書以觀，則《集韻》作「部陽亭」是也。

妻　妻

《集韻》平聲齊韻：「《說文》：婦與夫齊者也。从女、屮、又，又持事妻職也。古作㛗。」

《說文》十二下女部：「婦與夫齊者也。从女、从屮、从又，又持事妻職也。

臣鉉等曰：屮者進也，齊之義也，故从屮。䒏，古文妻，从𡿺女。𡿺，古文貴字。」

案：「婦與夫齊者也」，小徐作「婦與己齊者也」。《玉篇》、《韻會》八齊引竝作「己」，當從之。「从女从屮」，二徐竝同，《集韻》引「屮」上敚一「从」字。古文「妻」，二徐竝云「从𡿺女」，《集韻》正文作「㛗」，不誤；注文作「妛」，有缺筆。

𦓜 𦓜

《集韻》平聲齊韻：「《說文》：冊又，可以劃麥，河內用之。一曰：耕也。」

《說文》四下耒部：「冊又，可以劃麥，河內用之。从耒圭聲。」

案：大徐作「冊又，可以劃麥」，小徐「冊又」作「冊叉」，《集韻》引作「冊又」。段云：「《集韻》所據鉉本未誤也，……冊者，數之積也，見𣬈下《漢石經》以爲四十字。」又云：「叉者，手甲也，今字作爪，冊叉可以劃麥，即今俗用麥耙。」是《集韻》作「冊」不誤，「又」當改爲「叉」。王筠《句讀》亦改爲「冊叉」。「一曰：耕也」，非引《說文》，見《廣雅・釋地》。

畦 畦

《集韻》平聲齊韻：「《說文》：田五十畝曰畦。」

《說文》十三下田部：「田五十畝曰畦。从田圭聲。」

案：小徐作「田五十晦」，有脫文，《韻會》引作「田五十畞曰畦」，玄應《音義》卷十五引作「田五十畞爲畦」，亦可證。唯「畞」字，當從小徐作「晦」，「畞」重文也。

𢀩 差

《集韻》平聲佳韻：「《說文》：貳也。不相值也。一曰：擇也。籒作𢀩。」

《集韻》平聲麻韻：「《說文》：貳也。一曰：擇也。一曰：差不相值也。籒作𢀩。」

《說文》五上左部：「貳也。差不相值也。从左、从𠂹。徐鍇曰：左於事是不當值也。初牙切。𢀩，籒文𢀩从二。」

案：「差不相值也」，二徐竝同，《集韻》引無「差」字。慧琳《音義》卷十六「差」注引《說文》作「貳也。不相值也」，「不相值」上無「差」。

沈氏《說文古本考》云《九經字樣》作「不相值也」，是古本無「差」字，《集韻》佳韻引不誤，麻韻則仍沿其誤。「一曰：擇也」，非引《說文》，見《爾雅・釋詁》。

齜 齜

《集韻》平聲佳韻：「《說文》：齒相齘也。一曰：開口見齒皃。或書作觜。」

《說文》二下齒部：「齒相齗也。一曰：開口見齒之皃。从齒柴省聲。讀若柴。」

案：二徐均作「齒相齗也」，《五音韻譜》「齗」作「齘」，《集韻》引同。許書「齜」下即「齘」篆，作「齘」是也。「一曰」之義，二徐竝作「開口見齒之皃」，《集韻》引奪「之」字。

𨋂 𨋂

《集韻》平聲佳韻：「《說文》：連車。一曰：却車抵堂爲𨋂。一曰：塞也。」

《集韻》平聲皆韻：「《說文》：連車也。一曰：却車抵堂爲𨋂。」

《說文》十四上車部：「連車也。一曰：却車抵堂爲𨋂。从車差省聲。讀若遲。」

案：「連車」下，二徐竝有「也」字，《集韻》佳韻下奪。「一曰：塞也」，非引《說文》，見《廣雅・釋詁》三。

誾 誾

《集韻》平聲諄韻：「《說文》：和悅而諍也。一曰：語也。或从㐭。」

《說文》三上言部：「和說而諍也。从言門聲。」

案：《繫傳》作「和悅而諍也」，《集韻》引同。鈕樹玉《說文解字校錄》：「悅即說之近字。」「一曰：語也」，非引《說文》，蓋丁氏自增也。《說文》「誾」下無重文「㐭」，《玉篇》、《廣韻》、《一切經音義》三書皆云「古文㐭」，知六朝唐本皆有重文㐭篆。

文 文

《集韻》平聲文韻：「《說文》：錯畫也。象文文。」

《說文》九上文部：「錯畫也。象交文。」

案：鍇本作「畫也」，脫「錯」字。《韻會》引作「錯畫也」，知徐鍇舊本原不誤也。「象交文」二徐同，《集韻》引作「象文文」，義不可解，上「文」字，當爲「交」之譌。

瓛 瓛

《集韻》平聲桓韻：「《說文》：瓛圭，公所執。」

《說文》一上王部：「桓圭，公所執。从玉獻聲。」

案：「桓圭」二字，大小徐同，《集韻》引「桓」作「瓛」。王筠《句讀》曰：「桓，集韻引作瓛，非也。作桓，以見經皆用借字，瓛，其專字也。」又「公」上，小徐本有「三」字，蓋後人增，《韻會》引無，知其舊本未衍，許書「圭」下云「公執桓圭九寸」，又《周禮・大宗伯》云「公執桓圭」，竝無「三」字。

鑽 鑽

《集韻》平聲桓韻：「《說文》：所以穿也。」

《集韻》去聲換韻：「《說文》：穿也。」

《說文》十四上金部：「所以穿也。从金贊聲。」

案：二徐竝作「所以穿也」，《集韻》桓韻下引不誤，換韻下但作「穿也」，脫「所以」二字。

䰝 䰝

《集韻》平聲先韻：「《說文》：䰝䰝，不見也。一曰：䰝䰝，不見省人。徐鍇曰：室無人也。」

《說文》七下宀部：「䰝䰝，不見也。一曰：䰝䰝不見省人。从䰝聲。武延切。」

案：「一曰：䰝䰝，不見省人」，小徐作「一曰：䰝，不省人」，段氏從小徐，唯「䰝」作「䰝䰝」，注云：「上『䰝』依《集韻》、《類篇》正。」「不省人」下云：「大徐作『不見省人』，『見』字衍。《玉篇》亦作『一曰：不省人。』」是大徐、《集韻》引「見」字當刪。徐鍇說，大徐未引，《集韻》逕引《繫傳》也。唯楚金原文作「室中無人也」，《集韻》引敚「中」字。

筵 筵

《集韻》平聲僊韻：「《說文》：竹席也。引《周禮》度堂以筵筵一文。」

《說文》五上竹部：「竹席也。从竹延聲。《周禮》曰：度堂以筵筵一丈。」

案：小徐引《周禮》作「度堂以筵一丈」，止一「筵」字。陳瑑《說文引經考證》曰：「今見《考工記》作『堂上度以筵其筵一丈』句，乃漢經師之說也。」據此，則大徐疊一「筵」字是；小徐以爲多字刪之，非也。《集韻》引從大徐，疊「筵」字不誤也，唯「一丈」則形誤作「一文」，當改。

焉

《集韻》平聲僊韻：「《說文》：鳥黃色，出於江淮。象形。凡字朋者，羽蟲之長。烏者，日中之禽。舄者，知太歲之所在。燕者，讀子之候，作巢避戊已。所貴者，故皆象形。焉亦是也。一曰何也。」

《說文》四上鳥部：「焉鳥，黃色，出於江淮。象形。凡字朋者，羽蟲之屬。烏者，日中之禽。舄者，知太歲之所在。燕者，諸子之候。作巢避戊巳。所褰者，故皆象形。焉亦是也。」

案：《廣韻》下平二仙「焉」注引作「《說文》曰：鳥黃色，出江淮間」，沈氏《古本考》曰：「葢古本如是。許書之例，篆文連注讀，訓解中不得複舉焉字。」然則二徐「焉」字衍。大徐「羽蟲之屬」，小徐「屬」作「長」；嚴章福《校議議》云：「朋即鳳，鳥部首列鳳篆，疑長字是。」段氏《汲古閣說文訂》亦云：「周氏宋本長作屬，誤。」據此，知小徐、《集韻》引不誤。又「燕者，請子之候」，二徐竝同，《集韻》引「請」誤作「讀」，當改，此說又見許書乙部「孔」下注。「一曰」者，非引《說文》，左昭九年《傳》「則成焉取之」，注：「焉，猶何也。」

髽

《集韻》平聲麻韻：「《說文》：喪結。引《禮》：女子髽衰，弔則不髽。魯臧武仲與邾戰于狐鮐，魯人迎喪者髽。」

《說文》九上髟部：「喪結。《禮》：女子髽衰，弔則不髽。魯臧武仲與齊戰于狐始，魯人迎喪者始髽。从髟坐聲。」

案：「喪結」之「結」，小徐作「髻」，恐後人改。《說文》無「髻」，說見「髺」字考。《左傳》襄公四年：「邾人、莒人伐鄫，臧紇救鄫，侵邾，敗于狐鮐。」二徐竝作「與齊戰」，非；《集韻》引作「與邾戰」，是也。「狐鮐」之「鮐」，大徐作「始」，形譌也。「迎喪者」下，《集韻》脫一「始」字，當補。

崵　崵

《集韻》平聲陽韻：「《說文》：崵山在遼西。一曰：嵎銕崵谷也。一曰：首陽山在洛陽。」

《說文》九下山部：「崵山在遼西。从山昜聲。一曰：嵎鐵崵谷也。」

案：《史記・伯夷列傳・正義》、《漢書・王貢兩龔鮑傳》注引皆作「首陽山在遼西」，蓋古本如是，《玉篇》亦有「首」字，二徐、《集韻》引竝奪。「一曰：嵎鐵，崵谷也」，二徐竝同，《集韻》引「鐵」作「銕」。段本亦作「嵎銕」，注云：「銕，宋本作鐵。此即《堯典》之嵎夷暘谷也。土部引《書》：宅嵎夷。日部引《書》：暘谷，皆謂《古文尚書》；此云：嵎銕崵谷，則《今文尚書》也。」是《集韻》引作「銕」，不誤也。許書金部曰：「銕，古文鐵。」「一曰：首陽山在洛陽」者，非引《說文》，丁度等所增。

羌　羌

《集韻》平聲陽韻：「《說文》：西戎牧羊人也。从人。南方蠻閩从虫，北方狄从犬，東方貉从豸，西方羌从羊，此六種也。西南僰人僬僥从人，蓋在坤地，頗有順理之性。雄東夷从大；大，人也。夷俗仁，仁者壽，有君子不死之國。古作𡙊。」

《說文》四上羊部：「西戎牧羊人也。从人从羊，羊亦聲。南方蠻閩从虫，北方狄从犬，東方貉从豸，西方羌从羊，此六種也。西南僰人僬僥从人。蓋在坤地，頗有順理之性。雄東夷从大，大，人也。夷俗仁，仁者壽，有君子不死之國。孔子曰道不行，欲之九夷，乘桴浮於海。有以也。𢎘，古文羌如此。」

案：鍇本作「西戎從羊人也」，「從」字誤。《尚書・牧誓・釋文》、《史記・匈奴傳・索隱》，《大宛傳・正義》、《御覽》八百卌三〈資產部〉，《廣韻》十陽引竝作「西戎牧羊人也」。「僰人」二字，大小徐同，《集韻》作「焚」，譌从火。「僬僥」二字，大小徐、《集韻》引同，然《說文》無「僬」字，人部僥注作「焦僥」，是「僬」字宜去人旁。「唯東夷」之「唯」，小徐作「惟」，《集韻》引作「雄」，不體。古文羌，二徐竝作「𡙊」，《集韻》作「𡙊」，當改。

盈　盈

《集韻》平聲庚韻：「《說文》：引《周禮》：國有疑則盟。諸侯再相與會。十二歲則盟，北面詔天之司愼司命。盟殺牲歃血，朱盤玉敦，以立牛耳。或从盥，从盟。」

《說文》七上囧部：「《周禮》曰：國有疑則盟。諸侯再相與會。十二歲一盟。北面詔天之司愼司命。盟殺牲歃血，朱盤玉敦，以立牛耳。从囧从血。盥，篆文从朙。𥁰，古文从明。」

案：「國有疑則盟」，二徐同，《集韻》引「盟」作「盟」，是也。此引《禮》證字說也。「十二歲一盟」，小徐「盟」作「盟」；《集韻》引作「十二歲則盟」，「則」當改「一」。《左》昭十三年杜注：「十二年而一盟。」「盥」下，小徐云「古文從朙」，非。段云：「朙爲小篆文也，故盟爲小篆。」「盟」下，小徐云「籀文」，亦非。段云：「明者，朙之古文也。故古文盥作盟。」《集韻》引「从明」上，當補一「古」字。

訇 訇

《集韻》平聲先韻：「《說文》：漢中西城有訇鄉。或作訇。」

《集韻》平聲耕韻：「《說文》：駭言聲。漢中西城有訇鄉。籀不省。」

《說文》三上言部：「駭言聲。从言勻省聲。漢中西城有訇鄉，又讀若玄。訇，籀文不省。」

案：「駭言聲」者，二徐竝同，《韻會》八庚引「駭」作「駭」，《玉篇》同，段《注》、王筠《句讀》皆依《韻會》改，段云：「駭各本作駭，依《韻會》訂，此本義也。引伸爲匉訇大聲。」《集韻》平聲先韻亦未引此義，耕韻「駭」亦誤作「駭」，注當補正。「西城」二字，小徐作「西域」，非。《廣韻》下平一先引亦作「城」。〈地理〉云：「漢中郡有西城縣。」《集韻》兩引俱不誤也。「訇」之籀文作「訇」，不省，先韻引云「或作訇」，「或」當改作「籀」。

經 經 洓 洓

《集韻》平聲清韻：「《說文》：赤色也。引《詩》：魴魚經尾。或作赬、䞓。」

《集韻》平聲清韻：「《說文》：洓，棠棗之汁。或从浾。」

《說文》十下赤部：「赤色也。从赤巠聲。《詩》曰魴魚經尾。赬，經或从貞。䞓，或从丁。洓，經，棠棗之汁，或从水。浾，洓或从正。」

案：「赬」下，二徐竝列「䞓」「朾」「浾」「泟」等重文；《集韻》則以「朾」「浾」屬「赬」下，別立「浾」爲另一本字，「泟」屬之。《集韻》是也。考《玉篇》「浾」「泟」二字在水部，不在赤部。嚴章福《校議議》云：「浾字从水，非赬重文。據許文例，當言从赤水，或从水从正。校者據補重文，致有此謬。」段氏「浾」下，即改作「棠棗之汁也。从赤水」，注云：「各本轉寫舛誤，今正。浾與赬音雖同而義異，別爲一字，非即赬字也。棠棗汁皆赤，故从赤水會意。」段說甚是。「赬」訓「赤色也」，大徐、《集韻》引同，小徐「色」下無「也」。「棠棗」上，二徐有「赬」字，《集韻》引作「浾」，注當刪。《玉篇》「浾」下注「棠木汁」，《廣韻》庥韻注作「棠汁」，毋須複舉篆字也。

曐 曐

《集韻》平聲青韻：「《說文》：萬物之精，上爲列星。一曰象形。从口，古口復注中。故與曰同，或省，星，古作𠤥。」

《說文》七上晶部：「萬物之精，上爲列星，从晶生聲。一曰象形。从口，古口復注中。故與日同。曐，古文星。星，曐或省。」

案：「上爲列星」，小徐作「上列爲星」，段氏從大徐，注引《管子》「凡物之精，此則爲生，下生五穀，上爲列星……」爲說，故知大徐、《集韻》引是也。「从口，古口復注中」，小徐「口」作「○」是也。段注云：「从三○，故曰象形也。大徐○作口，誤。」王筠《句讀》云：「從○者，即音圍之口，古文圓者，小篆方之也。」「古與日同」句，二徐竝同，《集韻》引「日」訛作「曰」，當改。

寍 寍

《集韻》平聲青韻：「《說文》：安也。从中心在皿上。皿，人之飲食器，所以安人。」

《說文》七下宀部：「安也。从宀心在皿上。人之飲食器，所以安人。」

案：「从宀心在皿上」，二徐竝同，《集韻》引作「从中心在皿上」，與字體不符，「中」當改作「宀」。大徐作「人之飲食器，所以安人」，小徐作「皿，人之食飲器，所以安人」，《廣韻》下平十五青、《韻會》九青引同小徐。是「皿」字大徐本敚奪。唯「食飲」二字罕見，恐係「飲食」

二字誤倒，《集韻》引「人」上有「皿」字，且作「飲食器」，當不謬也。王筠《句讀》亦作「皿，人之飲食器，所以安人」。

徵

《集韻》平聲蒸韻：「《說文》：从微省。壬爲微。行於微而聞達者，即微之。一曰成也，明也，古作𢿱。」

《說文》八上壬部：「召也。从微省。壬爲徵，行於微而文達者，即徵之。𢿱，古文徵。」

案：「徵」訓「召也」，二徐竝同，《集韻》引奪失本義。「从微省」小徐作「从壬微省」，驗之篆體，是也。「壬爲徵」，二徐竝同，《集韻》引「徵」作「微」，當改。大徐作「行於微而文達」，小徐脫「行」字，「文」，《集韻》引作「聞」，考慧琳《音義》卷三引作「凡士行於微，而聞於朝廷即徵」，字句頗有增益，然可證《集韻》作「聞」是也。《韻會》引亦作「聞」，段《注》、王筠《句讀》注依《韻會》改作「聞達」。「一曰：成也」，非引《說文》，見《禮記・禮運》「是故之杞而不足徵也」注。

廔

《集韻》平聲侯韻：「《說文》：屋麗廔也。一曰：種也。」

《說文》九下广部：「屋麗廔也。从广婁聲。一曰：穜也。」

案：「一曰：穜也」四字，鍇本無。段氏從大徐，注云：「謂以廔貯穀播種於地也。木部曰：椵，穜樓也。《廣韻》：樓，種具也。皆即廔字。」可證四字即有，鍇本蓋脫。《集韻》引從大徐，然「穜」譌作「種」，當改。

襤

《集韻》平聲談韻：「《說文》：裯謂之襤。」

《說文》八上衣部：「裯謂之襤褸，襤，無緣也。从衣監聲。」

案：「裯謂之襤褸」，二徐竝同，《集韻》引奪「褸」字。《方言》：「裯謂之襤。」丁度等或據於此，以爲一字即可成義而刪之。又「襤褸」下，大徐尚有「襤，無緣也」四字。《集韻》引亦奪。小徐止作「無緣」，意不顯。《方言》：「無緣之衣謂之襤。」是此義亦當備引。

⿱沾女

《集韻》平聲談韻：「《說文》：妗也。一曰：妗⿱沾女，喜笑皃。」

《集韻》平聲談韻：「《說文》：⿱沾女妗也。一曰：喜笑皃。」

《說文》十二下女部：「妗也。从女沾聲。」

案：《集韻》談韻癡廉切下引「妗也」，與二徐同。火召切下引則作「⿱沾女妗也」，《玉篇》注亦作「⿱沾女妗也」，段注依《玉篇》補「⿱沾女」字，今從之。「一曰」者，非許書原文，許書「⿱沾女」下次「妗」，訓「一曰：善笑皃」，丁氏蓋本之而增入，唯「善」作「喜」。《集韻》「妗」下引亦作「喜笑皃」。《玉篇》妗下云：「美笑皃」。善、喜、美三字義近，未詳孰是。

磏

《集韻》平聲談韻：「《說文》：礪石。一曰：赤色。」

《說文》九下石部：「厲石也。一曰：赤色。从石兼聲。讀若鎌。」

案：小徐作「礪石也」，《集韻》引同，唯脫「也」字。然「礪」爲俗字。《玉篇》、《廣韻》、《韻會》皆作「厲」。「赤色」上，小徐無「一曰」二字。《玉篇》「磏，赤厲石。」李時珍曰：「俗稱羊肝石，因形色也。」是「赤色」不當別爲一義，「一曰」二字應刪。

閹

《集韻》平聲談韻：「《說文》：豎也。宮中奄閽閉門者。」

《說文》十二上門部：「豎也。宮中奄閽閉門者。从門奄聲。」

案：「奄」字，小徐作「閹」，是也。《周禮・天官》「閹十人」，鄭注：「閹，精氣閉藏者，今謂之宦人也。」作「奄」者，假借字也。「閽閉門者」，玄應《音義》卷一、卷十、卷二十引「閽」皆作「昏」。許書「閽」下曰：「常以昏閉門隸也。」明此當作「昏」。

兼

《集韻》平聲沾韻：「《說文》：并也。从又持秝，兼持二禾，秉持一禾。」

《說文》七上秝部：「并也。从又持秝，兼持二禾，秉持一禾。」

案：「并也。从又持秝」六字，小徐無。而「臣鍇曰」案語下有：「又曰：兼，并也。從又，手也。秝，二禾也」等語，苗夔《繫傳校勘記》疑

「并也」六字，爲鉉采鍇說所增，然《玉篇》、《廣韻》平聲二十五添皆有「并也」之義，而「从又持秝」者，所以說解「兼」之義及形也，當非采鍇說增入。《集韻》引從大徐，然「并」字訛作「井」，當改。

䔞 董

《集韻》上聲董韻：「艸名。《說文》：鼎董也。杜林曰：藕根。」

《說文》一下艸部：「鼎董也。从艸童聲。杜林曰：藕根。」

案：「鼎董」小徐作「蕭董也」，《說文》無「蕭」字，田氏《二徐箋異》云：「此與蒩字皆諓人誤加，《尒疋》作蕭董，固可爲據，實亦沿譌，不必有艸首者也。」今從大徐。大徐作「藕根」，小徐作「蕅根」，《集韻》同。段注云：「《漢志》有杜林〈倉頡訓纂〉一篇，杜林〈倉頡故〉一篇，此蓋二篇中語，藕當從後文作蕅。」桂馥《義證》、王筠《句讀》、朱氏《通訓定聲》皆作「蕅根」，是《集韻》引不誤。

玤 玤

《集韻》上聲董韻：「《說文》：石之次玉者，以爲系。」

《集韻》上聲講韻：「《說文》：石之次玉者，以爲系璧。」

《說文》一上王部：「石之次玉者，以爲系璧。从玉丰聲。讀若《詩》曰：瓜瓞菶菶。一曰：若盦蚌。」

案：「石之次玉」下，二徐注作「以爲系璧」，《集韻》講韻引不誤，董韻「系」下有闕文，方氏《考正》云：「系下奪璧字，據宋本及《說文》補。」

疕 疕

《集韻》上聲紙韻：「《說文》：頭瘍也。一曰：痂也。」

《集韻》上聲旨韻：「《說文》：瘍也。一曰：頭痛也。」

《說文》七上疒部：「頭瘍也。从疒匕聲。」

案：大徐作「頭瘍也」，《玉篇》注同。小徐作「酸痟也」，蓋涉「痟」下說而誤也。《集韻》上聲旨韻引「瘍也」，上脫「頭」字，故又增益「一曰：頭痛也」之說以附存之。上聲紙韻引則不誤也，「一曰：痂也」，非引《說文》，見《廣雅・釋詁》。

時 時

《集韻》上聲止韻：「《說文》：天地五帝所基址祭地。右扶風有五畤好畤鄜畤，皆黃帝時祭。一曰：秦文公立也。」

《說文》十三下田部：「天地五帝所基址祭地。从田寺聲。右扶風有五畤好畤鄜畤，皆黃帝時祭。或曰：秦文公卒也。」

案：「址」字，小徐作「止」，《廣韻》、《韻會》引同，當據改。「右扶風」下，小徐有「雝」字，〈地理志〉：右扶風雝有五畤，然《廣韻》、《韻會》引注無「雝」字。大徐作「或曰：秦文公立也」，小徐作「或云」，「立」下無「也」字。《集韻》引作「一曰」，義得兩通。

子

《集韻》上聲止韻：「《說文》：十一月陽氣動，萬物滋。入以爲偁。象形。古作𢀈、𩕾。」

《說文》十四下子部：「十一月陽气動，萬物滋。入以爲偁。象形。李陽冰曰：子在襁緥中足併也。𢀈，古文子，从巛象髮也。𩕾，籀文子，囟有髮，臂脛在几上也。」

案：「陽气」之「气」，小徐作「氣」，《集韻》引同，借字也。「入以爲偁」，二徐、《集韻》引竝同，然楚金案語曰：「十一月夜半，陽气所起，人承陽本其初，故以爲稱。」又子爲男子之美稱，是「入」當爲「人」之誤。段、桂、王朱各本皆改作「人」。重文「𩕾」，二徐竝云「籀文」，是《集韻》「𩕾」上，當補「籀作」二字。

朏

《集韻》上聲尾韻：「《說文》：月未盛之明。引《周書》：丙午朏。」

《集韻》上聲海韻：「《說文》：月未盛之明。从月出。引周官：丙午朏。」

案：「丙午朏」，《書・召誥》文。上聲海韻引作「周官」，非。「官」當改作「書」。

鬼

《集韻》上聲尾韻：「《說文》：人所歸爲鬼。从人㐫。象鬼頭，鬼陰氣賊害。从厶。或从示鬼。一曰：遠也。慧也。」

《說文》九上鬼部：「人所歸爲鬼。从人，象鬼頭，鬼陰气賊害。从厶。䰟，古文从示。」

案：《集韻》曰：「从人，囟象鬼頭。」方氏《考正》云：「甶譌囟，據宋本正。」「象」上，二徐竝無「甶」，疑脫，許書「甶」下注曰：「鬼頭也。象形。」王筠《句讀》依《集韻》引補。「从示鬼」之「䰟」，二徐竝云「古文」，《集韻》引云「或从示鬼」，依其語例，「或」當改作「古」。「一曰」下二義，非引《說文》，丁度等所增；「慧也」，見《方言》。

黍

《集韻》上聲語韻：「《說文》：禾屬而黏者，以大暑而種，故謂之黍。孔子曰：黍可為酒。禾入水也。」

《說文》七上黍部：「禾屬而黏者也。以大暑而穜。故謂之黍。从禾雨省聲。孔子曰：黍可為酒。禾入水也。」

案：小徐作「禾屬而黏也」，《集韻》引從大徐，唯奪「也」字。「以大暑而穜」二徐竝同，《集韻》引「穜」誤作「種」，當改。引孔子說，小徐作「黍可以為酒，禾入水也」，《初學記》卷二十七、《御覽》卷八百四十二引，「可」下亦有「以」字，是大徐、《集韻》引竝當補。

䰞

《集韻》上聲語韻：「《說文》：亨也。或从火煑，或从水在其中𩰲。」

《說文》三下䰜部：「孚也。从䰜者聲。煮，䰞或从火。𩰲，䰞或从水在其中。」

案：大徐作「孚也」，小徐作「烹也」，竝非。「孚」為「亨」之譌，「烹」為「亨」之俗。《廣韻》入聲八語引作「亨也」，是《集韻》引不誤也。重文「𩰲」，大徐作「䰞或水在其中」，小徐止作「䰞或从水」。或以為「在其中」三字為校語宜刪，然朱士端《說文校定本》云：「錢氏《潛研堂跋尾》：『古文從水者，或用立水，如江河之類；或用橫水，如𣲖頻之類。』士端謂『或從水在其中』，亦從橫水之證。」《集韻》引從大徐是也，唯「从」上當補一「或」字。

渚

《集韻》上聲語韻：「《說文》：水出常山中丘逢山，東入湡。」

《說文》十一下水部：「水在常山中丘逢山，東入湡。从水者聲。《爾雅》曰：小洲曰渚。」

案：「水在常山」，二徐竝同，《集韻》引「在」作「出」，是也。《玉篇》注作「水出中丘縣逢山」，《韻會》引亦作「出」，可證《集韻》不誤。大徐有「《爾雅》曰：小洲曰渚」句，小徐作「一曰：小洲曰渚」，引《爾雅》說別一義，許書有此例，宜從大徐，此《釋水》文。《集韻》引脫此句，當補。

呂

《集韻》上聲語韻：「《說文》：𦙶骨也。昔太嶽爲禹心呂之目，封呂侯。或从肉膂。一曰：呂，陰律。」

《說文》七下呂部：「𦙶骨也。象形。昔太嶽爲禹心呂之臣，故封呂矦。，篆文呂，从肉从旅。」

案：小徐作「𦙶肉也」，非。呂象脊骨顆顆相承形，不得象肉形，段云：「呂象顆顆相承，中象其系聯也。」《玉篇》引亦作「𦙶骨」。《廣韻》上聲八語引《字林》亦作「脊骨也」，是大徐、《集韻》引不誤也。「心呂之臣」二徐竝同，《集韻》引「臣」訛誤作「目」，義不可通。「封呂侯」上，二徐竝有「故」字，《集韻》敓。「一曰：呂，陰律」，係丁氏等所增，非引《說文》，《禮記・禮運》「六律」注：「陰曰呂。」

潕

《集韻》上聲噳韻：「《說文》：水出南陽舞陰，東入潁。」

《說文》十一上水部：「水出南陽舞陽，東入潁。从水無聲。」

案：「舞陽」，小徐作「舞陰」，且「潁」字作「汝」。《水經》：「潕水出潕陰縣西北扶予山。」是小徐作「舞陰」不誤。又據〈地理志〉，舞陰屬潁川，則大徐作「入潁」是。綜上所引，《集韻》引與《水經》、〈地理志〉悉合。

鹽

《集韻》上聲姥韻：「《說文》：河東鹽池。袤五十一里，廣七里，周百十六里。」

《說文》十二上鹽部：「河東鹽池。袤五十一里，廣七里，周百十六里。从鹽省古聲。」

案：「河東」上，小徐有「古」字，「十六」上，有「一」字。《韻會》七麌引同。《左傳》成公六年「沃饒而近鹽」，《正義》引亦同，《後漢書・

章帝紀》「幸安邑觀鹽池。」，李注引亦同，而無古字。〈地理志〉：「河東郡安邑鹽池。」大徐、《集韻》引「百」下補「一」字較妥。

雇　雇

《集韻》上聲姥韻：「《說文》：九雇農桑候鳥扈民不婬者也。春雇頒盾，夏雇竊玄，秋雇竊藍，冬雇竊黃，棘雇竊丹，行雇唶唶，宵雇嘖嘖，桑雇竊脂，老雇鷃也。或从雽，从鳸。」

《說文》四上隹部：「九雇農桑候鳥扈民不婬者也。从隹戶聲。春雇鳻盾，夏雇竊玄，秋雇竊藍，冬雇竊黃，棘雇竊丹，行雇唶唶，宵雇嘖嘖，桑雇竊脂，老雇鷃也。雽，雇或从雩。鳸，籀文雇从鳥。」

案：「不婬」二字，大小徐同，《集韻》引「婬」作「婬」，誤。「老雇」下，小徐重「鷃」字。《廣韻》上聲十姥引作「老雇鴳鴳」，是也。許書無「鷃」字，「鴳」下訓「雇也。」重文「鳸」下，二徐注云「籀文雇从鳥」，《集韻》「从鳥」連「或」字讀，以爲或文，依二徐「从鳥」上當補「籀作」二字。

㝥　㝥

《集韻》上聲薺韻：「《說文》：㝥而未厭。」

《說文》七下㝱部：「㝥而未厭。从㝱省，米聲。」

案：鍇本作「㝥而猒也」，「寐」爲「㝥」之譌，惟無「未」字，是也。《玉篇》、《廣韻》上聲十一薺皆作「𥨈」，不收「寐」，竝訓「㝥不覺」，《廣雅》「𥨈，厭也」，《蒼頡篇》「厭，夜眠內不祥也」，玄應《一切經音義》卷一引《字苑》亦作「眠內不祥也」，厭俗作魘，謂夜夢不祥也。大徐、《集韻》引竝當刪「未」字。

儽　儽

《集韻》上聲賄韻：「《說文》：垂皃。一曰：儽儽，疲也。一曰：嬾解。」

《說文》八上人部：「垂皃。从人纍聲。一曰：嬾解。」

案：大徐作「垂皃」，《集韻》引同。小徐作「埀皃」，「垂」「埀」竝欠當，宜作「𠂹」。「嬾解」之「解」，小徐作「懈」，是也。許書心部：「懈，怠也。」「解」爲借字。「疲也」之義，非引《說文》，乃丁度采《廣雅・釋訓》義羼入。

𧙕 袞

《集韻》上聲混韻：「《說文》：天子享先王。卷龍繡於下。幅一龍蟠阿上鄉。」

《說文》八上衣部：「天子享先王。卷龍繡於下。幅一龍蟠阿上鄉。从衣公聲。」

案：「繡於下」，小徐作「繡於下裳」，慧琳《音義》卷九十二引作「繡下裳」，卷九十五引作「繡於下裳」，竝有「裳」字，是有「裳」字義較明。大徐、《集韻》引竝脫。「鄉」，小徐誤作「卿」，且曲爲之說：「慎所謂上卿即《周禮》公也。」謬甚。「鄉」即今之「向」字，《韻會》引作「向」，可證。

綰 綰

《集韻》上聲潸韻：「《說文》：惡也。一曰：絳也。緭也。擊也。」

《說文》十三上糸部：「惡也。絳也。从糸官聲。一曰：綃也。讀若雞。」

案：「惡也。絳也」，二徐竝同，段氏以爲「惡」下衍「也」字，而刪。王氏《句讀》依之。然《古逸叢書》所收日本高山寺藏唐鈔本《玉篇》引作「惡色絳也」。知今本「也」乃「色」之訛，刪之非也。又大徐作「一曰：綃也」，小徐作「一曰：絹也」，段氏以爲當改作「䍐也」，注云：「网部䍐，一曰：綰也。二篆爲轉注。」然唐鈔本《玉篇》引正作「一曰：綃也」，大徐不誤，段改亦嫌鹵莽。《集韻》引則頗多竄誤：「惡也」，自成一義；「絳也」則迻於「一曰」下；「緭」字，恐是從小徐「絹」之誤。「擊也」，非引《說文》，他書亦不見，《廣韻》上聲二十五潸：「綰，繫也。」「擊」當係「繫」之誤，《類篇》即作「繫也」。

腆 腆

《集韻》上聲銑韻：「《說文》：設膳腆，腆多也。或書作𦚟。」

《說文》四下肉部：「設膳腆，腆多也。从肉典聲。他典切。𦚟，古文腆。」

案：「設膳腆腆多也」，小徐止一「腆」字，蓋脫。重文「𦚟」，二徐竝云「古文」，段云：「從日蓋誤，《玉篇》作𦛁」，《集韻》注中所列重文亦未見「𦚟」而有「𦚟」，「𦚟」與「𦛁」同，唯「或書」二字，當改作「古」。

𨻰 䡛

《集韻》上聲獮韻：「《說文》：等也。《春秋・國語》：竱本肈末。」

《說文》十下立部：「等也。从立專聲。《春秋傳》曰：竱本肇末。」

案：引書之名，小徐作「《春秋・國語》」，《集韻》引同。此《齊語》文，大徐作「《春秋傳》」，非。「竱本肇末」，二徐竝同，《集韻》引「肇」作「肈」，形譌也。

縳

《集韻》上聲獮韻：「《說文》：白鮮色也。」

《集韻》去聲綫韻：「《說文》：色也。」

《說文》十三上糸部：「白鮮色也。从糸專聲。」

案：二徐竝作「白鮮色也」，《集韻》獮韻下引不誤，綫韻下引作「色也」，脫「白鮮」二字。《儀禮・聘禮・釋文》引正作「白鮮色也。」

圈

《集韻》上聲獮韻：「《說文》：養畜之閑。」

《集韻》去聲願韻：「《說文》：養畜閑也。」

《說文》六下口部：「養畜之閑也。从口卷聲。」

案：「養畜」下，二徐竝有「之」字，《集韻》上聲獮韻引同，去聲願韻引無。玄應《音義》卷十七、卷十九引，《文選・赭白馬賦》注皆作「養畜閑也」，《廣韻》二十八獮亦同，是「之」字不必有。

湫

《集韻》上聲筱韻：「《說文》：隘下也。引《春秋傳》：晏子之宅湫隘。一曰：水名，在周地。安定朝那有湫泉。」

《說文》十一上水部：「隘下也。一曰：有湫水在周地。《春秋傳》曰：晏子之宅湫隘。安定朝那有湫泉。从水秋聲。」

案：「湫」字，小徐作「㴇」。「从水烁聲」在「有㴇水」上，無「一曰」二字。許書「湫」訓「隘下」，引《春秋傳》曰：「晏子之宅湫隘」證之。「一曰：有湫水在周地。」又：「安定朝那有湫泉。」爲別一義，「一曰」二字不可省。《集韻》引語句次第不謬也。「一曰：水名，在周地」，乃丁氏私改，當依二徐作「湫水」。〈地理志〉、〈郡國志〉「湫泉」竝作「湫淵」，今本蓋唐人避諱改也。

了

《集韻》上聲筱韻：「《說文》：了尥也。从子無臂形。一曰：慧也。訖也。決也。」

《說文》十四下了部：「尦也。从子無臂，象形。」

案：二徐竝作「尦也」，《集韻》引「尦」作「尥」，當改，唯複舉「了」字，則甚是。段注云：「《方言》曰：佻，縣也。郭注，了佻，縣物皃，丁小反。按他書引皆作了乙，亦即許之了尦也。」王筠《釋例》曰：「了，尦疊韻，……段氏所引皆可據，惜未據《集韻》增了字。」「从子無臂，象形」二徐竝同，《集韻》引「形」上奪「象」字。「一曰」下數義，非引《說文》，丁度等增，《廣雅・釋詁》曰：「了，訖也」。

肇 肈

《集韻》上聲小韻：「《說文》：擊也。通作肈。」

《說文》三下支部：「擊也。从支肈省聲。」

《說文》十二下戈部：「上諱。臣鉉等曰：後漢和帝名也。案李舟《切韻》云：擊也。从戈肁聲。」

案：許書支部有「肇」，訓「擊也」；戈部有「肈」，爲上諱字，鉉引李舟《切韻》亦訓「擊也」。然「肇」字乃後人誤增，段本不收。《玉篇》「肇」注云：「俗肈字」，《五經文字》云：「肈作肇，譌」，《廣韻》無「肇」，沈氏《古本考》云：「《經典釋文》，《開成石經》皆从戈，可證今本乃後人妄竄。」《集韻》正文作「肇」，注云「通作肈」，正誤倒。

旐

《集韻》上聲小韻：「《說文》：龜蛇四游，以象營室，游游而長。引《周禮》：縣鄙建旐。」

《說文》七上㫃部：「龜蛇四游，以象營室。游游而長。从㫃兆聲。《周禮》曰，縣鄙建旐。」

案：「龜蛇四游」之「游」，小徐作「斿」，《考工記・輈人》文亦作「斿」。「游游而長」，小徐作「悠悠而長」，「悠悠」者是也。悠悠，長也；經典多有之。《詩・車攻》「悠悠旆旌」，王筠《釋例》云：「悠旐亦疊韻字也。」「縣鄙建旐」，《周禮・春官・司常》文，小徐作「《周書》曰」，

「書」當改作「禮」。

羠 羠

《集韻》上聲小韻：「《說文》：羊未卒歲，一曰：夷羊百斤爲羠。」

《說文》四上羊部：「羊未卒歲也。从羊兆聲，或曰：夷羊百斤左右爲羠。讀若春秋盟于洮。」

案：二徐竝作「羊未卒歲也」，《集韻》引「歲」下奪「也」字。又二徐注云「夷羊白斤左右爲羠」，《集韻》引「夷」作「夷」，當爲傳鈔之誤；又《集韻》引無「左右」二字，嚴氏《校議》云：「左右似非語例。」嚴章福《校議議》亦云左右非語例，以《集韻》所引證之，二氏之說當爲可取。

摽 摽

《集韻》上聲小韻：「《說文》：擊也。一曰絜闟牡也。」

《說文》十二上手部：「擊也。从手票聲。一曰挈門壯也。」

案：大徐作「一曰：挈門壯也」，小徐作「一曰：絜鑰壯也」，許書門部闟下曰：「闟下牡也。」是大徐作「壯」形譌。《集韻》引從小徐，「挈」訛作「絜」，當改。「鑰」作「闟」，是也。鑰爲闟之俗。

蓩 蓩

《集韻》上聲晧韻：「艸名。《說文》：卷耳也。一曰：葆也。一曰：毒艸。」

《說文》一下艸部：「卷耳也。从艸務聲。」

案：「蓩」篆，鍇本原無，後張次立依鉉補之，知是「蓩」既訛作「蓩」，始增「蓩」也。故段氏刪「蓩」篆，而於「蓩」下訓「毒艸也」。《漢書・劉聖公傳》「戰於蓩鄉」，顏注引《字林》云「毒艸也」，《廣韻》上聲三十二晧「蓩」注「毒草」，據此，則書艸之字從力不從女，明矣。《集韻》從鉉本，訓「卷耳也」，而又有「一曰：毒艸」之訓，其竄亂之迹尚可見。「一曰：葆也」，非引《說文》，丁氏等增。

禂 禂

《集韻》上聲晧韻：「《說文》：禱牲馬祭也。引《詩》：既禡既禂。或作騳。」

《說文》一上示部：「禱牲馬祭也。从示周聲。《詩》曰：既禡既禂。騳，或从馬壽省聲。」

案：《繫傳》「詩曰」上有「臣鍇按」三字，鈕樹玉《說文解字校錄》疑引《詩》非《說文》所有，並云「今《詩・吉日》作『既伯既禱』，《釋天》亦同。」姚文田、嚴可均《說文校議》云「《吉日・釋文》、《釋天・釋文》『既禱』引『《說文》作禂』，不云伯作禡，則六朝舊本引《詩》『既伯既禂』」。沈氏《古本考》以爲嚴孝意之說是也，並引陳奐之說「伯，馬祖也，《詩》之禂，即《周禮》之禂馬，禂馬是祭馬祖，禡非其義」以爲證。沈氏又云：「小徐本無引《詩》有『臣鍇案《詩》曰既禡既禂』九字，或謂大徐據鍇本誤竄，非許君原文。然元朗明云『既禱《說文》作禂』，則不得云許書無引《詩》語也。小徐本蓋傳寫衍臣鍇案三字。」今考《釋文》卷六〈毛詩音義・吉日〉「禱」下云「《說文》作禂」，卷二十九《爾雅音義・釋天》「禱」下引亦同，故知沈氏之說可信。或體「䮞」字，小徐作「𩡧」，《集韻》正文同大徐作「䮞」，注文則同小徐作「𩡧」。桂馥《義證》云：「本書無䶦，當如禱之或體，省壽作𠃬」依此，則小徐及《集韻》注文無誤，方氏《集韻考正》亦主此說。

緉 緉

《集韻》上聲養韻：「《說文》：履兩枚也。一曰：緉緛，絞也。」

《集韻》去聲漾韻：「《說文》：履兩枚也。一曰：絞也。」

《說文》十三上糸部：「履兩枚也。一曰：絞也。从糸、从兩，兩亦聲。」

案：「一曰：絞也」，二徐竝同，《集韻》漾韻下引不誤，養韻下引作「一曰：緉緛，絞也」，蓋誤以《方言》爲《說文》。《方言》卷四：「緉緛，絞也。」

梗 梗

《集韻》上聲梗韻：「《說文》：山枌榆。有朿，莢可爲蕪夷也。一曰：略也。荒也。」

《說文》六上木部：「山枌榆。有朿，莢可爲蕪萊者。从木更聲。」

案：「山枌榆」下，二徐竝作「有朿」，朿者刺也，《集韻》引「朿」誤作「朿」。大徐「莢可爲蕪萊者」；小徐「萊」作「荑」，「者」作「也」。《藝文類聚》八十九〈木部〉「榆，白枌也」下云：「榆有剌夾爲蕪荑。」《御覽》九百五十六〈木部〉引作「梗，山枌榆，有刺莢，可以爲蕪荑。」兩書文字雖與二徐有出入，然可證大徐作「萊」者誤。唯段注云：「荑當作夷，《爾雅》、〈急就篇〉皆不從艸。《釋木》：無姑，其實夷。郭云：無姑，姑榆也。」段氏又引《齊民要術》云：「山榆，可以爲蕪夷。」然則《集韻》作「夷」不謬也。「一曰」下二義，非引《說文》，丁度等增然。《方言》十三：「梗，略也。」

𣳾 渻

《集韻》上聲靜韻：「《說文》：少減也。一曰：水出丘前謂之渻丘。」

《說文》十一上水部：「少減也。一曰：水門。又水出丘前，謂之渻丘。从水省聲。」

案：大徐作「又水出丘前，謂之渻丘」，小徐作「一曰：水出丘前爲渻」，且在「省聲」二字下。《廣韻》上聲四十一迥引作「《說文》曰：少減也。一曰：水門。又水出丘前謂之渻丘」，與大徐同，小徐字有敓奪，又多顚倒，非是。《集韻》引則脫「一曰：水門」之訓，當補。

丼 井

《集韻》上聲靜韻：「《說文》：八家一井，象構韓形，・罋之象。古者伯益初作井。」

《說文》五下井部：「八家一井，象構韓形，・罋之象也。古者伯益初作井。」

案：小徐「韓」作「韓」，是也。許書韋部曰：「韓，井垣也。」《集韻》引從大徐作「韓」，當改。「・罋之象也」，小徐作「罋象也」，敓「・」及「之」字，宜補。尤以「・」不可敓，「罋之象也」蓋釋「丼」篆中「・」之形也，非釋井字之形。」

珽 珽

《集韻》上聲迥韻：「《說文》：大圭，長二尺，抒上，終葵首。」

《說文》一上玉部：「大圭，長三尺，抒上，終葵首。从玉廷聲。」

案：「長三尺」，二徐竝同，《集韻》引「三」誤作「二」，當改。《詩・長發》「受小球大球」，《箋》云：「受大玉，謂珽也，長三尺。」《考工記・玉人》：「大圭，長三尺，杼上，終葵首，天子服之。」《禮器》「大圭不琢」，注云：「大圭，長三尺，杼上，終葵首。」是古皆云「長三尺」也。又「杼上」之「杼」，二徐、《集韻》引皆作「抒」，亦當改。承培元《說文引經證例》云：「抒也，挹也。杼，今之梭，殺兩頭，故曰爲殺之稱。」段氏《注》，桂氏《義證》，王氏《句讀》皆主作「杼」。

守

《集韻》上聲有韻：「《說文》：守官也。从宀从寸。寺府之事者，从寸，寸，法度也。」

《說文》七下宀部：「守官也。从宀从寸。寺府之事者，从寸，寸，法度也。」

案：「从宀从寸」，二徐竝同，「从寸」二字似衍，「寺府之事」蓋釋「从宀」之意也。莫下另有「法度也」釋「从寸」之意。「寺府之事者」，小徐「者」作「也」。許書寸部曰：「寺，廷也。」广部曰：「府，文書藏也。」王筠《句讀》曰：「寺府猶今語衙門。」其《繫傳校錄》又曰：「寺府之事也，大徐『也』作『者』，似訛。」是作「寺府之事也」，較妥。

母

《集韻》上聲厚韻：「《說文》：牝也。从女象襄子形。一曰：象乳子也。」

《說文》十二下女部：「牧也。从女象褢子形。一曰：象乳子也。」

案：二徐竝作「牧也」，《集韻》引作「牝也」，恐非。《廣雅・釋親》亦云：「母，牧也。」大徐作「从女褢子形」，小徐「褢」作「懷」，俗字也。《集韻》引從大徐，然「褢」譌作「襄」。大徐作「一曰：象乳子也」，《集韻》引同，小徐作「一曰：象乳」，《廣韻》上聲四十五厚引〈蒼頡篇〉云：「其中有兩點者，象人乳形。」《韻會》引作「一曰：象乳形」，則「子」字，乃後人加。

監

《集韻》上聲感韻：「《說文》：血醢也。《禮》：有監醢。以牛脯梁𥽈鹽酒也。」

《說文》五上血部：「血醢也。从血肬聲。《禮記》：有監醢，以牛乾脯粱𥽈鹽酒也。臣鉉等曰：肬肉汁滓也。故从肬，肬亦聲。」

案：「《禮記》有監醢」，二徐竝同。嚴氏《校議》云：「《韻會》廿八感引作『禮有監醢』，無記字。按此《醢人職》文，當作《周禮》。」王筠《句讀》亦云：「此出《儀禮》、《周禮》，不出于《記》。」許書言《禮》有柶，《禮》有刷巾，《禮》有奠祭，《禮》有緇緣，皆謂《禮經》；《集韻》引亦無「記」字，是也。又「以牛乾脯粱𥽈鹽酒也」，二徐竝同，《集韻》引「牛」下奪「乾」字，「粱」字譌从木，竝當改。

㲻 㲻

《集韻》上聲范韻：「《說文》：𡿺蓋也。象皮包覆𡿺下有兩臂，而久在下。」

《說文》五下夂部：「㚔蓋也。象皮包覆㚔，下有兩臂，而夂在下，讀若范。」

案：小徐本「㚔」字作「𡿺」，是也。許書上部有「𡿺」字，訓「頭髓也」，《集韻》引上作「𡿺」，下作「𡿺」，竝誤。又「夂在下」，二徐竝同，《集韻》引「夂」作「久」，形譌也。「㲻」字下从夂，蓋指人足也，如作「久」，則非義也。

訟 訟

《集韻》去聲用韻：「《說文》：爭也。一曰：謌訟。古作䛦。」

《說文》三上言部：「爭也。从言公聲。曰謌訟。䛦，古文訟。」

案：「从言公聲」下，小徐作「一曰：歌訟」，大徐作「曰：謌訟」，明脫「一」字，《集韻》引不誤。沈乾一云唐寫本《玉篇》「訟」注引《說文》亦作「爭也。一曰：歌訟」，《說文》欠部曰：「歌，詠也。」下收重文「謌」，云：「歌或从言。」大徐、《集韻》引竝用或體，宜改用本字爲是。

諈 諈 娷 娷

《集韻》去聲寘韻：「《說文》：諈諉，纍也，郭璞曰：以事相屬。或从女。」（竹恚切下）

《集韻》去聲寘韻：「《說文》：累也。」（女恚切下）

《說文》三上言部：「諈諉。纍也。从言垂聲。」

《說文》十二下女部：「諉也。从女垂聲。」

案：許書「諈」、「娷」各爲二字，一在言部，訓「諈諉，纍也（小徐作累，非是）」；一在女部，訓「諉也」，二字音義同，《集韻》去聲寘韻竹恚切下將二字併而爲一，以「娷」爲「諈」之或文。女恚切下「諈」注引止作「累也」，蓋互見也，唯「累」當改作「纍」，《說文》無「累」。竹恚切下，又引郭璞說，見《爾雅・釋言》注。

醉 醉

《集韻》去聲至韻：「《說文》：醉卒也。各卒其度量，不至於亂也。一曰：潰也。」

《說文》十四下酉部：「卒也。卒其度量，不至於亂也。一曰：潰也。从酉从卒。」

案：大徐作「卒其度量」，小徐「卒」上有「各」字，《集韻》引同。《廣韻》去聲六至、《韻會》四寘引亦有「各」字，大徐蓋脫。「一曰」義，小徐作「酒潰也」，《韻會》引同，大徐、《集韻》引或敚。

穟

《集韻》去聲至韻：「《說文》：禾采之皃。引詩：禾穎穟穟。或省蓫。」

《說文》七上禾部：「禾采之皃，从禾遂聲。《詩》曰：禾穎穟穟。蓫，或从艸。」

案：《繫傳》作「蓫，或從艸遂作。穟，或從禾遂聲。《詩》曰：禾穎穟穟」，文字顯有竄易，不可解。《集韻》所引說解與大徐同，重文「蓫」，大徐云「穟或从艸。」《集韻》引作「或省」，當改作「或从艸」。

𩳁

《集韻》去聲未韻：「《說文》：周成王時州靡國獻𩳁，人身及踵。自笑，笑則上脣奄其目，食人。北方謂之土螻。《爾雅》：𩳁如人被髮。一名梟陽。从厹象形。」

《說文》十四下厹部：「周成王時州靡國獻𩳁，人身反踵自笑，笑即上脣掩其目，食人，北方謂之土螻，《尔疋》云𩳁𩳁如人被髮。一名梟陽。从厹象形。」

案：「獻𩳁」下，小徐重「𩳁」字，是也。《爾雅・釋獸・釋文》引亦重。「人身反踵」，二徐竝同，《集韻》引「反」作「及」，明爲形誤。大徐作「笑即上脣掩其目」，小徐作「笑則上脣弇其目」，《御覽》九百八〈獸部〉引作「即」，《初學記》卷二十九〈獸部〉、《釋文》、《集韻》引竝作「則」，未審孰是？「掩」字，《初學記》、《御覽》引同；「弇」字，《釋文》引同；「掩」「弇」音義竝近。《集韻》引作「奄」，當是「掩」之形譌。引《爾雅》，二徐竝重「𩳁」字，《集韻》脫其一，今《釋獸》作「狒狒」。「梟陽」之「陽」，小徐作「羊」，與郭注合，《初學記》、《御覽》、《廣韻》八未引竝同，蓋古本如是。大徐、《釋文》、《集韻》引作「陽」，音近之借字也。「从厹。象形」，小徐作「象形，从臼，从内」。

匓

《集韻》去聲御韻：「《說文》：飽也，民祭。祝曰厭匓。」

《集韻》去聲宥韻：「《說文》：𩚀也。祭祀曰厭匓。」

《說文》九上勹部：「飽也。从勹𣪊聲。民祭。祝曰：厭匓。」

案：「飽也」，二徐竝同，《集韻》御韻引不誤，宥韻引作「𩚀也」，當改。又大徐作「民祭。祝曰：厭匓」，小徐作「祭祀曰厭匓」，《集韻》御韻引從大徐，宥韻引從小徐。段氏從大徐，注云：「祝或作祀，非。厭，當作猒，飽也。「求鬼神之猒飫也。」王筠《句讀》亦謂：「祝，一作祀，非，厭，當作猒，猒匓是複語，求神之猒飫也。」據段、王之說，知大徐本是也。

噬

《集韻》去聲祭韻：「《說文》：嗂也。一曰：喙也。」

《說文》二上口部：「啗也。喙也。从口筮聲。」

案：「啗也」，二徐竝同，《集韻》引「啗」作「嗂」，宜改。「喙也」上，二徐竝無「一曰」二字，段注云：「喙上當有『一曰』二字」，段說甚是，啗也，喙也，明是二義，應加「一曰」以別之，《集韻》不誤。

彘

《集韻》去聲祭韻：「《說文》：豕也。後蹏廢謂之彘，从彑矢。从二比。彘足與鹿足同。」

《說文》九下彑部：「豕也。後蹏發謂之彘，从彑矢聲。从二匕。彘足與鹿足同。」

案：大徐作「後蹏發」，小徐「發」作「廢」，《集韻》引同。段注云：「廢，鈍置也。彘之言滯也，豕前足僅屈伸，後足行步蹇劣，故謂之廢。」〈士喪禮〉「廢敦」，注云「無足者」，可證。「从彑矢聲」，二徐竝同，《集韻》引「矢」下奪「聲」字。「从二匕」，二徐亦同，《集韻》引「匕」訛增爲「比」，與字體不符。王筠《句讀》曰：「彘之從二匕，與夾從二人同法，彼之左人作ㄑ，見相見夾輔也，此之左上作ㄋ，以見其爲後蹏廢也。」

𥿮 縩

《集韻》去聲夳韻：「《說文》：五采繒色也。」
《集韻》去聲隊韻：「《說文》：會五采繒也。」
《說文》七下黹部：「會五采繒色。从黹綷省聲。」
案：鍇本作「會五采繒」，《廣韻》去聲十八隊引作「會五綵繒也」。「綵」爲「采」之俗。段氏依《廣韻》訂作「會五采繒也」，王筠《句讀》亦同，今從之。《集韻》隊韻引同此，夳韻引則上敚「會」字，「也」上衍「色」字。

絓 絓

《集韻》去聲卦韻：「《說文》：繭澤也。一曰：絓頭。一曰：以囊絮練也。」
《說文》十三上糸部：「繭滓。絓頭也。一曰：以囊絮練也。从糸圭聲。」
案：「繭滓。絓頭也」，二徐竝同，段云：「謂繅時繭絲成結，有所絓礙。工女蠶功畢絞，別理之爲用也。」又云：「《集韻》、《類篇》皆作繭滓也。一曰：絓頭，此古本也。一曰：絓頭者，一名絓頭也。」王筠《句讀》亦曰：「謂繭之滓名絓頭也。」然則，《集韻》「絓頭」上有「一曰」，是也。唯「繭滓」之「滓」，譌作「澤」，當改。

對 對

《集韻》去聲隊韻：「《說文》：應無方也。从丵、从口、从寸，或从土。漢文帝以爲責對而爲言。多非誠對，故去其口。」
《說文》三上丵部：「譍無方也。从丵、从口、从寸。對，對或从士。漢文帝以爲責對而爲言，多非誠對。故去其口，或从士也。」
案：「譍無方也」，二徐竝同，《集韻》引「譍」作「應」，是也。鈕氏校錄云：「韻會引譍作應，是也。」王氏《句讀》即依《集韻》改作「應無方也」。重文「對」，二徐竝云：「或从士」，《集韻》引作「或从土」，形似而誤也。

晉 晉

《集韻》去聲稕韻：「《說文》：進也。日出萬物進。从日臸。引《易》：明出地上晉，徐鉉曰：臸，到也。」

《說文》七上日部：「進也。日出萬物進。从日从臸。《易》曰：明出地上𣈆。
臣鉉等案：臸，到也。會意。」

案：釋字之形，大徐作「从日从臸」，小徐作「从日臸聲」。小徐本引《易》下有「會意」二字，大徐本此二字逐為鉉校語。《易》曰：「明出地上晉。」細繹其誼，宜從會意為是。《集韻》引作「从日臸」，亦屬會意。

閈

《集韻》去聲翰韻：「《說文》：閭也。汝南呼輿里門曰閈。」

《說文》十二上門部：「門也。从門干聲。汝南平輿里門曰閈。」

案：《左傳》襄公二十一年「高其閈閎」，《釋文》引「閈，閭也。」《爾雅・釋宮・釋文》引亦同。《後漢書・馬援傳》「援素與述同里閈」，李注、《廣韻》去聲二十八翰引亦皆作「閭也」。足徵二徐本作「門也」，非。《集韻》引不誤，《玉篇》注亦作「閭也」，「平輿」二字，大小徐同，上述諸書亦同。〈郡國志〉：「汝南郡平輿。」注云：「見《說文》。」是知《集韻》「平」作「呼」，形訛也。

盥

《集韻》去聲換韻：「《說文》：澡手也。从臼水臨血。引《春秋傳》：奉匜沃盥。」

《說文》五上皿部：「澡手也。从臼水臨皿。《春秋傳》曰：奉匜沃盥。」

案：小徐作「澡也」，無「手」字。然《禮記・內則》釋盥：洗手也，洗亦澡也。《後漢書・劉寬傳》「不好盥浴」，李注：「澡手曰盥。」另玄應《音義》卷一、卷三、卷五、卷六、卷十二、卷十八引皆同。故知大徐、《集韻》引是也。「从臼水臨皿」二徐同，《集韻》引「皿」誤作「血」，當改。引《春秋傳》小徐作「奉匜沃盥」，《集韻》引同；大徐「匜」作「匜」，不體，今《左傳》僖公廿三年作「匜」。

莜

《集韻》去聲嘯韻：「《說文》：艸田器。引《論語》：以杖荷莜。或从蓧。」

《說文》一下艸部：「艸田器。从艸，條省聲。《論語》曰：以杖荷蓧。今作蓧。」

案：「以杖荷莜」，岩崎氏本原作「以杖荷蓧」，今正。蓋二徐均云「莜」

字「从艸條省聲」，且大徐本尚有「今作蓧」三字，鈕樹玉《說文校錄》云：「此後人語。」汪憲《繫傳考異》、王筠《繫傳校錄》、桂馥《義證》均主此說。《集韻》引，亦無此三字，而改作「或从蓧」，蓋從鉉本之誤。

𠾂 嘂

《集韻》去聲嘯韻：「《說文》：高聲也。一曰：大呼也。引《春秋傳》：魯昭公嘂然而哭。」

《說文》三上㗊部：「高聲也。一曰：大呼也。从㗊丩聲。《春秋・公羊傳》曰：魯昭公叫然而哭。」

案：二徐竝云：「《春秋・公羊傳》」者，蓋別於凡偁左氏經云《春秋傳》也。《集韻》引衹云「《春秋傳》」，偶失。二徐皆作「魯昭公叫然而哭」，《集韻》引「叫」作「嘂」，《韻會》十八嘯引亦同。段注云：「嘂，各本作叫，譌，今正。」此乃引傳證字也，作「嘂」是也。今《公羊》昭廿五年傳作「噭然而哭」。

瀑 瀑

《集韻》去聲号韻：「說之：疾雨也。一曰：沫也；一曰：暴霣也，引《詩》：終風且瀑」。

《說文》十一上水部：「疾雨也。一曰：沫也。一曰：瀑資也。从水暴聲。《詩》曰：終風且瀑。」

案：《集韻》号韻「瀑」下曰：「說之疾雨也。……」方氏《集韻考正》云：「之當从《類篇》作文。」是丁氏訓「瀑」引《說文》也。引《詩》，小徐作兩「一曰」義上，是也。段云：「《毛詩》：終風且暴。《傳》曰：疾也。即指風言，許所據蓋三家詩。」《玉篇》亦訓「疾風」。許君引《詩》，蓋證「疾」義，不當在兩「一曰」義下。大徐作「一曰：瀑資也」，小徐「資」作「霣」，李善〈江賦〉「拊拂瀑沫」注引亦同。《說文》雨部曰：「霣，雨也。」《集韻》引作「霣」不誤，唯「暴」字，當加水旁。

姓 姓

《集韻》去聲勁韻：「《說文》：人所生也。古之神聖，母感天而生子，故稱天子。引《春秋傳》：天子因生以賜姓。」

《說文》十二下女部：「人所生也。古之神聖母感天而生子，故稱天子。从女从生，生亦聲。《春秋傳》曰：天子因生以賜姓。」

案：《御覽》三百六十二人事部引「神聖」下有「人」字，小徐亦有之。嚴氏《校議》曰：「母字屬下句。《生民》疏引《韓詩》說：聖人皆無文，感天而生。亦聖人連文。」大徐、《集韻》引「聖」下當補「人」字。「天子因生以賜姓」，《左傳》隱公八年文，此許引經常例。小徐譌敓「《春秋傳》曰」四字，而改作「故稱天子因生以爲姓」，非是。

嚛

《集韻》入聲屋韻：「《說文》：食辛嚛也。一曰：歠聲。」

《集韻》入聲沃韻：「《說文》：食辛嚛。伊尹曰：酸而不嚛。」

《說文》二上口部：「食辛嚛也。从口樂聲。」

案：二徐竝作「食辛嚛也」，《集韻》屋韻下引不誤，沃韻引奪「也」字。屋韻下云「一曰：歠聲」，非引《說文》，《廣韻》入聲一屋作「大歠聲」，丁氏蓋節此而增；沃韻下云「伊尹曰：酸而不嚛」，亦非《說文》，見《玉篇》引。

王　玉

《集韻》入聲燭韻：「《說文》：石之美有五德。潤澤以溫，仁之方也。䚡理自外可以知中，義之方也。其聲舒揚專以遠聞，智之方也。不橈而折，勇之方也。銳廉而不技，絜之方也。象三玉之連，丨其貫也。古作玉。」

《說文》一上玉部：「石之美有五德，潤澤以溫，仁之方也。䚡理自外可以知中，義之方也。其聲舒揚專以遠聞，智之方也。不橈而折，勇之方也，銳廉而不忮，絜之方也。象三玉之連，丨其貫也。□，古文玉。」

案：「不橈而折」之「橈」，小徐作「撓」。許書：「橈，曲木也。」「撓，擾也。」經典橈曲義，多用撓，借字也。橈本爲曲木之意，後引伸爲凡曲之偁，故當以作「橈」爲是。「銳廉不技」之「技」，小徐作「忮」，是也。段氏《汲古閣說文訂》曰：「許意謂圭角斬斬，却不忮害於物，廉潔之方如此。……《聘義》、《管子．水地》、《荀卿．法行》皆作廉而不劌，字與《說文》不同，而義則一。劌，利傷也；忮，很也。」「絜之方也」之「絜」，小徐作「潔」，用後起字也。《說文》無「潔」，祇作「絜」，段云：「漢人潔作絜。」

日

《集韻》入聲質韻：「《說文》：實也。太陽之精不虧。从口一。象形。」

《說文》七上日部：「實也。太陽之精不虧。从口一，象形。，古文，象形。」

案：「从口一」下，小徐無「象形」二字，非。「口」「一」均非文也，段云：「口象其輪郭，一象其中不虧。」若不加「象形」二字，恐人誤以爲會意也。又二徐竝有重文「」，下云「古文，象形」，《集韻》引脫。

鴥

《集韻》入聲術韻：「《說文》：鸇飛皃。引《詩》：鴥彼晨風。」

《說文》四上鳥部：「鸇飛皃。从鳥穴聲。《詩》曰：鴥彼晨風。」

案：大徐篆作「」，小徐作「」。《玉篇》、《廣韻》、《集韻》皆同小徐。《詩．晨風．釋文》云「鴥，《說文》作鴪。」據此，則大徐左形右聲者，非。鈕氏《說文校錄》曰：「《說文》鳥部，字形及注，多經後人改移。」此即一例也。引《詩》「晨風」之「晨」，小徐作「鷐」。《爾雅．釋鳥．釋文》云：「晨，本或作鷐。」然則，小徐是也。

乞

《集韻》入聲黠韻：「《說文》：玄鳥也。齊魯謂之乞，取其鳴自呼。象形。徐鍇曰：此與甲乙之乙相類，其形聲舉首下曲，與甲乙字少異，或从鳥、鳦。」

《說文》十二上乞部：「玄鳥也。齊魯謂之乙，取其鳴自呼，象形。徐鍇曰：此與甲乙之乙相類，其形舉首下曲，與甲乙字少異，，乙或从鳥。」

案：「玄鳥」上，小徐有「燕燕」二字。然《玉篇》注同大徐，無「燕燕」二字，《集韻》引是也。小徐作「取其鳴自呼，象形」，小徐作「取其名自謼，象形也」，作「名」，非是，此謂因其鳴聲而命之；「謼」字則是，諱者，評也，號也，即命名之意也。徐鍇案語原作「此與甲乙之乙相類，此音軋，其形舉首下曲，與甲乙字異也。」徐鉉引稍有省異。《集韻》從鉉引，而「形」下衍一「聲」字。

舝

《集韻》入聲舝韻：「《說文》：車軸耑鍵也。兩穿相背。从舛萬省聲。萬，古文偰。」

《說文》五下舛部：「車輪耑鍵也。兩穿相背。从舛萬省聲。萬，古文偰字。」

案：「車輪」小徐作「車軸」，《集韻》引同。《玉篇》「舝」注作「車軸端鐵也」，則作「軸」是也。「兩穿相背」二徐竝同，《集韻》引「兩」形誤作「雨」，當改。「萬，古文偰字」，《繫傳》無此五字。許書内部「离」下云「讀與偰同」，又云「萬，古文离」，是「萬」非古文「偰」。嚴氏《校議》以爲此五字爲校語，王筠《句讀》以爲賸語而當刪。然則今大徐本乃後人誤增，《集韻》從其誤，且「偰」作「偰」形微譌，又省「字」字。

妜

《集韻》入聲屑韻：「《說文》：鼻目間皃。」

《集韻》入聲薛韻：「《說文》：眉目間皃，一曰：怒也。[illegible]也。」

《說文》十二下女部：「鼻目閒皃，讀若煙火炔炔，从女決省聲。」

案：二徐竝作「鼻目閒皃」，《集韻》屑韻引不誤，薛韻引「鼻」作「眉」，非。《廣韻》入聲十七薛「妜」注云：「鼻目間輕薄曰妜也。」可爲證。薛韻「一曰」下二義，非引《說文》，丁度等所增。

鏌

《集韻》入聲鐸韻：「《說文》：鏌鋣也。」

《說文》十四上金部：「鏌釾也。从金莫聲。」

案：「鏌釾」下，小徐有「大戟」二字。《文選・羽獵賦》「杖鏌邪而羅者以萬計」，李善注引作「鏌邪，大戟也」。《後漢書・杜篤傳》注亦同。《御覽》三百五十二〈兵部〉引作「鏌鋣，大戟也」，是「大戟」二字宜有，大徐本蓋爲後人刪。唯「戟」字當作「𢧢」。另《集韻》引「釾」作「鋣」，亦後起字，宜改。

白

《集韻》入聲陌韻：「《說文》：西方色也。陰用事，物色曰。从入合二。二，陰數。一曰：告也。古作皐。」

《說文》七下白部：「西方色也。陰用事，物色白。从入合二，二陰數。[illegible]，古文白。」

案：鍇本「色白」下，有「皆入之」三字，蓋傳寫誤衍，《韻會》引無。古文白，二徐竝作「[illegible]」，《集韻》正文作「[illegible]」，不誤，注云「古作皐」，「皐」字當改。「一曰」者，非引《說文》，丁度等增。《玉篇》：「告語也」。

梫

《集韻》入聲昔韻：「《說文》：穜樓也。一曰：燒麥柃稅。」

《集韻》入聲錫韻：「《說文》：穜椴也。一曰：燒麥柃椴也。」

《說文》六上木部：「穜樓也。一曰：燒麥柃椴。从木役聲。」

案：大徐作「穜樓也」；小徐作「種椴也」，「種」當改作「穜」，「穜」者，今之種字。《集韻》兩引，一從大徐，一從小徐。昔韻下，「穜」字作「橦」，譌从木；「椴」字作「稅」，譌从禾。錫韻下，「柃」字訛作「柃」，竝當改。

黑

《集韻》入聲德韻：「《說文》：火所熏之色。从炎上出[illegible]。」

《說文》十上黑部：「所火熏之色也。从炎上出[illegible]。[illegible]，古窻字。」

案：「从炎上出[illegible]」，二徐竝同，《集韻》引「[illegible]」作「[illegible]」，形訛也。「[illegible]」，古文囱字，大徐云：「[illegible]，古窻字」，非。又此四字，原爲徐鍇校語，大徐誤作許書本文。

溼

《集韻》入聲緝韻：「《說文》：幽溼也。从水。一，所以覆而有土故溼也。」

《說文》十一上水部：「幽溼也。从水。一，所以覆也。覆而有土故溼也。㬎省聲。」

案：大徐「从水。一，所以覆也」，小徐作「從一，覆也」。溼字入水部，當从水；一，非實物，蓋指所以覆物之象；大徐是也。大徐作「覆而有土故溼也」，小徐作「覆土而有水故溼也」，嚴氏《校議》曰：「覆而有土，豈便溼乎？不可通。」王筠《句讀》曰：「凡鬱幽物者，必有以覆之。覆土而有水，則不見風日，宜其溼矣。」故知大徐非，小徐是也。《集韻》引從大徐，而字有簡省。當改作「从水。一，所以覆也。覆土而有水故溼也。」

妾

《集韻》入聲葉韻：「《說文》：有辠女子給事之得接於君者。从辛从女。引《春秋傳》：女為人妾。妾，不聘也。」

《說文》三上䇂部：「有辠女子給事之得接於君者。从䇂从女。《春秋》云：女為人妾。妾，不娉也。」

案：「从䇂从女」二徐竝同，《集韻》引作「从辛从女」，「辛」為「䇂」之誤，妾入䇂部，當从䇂。「女為人妾。妾，不娉也」，為《左傳》僖公十七年文，二徐但作「《春秋》云」，鈕氏《校錄》曰：「《春秋》下，當有『傳』字」《集韻》引正有「傳」字，二徐脫。「娉」字，《集韻》引作「聘」，《禮・內則》「聘則為妻，奔則為妾」，是作「聘」亦可。

胠

《集韻》入聲業韻：「《說文》：腋下也。一曰：法也。」

《說文》四下肉部：「亦下也。从肉去聲。」

案：大徐作「亦下也」，《集韻》引「亦」作「腋」，後起字也；小徐作「掖」，乃借字也。「一曰」者，非引《說文》，丁氏等所增。

六、大徐、小徐是，《集韻》非者

（計八百七十四字）

通

《集韻》平聲東韻：「《說文》：遠也。」

《說文》二下辵部：「達也。」

案：二徐注作「達也」，《集韻》引作「遠也」。方成珪《集韻考正》云：「『達』譌『遠』，據宋本及《說文》正。」段《注》云：「通達双声，達古音同闥，〈禹貢〉『達於河』，《今文尚書》作『通于河』。」又據桂馥《說文義證》云：「達也者，《小爾雅》、《廣詁》同。《釋名》『通，同也，無所不貫洞也。』《尚書》『達四聰』，《韓詩外傳》作『通四聰』；〈禹貢〉『達于淮泗』，《漢書》作『通於淮泗』；《左傳》『宮之奇達心而懦』，《新序・善謀篇》作『通於心而懦』。」是知「通」與「達」二字義通。《集韻》所引作「遠」，於義不協，乃形近而誤也。

蓬

《集韻》平聲東韻：「《說文》：蒿也。籀省（莑）。」

《說文》一下艸部：「蒿也。从艸逢聲。莑，籀文蓬省。」

案：《集韻》所引字義與大小徐同，唯籀文筆劃短缺與二徐有異，方成珪《集韻考正》云：「重文莑譌莑，據《說文》正。」，故當從《說文》作「莑」。

悤

《集韻》平聲東韻：「《說文》：多遽悤悤也。」

《說文》十下囪部：「多遽悤悤也。从心囪，囪亦聲。」

案：《集韻》正文先摽「怱」字，後列悤字，意以「怱」爲本字，「悤」爲別體。王玉樹《說文拈字》云：「今俗作怱，非是。」方成珪《集韻考正》亦云：「《說文》作悤，當以悤爲正。凡偏旁从悤者放此。」故當以「悤」爲本字，《集韻》誤。又《集韻》及大徐注中「悤悤」悉誤作「怱怱」，宜竝改。

聰

《集韻》平聲東韻：「《說文》：察也。一說：耳病。晉殷仲堪父患耳聦。」

《說文》十二上耳部：「察也。从耳怱聲。」

案：《集韻》以「聦」爲本字，「聰」爲別體，誤。當以「聰」爲正字，注中「聦」字宜併改。又云「古作聰」者，亦誤。說見「悤」字考。《集韻》所引字義與大小徐同。「一說耳病」以下，非許書原文，丁度等所增。

蔥

《集韻》平聲東韻：「《說文》：菜也。」

《說文》一下艸部：「菜也。从艸悤聲。」

案：「蔥」篆，二徐注同，《集韻》正文原作「葱」，而注云「古作蔥」，意以「葱」爲正字，「蔥」爲別體，非。說見「悤」字考。

鏓

《集韻》平聲東韻：「說文：鎗鏓也。一曰：大鑿，一曰：平木剗。」

《說文》十四上金部：「鎗鏓也。一曰：大鑿平木者。从金悤聲。」

案：「鏓」字，《集韻》作「鍯」，大徐注並誤，當改。說見「悤」字考。方成珪《集韻考正》云：「二徐本作『一曰大鑿平木者』，不分兩義。」是《集韻》引誤分，且妄羼「剗」字。「剗」字，見《玉篇》，作「削」解，詞性亦不類。方氏《考正》又有未盡者，《文選・長笛賦》「鏓硐隤墜」，李善注云：「《說文》曰：鏓，大鑿中木也。」苗夔《說文繫傳校勘記》亦徵引李《注》，並云：「蓋鑿非平木之器，當依改。」今從之。

囪

《集韻》平聲東韻：「《說文》：屋階中會。」

《說文》九下广部：「屋階中會也。从广悤聲。」

案：「⿸广悤」篆，二徐竝同，《集韻》正文原作「⿸广悤」，今改，說見「悤」字考。「屋階中會也」，二徐竝同，《集韻》引無「也」字。

璁

《集韻》平聲東韻：「《說文》：石之似玉者。」

《說文》一上王部：「石之似玉者。从玉悤聲，讀若蔥。」

案：「璁」篆，二徐竝同，《集韻》正文原作「璁」，今改，說見「悤」字考。

繱

《集韻》平聲東韻：「《說文》：帛青色。一曰：輕絹。」

《說文》十三上糸部：「帛青色。从糸蔥聲。」

案：「繱」字，《集韻》正文原作「繱」，据《集韻考正》改。又注中「緫」字，當作「總」；大徐「蔥」字，亦當改作「蔥」，說並見「悤」字考。「一曰輕絹」，非許書原文，《通俗文》曰「輕絲絹曰繱」，《集韻》或本於此。

驄

《集韻》平聲東韻：「《說文》：馬青白雜毛也。」

《說文》十上馬部：「馬有白雜毛也。从馬悤聲。」

案：「驄」字，《集韻》正文原作「騘」，据《集韻考正》改。說見「悤」字考。小徐本作「馬青白雜毛也」，《集韻》引同。考《玉篇》「驄」下云：「青白雜毛色。」《廣韻》上平一東「驄」下注云「馬青白雜色」。《通鑑》：「王琬乘隋煬帝驄馬。」注云：「馬青白曰驄。」《六書故》：「驄，馬蔥青色。」是諸家多以「青白」爲訓，知大徐「有」字，當是「青」之形誤。

⿰工隹

《集韻》平聲東韻：「《說文》：鳥肥大⿰工隹⿰工隹也。」

《說文》四上隹部：「鳥肥大⿰工隹⿰工隹也。从隹工聲。鳿，⿰工隹或从鳥。」

案：二徐竝有重文「鳿」，注云「⿰工隹或从鳥」。《集韻》脫。

烘

《集韻》平聲東韻：「《說文》：尞也。引《詩》：卬灴于煁。」

《說文》十上火部：「尞也。从火共聲。《詩》曰：卬烘于煁。」

案：「《詩》曰：卬烘于煁」，二徐竝同，此《爾雅・白華》文。《集韻》引「烘」作「灴」，非。其正文原亦訛作「灴」，方成珪《考正》謂宋本《集韻》作「烘」，不誤。

豐

《集韻》平聲東韻：「《說文》：豆之豐滿者也。一曰：《鄉飲酒禮》有豐侯者。一曰：大也。古作⿱⿰丰丰豆。」

《說文》五上豐部：「豆之豐滿者也。从豆，象形。一曰：《鄉飲酒》有豐侯者。⿱⿰丰丰豆，古文豐。」

案：「鄉飲酒」下，二徐竝無「禮」字，《集韻》蓋以意增也。「一曰：大也」，非引《說文》，《易・序卦傳》：「豐者，大也。」

楓

《集韻》平聲東韻：「《說文》：厚葉、弱枝、善搖。一名⿱聶木。」

《說文》六上木部：「木也。厚葉、弱枝、善搖。一名⿱聶木。从木風聲。」

案：「厚葉」上，鉉本有「木也」二字；鍇本作「木」，無「也」字，《釋木・釋文》引亦無。「一名⿱聶木」，鍇本「⿱聶木」作「欇」，蓋後人據《釋木》增木旁。

芃

《集韻》平聲東韻：「《說文》：艸盛。」

《說文》一下艸部：「艸盛也。从艸凡聲。《詩》曰：芃芃黍苗。」

案：二徐竝作「艸盛也」，《集韻》奪「也」字。又二徐竝引《詩》「芃芃黍苗」，《集韻》脫，當補。

鼨

《集韻》平聲東韻：「《說文》：豹文鼠也。或省（⿰鼠夂）。」

《說文》十上鼠部：「豹文鼠也。从鼠冬聲。職戎切。⿰鼠夂，籀文省。」

案：重文「⿰鼠夂」，二徐竝云「籀文」，《集韻》「或」字當改作「籀」。

衷 衷

《集韻》平聲東韻：「《說文》：裏褻衣。一曰：善也，中也。」

《說文》八上衣部：「裏褻衣。从衣中聲。《春秋傳》曰：皆衷其衵服。」

案：引《春秋傳》，小徐作「衷其衵服」，無皆字，《韻會》一東引亦同。宣九年《左傳》曰：「陳寧公與孔寧儀行父通於夏姬，皆衷其衵服，以戲於朝。」段氏《注》、王筠《句讀》竝從大徐作「皆衷其衵服」，《集韻》引脫，當補。「一曰」下二義，非引《說文》，「善也」，見《廣雅・釋詁》一；「中也」，見閔二年《左傳》「佩衷之旗也」下杜注。

蟲 蟲

《集韻》平聲東韻：「《說文》：有足謂之蟲。」

《說文》十三下蟲部：「有足謂之蟲，無足謂之豸，从三虫。

案：二徐竝作「有足謂之蟲，無足謂之豸」，《集韻》未引下句，蓋省；然無下句，無以見上句之意。

癃 癃

《集韻》平聲東韻：「《說文》：罷病也。或作痒。」

《說文》七下疒部：「罷病也。从疒隆聲。痒，籀文癃省。」

案：《集韻》引「罷病也」，與二徐同。重文「痒」，二徐竝云「籀文」，《集韻》引「或」，當改作「籀」。

弓 弓

《集韻》平聲東韻：「《說文》：以近窮遠。象刑。古者揮作弓。一說角曰弓，木曰弧。」

《說文》十二下弓部：「以近窮遠。象形。古者揮作弓。《周禮》六弓：王弓、弧弓，以射甲革甚質；夾弓，庾弓，以射干矦鳥獸；唐弓、大弓，以授學射者。」

案：「窮遠」下，小徐有「也」字。「象形」，二徐同，此謂字體於六書之屬。《集韻》引誤作「象刑」，非。「一說」者，非許書原文，《漢書・韓安國傳》：「弧弓躲獵。」注：「以木曰孤，以角曰弓。」丁氏蓋本此意也。又許書「弧」下亦注云「木弓也」。

賨

《集韻》平聲冬韻：「《說文》：南蠻賦也。」

《說文》六下貝部：「南蠻賦也。从貝宗聲。」

案：「南蠻賦也」，二徐竝同。《後漢書・南蠻・西南夷傳》曰：「槃瓠之後蠻夷，秦置黔中郡，漢改爲武陵，歲令大人輸布一匹，小口二丈，是謂賨布。」《通典》：「巴人呼賦爲賨。」《集韻》引「賦」形誤作「賊」，義遂大謬。

琮

《集韻》平聲冬韻：「《說文》：瑞玉。欠八寸，似車釭。」

《說文》一上王部：「瑞玉。大八寸，似車釭。从玉宗聲。」

案：「大八寸」，二徐竝同，《集韻》引「大」作「欠」，不詞，顯係形誤。

封

《集韻》平聲鍾韻：「《說文》：爵諸侯之土也。从之、从土、从寸，守其制度也。徐鍇曰：各之其土。一曰：土陪益爲封。一曰：大也。古作坣𡉚。」

《說文》十三下土部：「爵諸矦之土也。从之、从土、从寸，守其制度也。公侯百里，伯七十里，子男五十里。徐鍇曰：各之其土也，會意。坣，古文封省。𡉚，籀文，从半。」

案：「从之，从土，从寸，守其制度也」，小徐作「從土之寸，寸其制度也。」重文「𡉚」，二徐竝云「籀文」，《集韻》以爲「古文」，非。「𡉚」上當補「籀作」二字。兩「一曰」義，非引《說文》，丁度等所增。《穆天子傳》二：「而封口隆之葬」，注「增高其上土曰封」。《書・舜典》「封十有二山」，《傳》：「封，大也」。

種

《集韻》平聲鍾韻：「《說文》：先種後熟也。」

《說文》七上禾部：「先穜後孰也。从禾重聲。」

案：二徐竝作「先穜後孰也」，《集韻》引「穜」誤作「種」，「孰」用俗字「熟」。《詩・七月・釋文》曰：「《說文》云：禾邊作重，是重繆之字；

木邊作童，是種蓺之字，今人亂之已久。」是知唐時「種」「穜」二字已淆亂不清。如《廣韻》上平一東「穜」下曰：「穜稑。先種後熟謂之穜，後種先熟謂之稑。」去聲二宋「種」下曰「種埴也」，元朗說有廓清之功。

墉

《集韻》平聲鍾韻：「《說文》：城垣也。古作𩫖。」

《說文》十三下土部：「城垣也。从土庸聲。𩫏，古文墉。」

案：古文墉，二徐竝作「𩫏」，《集韻》曰「古作𩫖」，「𩫖」當改作「𩫏」。

顒

《集韻》平聲鍾韻：「《說文》：顒，大頭也。引《詩》其大有顒。一曰：顒顒溫皃。」

《說文》九上頁部：「大頭也。从頁禺聲。《詩》曰：其大有顒。」

案：「大頭也」，二徐竝同，《集韻》引作「顒大頭也」，「顒」字衍。「一曰」者，非引《說文》，《詩・卷阿》「顒顒卬卬」，《毛傳》：「顒顒，溫皃。」

閧

《集韻》平聲鍾韻：「《說文》：所以枝鬲者，从𩰲、从鬲省。會意。」

《說文》三上𩰲部：「所以枝鬲者。从𩰲省鬲省。」

案：「从𩰲省鬲省」，二徐竝同，《集韻》引作「从𩰲从鬲省」。「𩰲」下奪一「省」字，與篆體不符，當補。《繫傳》「臣鍇曰」下云「會意」，《集韻》「會意」二字，或本之於此。

岗

《集韻》平聲江韻：「《說文》：幬帳之象，从日，㞢其飾也。」

《說文》七下冃部：「幬帳之象，从冃，㞢其飾也。」

案：「从冃。㞢，其飾也」，二徐竝同，《集韻》引「冃」譌作「日」，「㞢」誤分為「山一」，竝當改。冃者，幬帳所以覆也。㞢，象帳之飾也。凡岗鼓，右皆像垂飾。

釭

《集韻》平聲江韻：「《說文》：瓶也。」

《説文》五下缶部：「㼚也。从缶工聲。」

案：二徐竝訓「㼚也」，《集韻》引作「瓶也」，非是。「缸」與「㼚」音義同，故以爲訓。《玉篇》「缸」，注云：「器也。與㼚同。」

𢊍 龐

《集韻》平聲江韻：「《説文》：高皮江切。《説文》：高屋也。」

《説文》九下广部：「高屋也。从广龍聲。」

案：二徐竝作「高屋也」，《集韻》引衍讀甚多，上一「《説文》」下，云「高皮江切」，語頗不詞，蓋將「高屋」之「高」，與音切誤併爲一，此當係後人傳鈔之失。下一「《説文》」下，云「高屋也」，即與二徐同。

牻 牻

《集韻》平聲江韻：「《説文》：牛白黑雜毛。」

《説文》二上牛部：「白黑雜毛牛。从牛尨聲。」

案：《繫傳》亦作「白黑雜毛牛」，玄應《一切經音義》卷十一引《説文》亦作「白黑雜毛牛」，段氏《注》、桂氏《義證》、王筠《句讀》，朱氏《通訓定聲》皆同。《廣韻》上平四江「牻」下注「牛白黑雜」，《集韻》或沿此而誤。

雙 雙

《集韻》平聲江韻：「《説文》：隹二枚也。又持之。」

《説文》四上雔部：「隹二枚也。从雔。又持之。」

案：「从雔又持之」，二徐竝同，《集韻》引作「又持之」，脱「从雔」二字甚明。

巵 巵

《集韻》平聲支韻：「《説文》：器也。一名觛。所以節飲食。象人，卪在其下也。」

《説文》九上巵部：「圜器也。一名觛。所以節飲食。象人，卪在其下也。《易》曰：君子節飲食。」

案：「器」上，二徐竝有「圜」字，《集韻》引脱。玄應《音義》卷十四引亦作「圜器也」。又二徐竝有「《易》曰：君子節飲食」七字，以説从卪之意，《集韻》引脫，當補。

𧍕 䗐

《集韻》平聲支韻：「《說文》：姑䗐，強芊也。謂米穀中蠹小黑蟲。」

《說文》十三上虫部：「蛄䗐強芊也。从虫施聲。」

案：「蛄䗐」，二徐竝同，《集韻》引「蛄」作「姑」，當改。《爾雅·釋蟲》：「蛄䗐，強蛘。」「謂米穀中蠹小黑蟲」八字，非引《說文》，《爾雅》郭注：「今米穀中蠹蟲小黑蟲，建平人呼爲蛘子。」丁氏蓋本此也。

𠯑 吹

《集韻》平聲支韻：「《說文》：噓也。」

《說文》二上口部：「噓也。从口、从欠。」

《說文》八下欠部：「出气也。从欠、从口。臣鉉等案；口部已有吹噓，此重出。」

案：許書「吹」字兩見：一在口部，訓「噓也」；一在欠部，訓「出气也」。《集韻》引但見訓「噓」之吹。

𤺋 㾊

《集韻》平聲支韻：「《說文》：減也。」

《說文》七下疒部：「減也。从疒衰聲。一曰：耗也。」

案：「減也」下，二徐竝有第二義，《集韻》引奪。大徐作「一曰：耗也」，小徐作「一曰：衰耗」，考《眾經音義》卷一「衰毣」下曰：「字體作㾊。……《說文》：㾊，減也。亦損也。《禮記》：五十始㾊。㾊，解也。今皆作衰。下古文毣、毣二形，今作耗。」然則此注，「耗」本作「毣」字。王筠《句讀》亦謂衰耗即衰毣也。

𦍩 羳

《集韻》平聲支韻：「《說文》：羊名。虢皮可以割桼。」

《說文》四上羊部：「羊名。蹏皮可以割桼。从羊此聲。」

案：「蹏皮」二字，大小徐同，《集韻》引「蹏」作「虢」，形近而譌也。大徐作「割桼」，《玉篇》注同；小徐作「割黍」，《廣韻》五支引同。沈濤《古本考》曰：「割桼、割黍，義皆未聞，難以肊定，姑从闕疑。」

今亦存疑。《集韻》譌作「割豕」，字不體。

鴜

《集韻》平聲支韻：「《說文》：鸃觜也。」

《說文》四上鳥部：「鸃鴜也。从鳥此聲。」

案：二徐竝作「鸃鴜也」，《集韻》引「鴜」誤作「觜」，當改。

鼅

《集韻》平聲支韻：「《說文》：鼅鼄蟊也。或作鼅。」

《說文》十三下黽部：「鼅鼄蟊也。从黽智省聲。陟离切。蜘，或从虫。」

案：重文「蜘」，二徐竝云「或从虫」，《集韻》正文本字「鼅」下作「蜘」，不誤；注文云「或作鼅」，當係傳刻之譌。

縭

《集韻》平聲支韻：「《說文》：絲介履。」

《說文》十三上糸部：「以絲介履也。从糸离聲。」

案：二徐竝作「以絲介履也」，《集韻》引作「絲介履」，敓「以」「也」二字。

陂

《集韻》平聲支韻：「《說文》：阪也。一曰：池也。一曰：澤障。」

《說文》十四下𨸏部：「阪也。一曰：沱也。从𨸏皮聲。」

案：「一曰：沱也」，二徐竝同，《集韻》引「沱」作「池」，非。段氏依《韻會》正作「池也」，並爲之說曰：「此云陂者，池也；故水部有池篆云陂也。」《韻會》引實沿《集韻》之誤，且許書本無「池」篆，段氏自增之，未可從也。王筠《句讀》仍作「一曰：沱也」，注曰：「《初學記》引：沱，陂也。即此文顚倒引之耳。」「一曰：澤障。」非許書原文，《書・僞泰誓》「陂池」，《疏》：「障澤之水，使不流溢。」丁氏蓋取意於此也。另許書「阪」下亦有「一曰：澤障」之訓。

皮

《集韻》平聲支韻：「《說文》：剝取獸革者謂之皮。古作箁、㞳。」

《說文》三下皮部：「剝取獸革者謂之皮。从又爲省聲。𠈃，古文皮。𠬳，籀文皮。」

案：「𠬳」字，二徐竝云「籀文皮」，《集韻》與「𠈃」竝視爲古文，非。「𠬳」上，當補「籀作」二字。

卑

《集韻》平聲支韻：「《說文》：賤也。執事也。从𠂇甲。徐鉉曰：右重而左卑。故在甲下。」

《說文》三下𠂇部：「賤也。執事也。从𠂇甲。徐鍇曰：右重而左卑，故在甲下。」

案：「右重而左卑」云云，爲徐鍇說，《集韻》引誤作「徐鉉」，當改。

移

《集韻》平聲支韻：「《說文》：艸萎簃。」

《說文》一下艸部：「艸萎移。从艸移聲。」

案：二徐竝作「艸萎移」，《集韻》「移」作「簃」，譌从竹，當改。

郊

《集韻》平聲支韻：「《說文》：周文王所封，在右扶風美陽中水鄉。或从山（岐），因岐山以名。或作嶅。一曰：旁出道。」

《說文》六下邑部：「周文王所封，在右扶風美陽中水鄉。从邑支聲。岐，郊或从山支聲，因岐山以名之也。𡶒，古文郊，从枝从山。」

案：重文「岐」下，二徐竝云「郊或从山支聲。因岐山以名之也」，《集韻》不引聲，上句作「或从山」，下句節引作「因岐山以名」。又古文「郊」，二徐竝作「𡶒」，《集韻》曰「或作嶅」，「或」當改作「古」，「嶅」宜改作「𡶒」。「一曰」者，非引《說文》，丁度等所增。

觿

《集韻》平聲支韻：「《說文》：銳耑可以解結。」

《說文》四下角部：「佩角銳耑可以觽結。从角巂聲。《詩》曰：童子佩觿。」

案：「銳耑」上，二徐竝有「佩角」二字，《集韻》脫。又二徐竝有「《詩》曰：童子佩觿」句，《集韻》蓋未引。

奇 奇

《集韻》平聲支韻：「《說文》：異也。」
《說文》五上可部：「異也。一曰：不耦。从大、从可。」
案：「異也」下，二徐竝有「一曰」之義，《集韻》引脫。大徐作「不耦」，小徐作「不偶」，「偶」字俗。《易．繫辭》「陽卦奇，陰卦耦」，是此義當有。

陭 陭

《集韻》平聲支韻：「《說文》：七黨陭氏阪。」
《說文》十四下𨸏部：「上黨陭氏阪也。从𨸏奇聲。」
案：「上黨」二字，大小徐同，《集韻》引「上」形訛作「七」。「阪」下，二徐竝有「也」字，《集韻》奪。

檥 檥

《集韻》平聲支韻：「《說文》：榦也。一曰：立木以表物。」
《說文》六上木部：「榦也。从木義聲。」
案：二徐竝作「榦也」，《集韻》引「榦」作「榦」，不體，當改。「一曰：立木以表物」。非引許書，丁度等所增益也。《爾雅．釋詁》：「楨、翰、儀，榦也。」段云：「許所據《爾雅》作檥也。人儀表曰榦，木所立表亦爲榦。」

伾 伾

《集韻》平聲脂韻：「《說文》：有力也。引《詩》：以車丕伾。一曰：眾也。」
《說文》八上人部：「有力也。从人丕聲。《詩》曰：以車伾伾。」
案：引《詩》，二徐竝作「以車伾伾」，《集韻》引上一「伾」字作「丕」，誤。此《詩．魯頌．駉篇》文，《傳》曰：「伾伾，有力也。」正許君所本。「一曰：眾也」，非引《說文》，《廣雅．釋訓》：「伾伾，眾也。」

鮨 鮨

《集韻》平聲脂韻：「《說文》：魚䏻醬也。出蜀中。一曰：魚名，鮪也。」
《說文》十一下魚部：「魚䏻醬也。出蜀中。从魚旨聲。一曰：鮪，魚名。」
案：「一曰：鮪，魚名」，二徐竝同，《集韻》引作「一曰：魚名，鮪也」，意同語乙，蓋丁氏改之也。

雖 雖

《集韻》平聲脂韻：「鳥名。《說文》：雝也。一曰：鳶也。」

《說文》四上隹部：「雝也。从隹氏聲。鴟，籀文雖从鳥。」

案：小徐亦作「雝也。」重文「鴟」下，二徐竝云「籀文雖从鳥」，《集韻》引作「或作鴟」，依《集韻》語例當改作「籀从鳥」，「一曰」者，非引《說文》，丁度等所增益也。

私 私

《集韻》平聲脂韻：「《說文》：禾也。比道名禾主人曰私主人。《爾雅》：女子謂姊妹之夫曰私。」

《說文》七上禾部：「禾也。从禾厶聲。北道名禾主人曰私主人。」

案：「北道名禾主人」二徐同，《集韻》引「北」訛作「比」。段云：「北道，蓋許時語，立乎南以言北之辭。」下引《爾雅》，非《說文》本有，丁氏本《釋親》而增益也。

葰 葰

《集韻》平聲脂韻：「《說文》：薑屬，可以香口。」

《說文》一下艸部：「薑屬，可以香口。从艸俊聲。」

案：「薑屬」二字，《集韻》作「薑屬」，「薑」譌作「薑」，當改。小徐《繫傳》作「薑屬」，用或體字，當改從本字爲是。

胝 胝

《集韻》平聲脂韻：「《說文》：睡也。一曰：繭也。」

《說文》四下肉部：「腄也。从肉氐聲。」

案：二徐竝作「腄也」，《集韻》引「腄」，形譌作「睡」，當改。「一曰：繭也」，非許書原文，見《三蒼解詁》。

泜 泜

《集韻》平聲脂韻：「《說文》：著上也。」

《說文》十一上水部：「著止也，从水氐聲。」

案：「著止也」，二徐竝同。《集韻》引「止」作「上」，明爲形訛也。

蚳

《集韻》平聲脂韻：「《說文》：螘子蚳。《周禮》：有蚳醢。或从䖵（䘉），古作[illegible]。」

《說文》十三上虫部：「螘子也。从虫氏聲。《周禮》有蚳醢。讀若祁。[illegible]，籀文蚳从䖵。[illegible]，古文蚳从辰土。」

案：「蚳」篆，二徐竝云「从虫氏聲」，《集韻》正文本字及或體原皆譌从氐，今改。「螘子也」，二徐竝同，《集韻》引作「螘子蚳」，「蚳」當正爲「也」。重文「䘉」下，二徐竝云「籀文蚳，从䖵」，《集韻》曰「或从䖵」，「或」字，當改爲「籀」。

纍

《集韻》平聲脂韻：「《說文》：綴得理也。一曰：大索。一曰：不以罪死曰纍。」

《說文》十三上糸部：「綴得理也。一曰：大索也。从糸畾聲。」

案：「一曰：大索也」，二徐竝同，《集韻》引奪「也」字。「一曰：不以罪死曰纍」者，非引《說文》，見《漢書・揚雄傳》集注引李奇注。

尼

《集韻》平聲脂韻：「《說文》：從後近之。徐鍇曰：妮也。」

《說文》八上尸部：「從後近之。从尸匕聲。」

案：《集韻》引「從後近之」，與二徐同。引徐鍇說，《繫傳》案語原作「尼猶昵也」，《集韻》引「昵」作「妮」，譌从女。

龜

《集韻》平聲脂韻：「《說文》：舊也。外骨內肉者也。天地之性，廣育無雄，龜鼈之類，以它爲雄。一曰：畜背隆處。古作[illegible]。」

《說文》十三下龜部：「舊也。外骨內肉者也。从它。龜頭與它頭同。天地之性，廣肩無雄，龜鼈之類，以它爲雄。象足甲尾之形。凡龜之屬皆从龜。[illegible]，古文龜。」

案：「廣肩無雄」，二徐竝同，《集韻》引「肩」作「育」，明爲形誤。「一曰」者，非引《說文》，《左》宣十二年傳「射麋麗龜」，杜注：「龜，背之隆高當心。」

戣

《集韻》平聲脂韻：「兵也。《說文》：引《禮》：侍臣執戣立于東垂。」

《說文》十二下戈部：「周禮：侍臣執戣立于東垂。兵也。从戈癸聲。」

案：大徐作「周禮」，小徐作「周制」。陳瑑《說文引經考證》曰：「『周制侍臣執戣立于東垂』，不稱經，蓋本《顧命》爲義。」《書・顧命》：「一人冕執戣。」《傳》云「戣，戟屬。」《集韻》引從大徐，又誤以「周禮」爲「《禮》」。嚴氏《校議》曰：「周禮，謂周時之禮，非《禮・周官》也。」「東垂」下，二徐有「兵也」二字，蓋訓「戣」也。《集韻》脫「兵也」二字，而迻於引《說文》上，恐係私改也。

䫌

《集韻》平聲脂韻：「《說文》：短須皃。」

《說文》九上須部：「短須髮皃。从須否聲。」

案：鍇本作「䫌短須髮皃」，「䫌」字蓋衍。《廣韻》上平六脂引作「短須髮皃」，同大徐。《集韻》引作「短須皃」，脫「髮」字，當補。

芘

《集韻》平聲脂韻：「《說文》：艸名。」

《說文》一下艸部：「艸也。一曰：芘茮木。从艸比聲。」

案：二徐本竝作「艸也」，《集韻》引「也」作「名」。又二徐竝有「一曰」義，大徐作「芘茮木」，小徐作「芘尗木」，段云：「芘尗木，未聞。」丁氏或亦因此義罕見而不引。

楣

《集韻》平聲脂韻：「《說文》：秦名屋楄聯也。齊謂之檐。楚謂之梠。」

《說文》六上木部：「秦名屋櫋聯也。齊謂之檐。楚謂之梠。从木眉聲。」

案：「櫋」字《集韻》誤作「楄」，當改。「屋櫋」下，小徐無「聯」字；許書「櫋」訓「屋櫋聯也」，是「聯」字宜有，小徐敓。

瑂

《集韻》平聲脂韻：「《說文》：石之似玉。」

《說文》一上王部：「石之似玉者。从玉眉聲。讀若眉。」

案：大小徐竝作「石之似玉者」，《集韻》奪「者」字。

菑 菑

《集韻》平聲之韻：「《說文》：不耕田。引《易》：不菑畬。徐鍇曰：从艸甾，田不耕則艸塞之。或省（甾）。」

《說文》一下艸部：「不耕田也。从艸甾。《易》曰：不菑畬。徐鍇曰：當言从艸、从巛、从田，田不耕，則艸塞之。故从巛，巛音災。若从甾，則下有甾缶字相亂。甾，菑或省艸。」

案：小徐亦作「不耕田也」，竝引《易》「不菑畬」爲說。大徐所引「徐鍇曰」乃節引之語，原案語甚冗長，茲不贅引。《集韻》引「徐鍇曰」復節引大徐所引。唯「从艸甾」乃「从艸巛田」之譌，「菑」字中从一雝川作「巛」，此訛作「巛」，後又誤合「巛田」爲「甾」。

栭 栭

《集韻》平聲之韻：「《說文》：屋枅上標。引《爾雅》：栭謂之穤。」

《說文》六上木部：「屋枅上標。从木而聲。《爾雅》曰：栭謂之格。」

案：「栭謂之格」，《爾雅・釋宮》文，小徐「格」作「楶」，《集韻》引作「穤」。〈靈光殿賦〉「芝穤攢羅以戢舂」，張載注：「芝栭，山節，方小木爲之。」《論語》「山節藻棁」，包注：「棁者梁上楹也。」皇侃《義疏》：「梁上楹即是穤。」《集韻》或涉此而誤。

邿 邿

《集韻》平聲之韻：「《說文》：附庸國。在東平亢父縣邿亭。引《春秋傳》：取邿。」

《說文》六下邑部：「附庸國。在東平亢父邿亭。从邑寺聲。《春秋傳》曰：取邿。」

案：「亢父」下，二徐竝無「縣」字，《集韻》引有，蓋衍。

洏 洏

《集韻》平聲之韻：「《說文》：洝也，一曰：漣洏，流涕皃。」

《說文》十一上水部：「洝也。一曰：煮孰也。从水而聲。」

案：「洝也」下，大徐有「一曰：煮孰也」句；小徐在「而聲」下，「孰」作「熟」，俗字也。《集韻》奪此一訓，當補。許書肉部胹下曰「爛也」，《玉篇》洏注：「不熟而煮」，「一曰：漣洏」，非引《說文》，丁度等所增。

詞

《集韻》平聲之韻：「《說文》：意內外。」

《說文》九上司部：「意內而言外也。从司从言。」

案：「意內而言外也」，二徐竝同，《集韻》引作「意內外」，奪失多矣。「外」上當補「而」「言」二字，其下當補「也」字。《玉篇》、《廣韻》上平七之引竝同，玄應《音義》卷二十五引亦作「詞者，意內而言外也。」

鷀

《集韻》平聲之韻：「《說文》：鸕鶿也。」

《說文》四上鳥部：「鸕鷀也。从鳥茲聲。」

案：「鷀」篆，二徐竝同，《集韻》正文原作「鶿」，今改。注文，二徐竝作「鸕鷀也」，《集韻》引「鷀」亦作「鶿」，偏旁移易，宜改從二徐。

氂

《集韻》平聲之韻：「《說文》：氂牛尾也。一曰：十毫曰氂。」

《說文》二上犛部：「犛牛尾也。从犛省、从毛。里之切。」

案：「犛牛」二字，大小徐同。《集韻》引「犛」作「氂」，當改。徐鍇按語云「其牛曰犛，其尾曰氂」，可謂明晰之至矣，故當以二徐爲正。又小徐「犛牛尾」下，無「也」字。

𦣞

《集韻》平聲之韻：「《說文》：顄也。或作頤、𩠐。」

《說文》十二上𦣞部：「顄也。象形。頤，篆文𦣞。𩠐，籀文从首。」

案：重文「𩠐」，二徐竝云「籀文」，《集韻》「𩠐」上，當補「籀作」二字。

娸

《集韻》平聲之韻：「《說文》：人姓。一曰：詆娸。《漢書》娸蘖其短。」

《說文》十二下女部：「人姓也。从女其聲。杜林曰：娸，醜也。」

案：二徐竝有「杜林曰：娸，醜也」句，唯小徐「曰」作「說」，《集韻》引脫。「一曰」以下，非許書原文，乃丁度等所增益。《漢書．李陵傳》服虔本：「隨而娸蘖其短。」顏注：「娸謂詆欺也。」丁度蓋本此也。

基

《集韻》平聲之韻：「《說文》：牆也。一曰：始也。本也。」

《說文》十三下土部：「牆始也。从土其聲。」

案：二徐竝作「牆始也」，《集韻》引奪「始」字。「一曰」下二義，非引《說文》，「始也」，見《爾雅．釋詁》；「本也」，見《詩．南山有臺》「邦家之基」《傳》。

疑

《集韻》平聲之韻：「《說文》：惑也。从予止匕聲。」

《說文》十四下子部：「惑也。从子止匕，矢聲。徐鍇曰：止不通也。㚖古矢字，反匕之，幼子多惑也。」

案：二徐竝作「从子止匕，矢聲」，《集韻》引「子」訛作「予」，「聲」上又奪「矢」字。方氏《集韻考正》曰：「《類篇》引作从子止匕，矢聲，與二徐本合。」宜據正。

期

《集韻》平聲之韻：「《說文》：會也。一曰：限也。要也。或作𠀇。」

《說文》七上月部：「會也。从月其聲。𠀇，古文期。从日丌。」

案：古文「𠀇」，二徐竝同，《集韻》訛作「𠀇」，且以爲或文，當改。「一曰」下二義，非引《說文》，丁度等增。《漢書．武帝紀》集注引李奇：「期，要也。」

祺

《集韻》平聲之韻：「《說文》：吉也。一曰：祥也。籒禥。」

《說文》一上示部：「吉也。从示其聲，禥，籒文从基。」

案：《集韻》引「吉也」，與二徐同。籒文「祺」，二徐竝作「禥」，下云「籒文从基」，《集韻》正文作「禥」不誤。注中云「籒禥」，方氏《考正》

云：「箕乃从基二字之譌，據宋本及《類篇》正。」「一曰：祥也」，非引許書，見《爾雅・釋言》。

屝 扉

《集韻》平聲微韻：「《說文》：扇也。一曰以木曰扉，以葦曰扇。」

《說文》十二上戶部：「戶扇也。从戶非聲。」

案：二徐竝作「戶扇也」，《集韻》引奪「戶」字。《玉篇》引亦作「戶扇也」，玄應《音義》卷十一引作「戶扇謂之扉」，皆可證。「一曰」者，非《說文》，《禮記・月令》：「乃修闔扇。」注：「用木曰闔，用竹葦曰扇。」丁氏等蓋本於此，而誤以「闔」為「扉」，且「葦」上省「竹」字。

飛 飛

《集韻》平聲微韻：「《說文》：鳥翥。」

《說文》十一下飛部：「鳥翥也。象形。」

案：二徐竝作「鳥翥也」，《集韻》引奪「也」字。

幾 幾

《集韻》平聲微韻：「《說文》：微也，殆也。从𢆶戍。戍，兵守也。𢆶而兵守者危。」

《說文》四下𢆶部：「微也，殆也。从𢆶，从戍。戍，兵守也。𢆶而兵守者危也。」

案：大徐「从𢆶从戍」，小徐作「从𢆶戍」，《集韻》引同小徐。唯「戍」缺誤作「戊」，當改。

睎 睎

《集韻》平聲微韻：「《說文》：望也。海岱之間，謂眄曰睎。」

《說文》四上目部：「望也。从目，稀省聲。海岱之間，謂眄曰睎。」

案：二徐本均作「海岱之間，謂眄曰睎」，《集韻》引「眄」譌从「丏」，當改。

褘 褘

《集韻》平聲微韻：「《說文》：蔽厀也。引《周禮》：王后之服褘衣。一曰：

婦人邪交，落帶繫於體內。」

《說文》八上衣部：「蔽厀也。从衣韋聲。《周禮》曰：王后之服褘衣。謂畫袍。」

案：二徐竝作「蔽厀也」，《集韻》引「厀」作「鄰」，譌从阝。引《周禮》「褘衣」下，二徐竝有「謂畫袍」三字，此乃許引《周禮》而自釋之語，明與蔽厀義不相涉。《集韻》以其非《周禮》文而刪奪。「一曰」者，非引《說文》，丁度等增。

𧯶 𧯶

《集韻》平聲微韻：「《說文》：𧯶也，訖事之樂。一曰：危也，汔也。」

《說文》五上豈部：「𧯶也。訖事之樂也。从豈幾聲。臣鉉等曰：《說文》無𧯶字。从幾从乞，義無所取。當是訖字之誤。」

案：「訖事之樂」下，二徐竝有「也」字，《集韻》引奪。「一曰」下二義，非引《說文》，丁度等增。「汔也」，見《爾雅・釋詁》。

㯳 㯳

《集韻》平聲微韻：「《說文》：㯳𣡌，䕯器。一曰：通陂竇。」

《說文》六上木部：「㯳𣡌，㮔器也。从木威聲。」

案：「㮔器也」，二徐竝同，《集韻》引「㮔」誤作「䕯」，且奪「也」字。「一曰：通陂竇」，非引《說文》，丁度等所增也。

韋 韋

《集韻》平聲微韻：「《說文》：相背也。从舛口聲。獸皮之韋，可以東。枉戾相違背，故借以爲皮韋。古作𡕫。」

《說文》五下韋部：「相背也。从舛口聲。獸皮之革，可以束。枉戾相韋背，故借以爲皮韋。𡕫，古文韋。」

案：「獸皮之韋，可以束」，二徐竝同，《集韻》引「束」誤作「東」，遂不詞。又二徐竝作「韋背」，《集韻》引「韋」作「違」，俗字也。

歔 歔

《集韻》平聲魚韻：「《說文》：欷也。」

《說文》八下欠部：「欷也。从欠虛聲。」

案：二徐竝有別義，大徐作「出气也」，小徐作「出气」，無「也」字。《集韻》引脫，當補。

袪 袪

《集韻》平聲魚韻：「《說文》：衣袂也。一曰：袪，褎也。褎者，褏也。袪尺二寸。引《春秋傳》：披斬其袪。一曰：舉衣皃。」

《說文》八上衣部：「衣袂也。从衣去聲。一曰：袪，褎也。褎者。褏也。袪尺二寸。《春秋傳》曰：披斬其袪。」

案：「褎者，褏也」，二徐竝同。《集韻》引「褏」作「瘦」，譌加疒旁。許書衣部曰：「褏，褎也。」可證。「一曰」者，非引《說文》，〈舞賦〉：「黼帳袪而結組兮」，注：「袪，猶舉也。」

阹 阹

《集韻》平聲魚韻：「《說文》：依山谷爲牛馬之圈。」

《說文》十四下𨸏部：「依山谷爲牛馬圈也。从𨸏去聲。」

案：二徐竝作「依山谷爲牛馬圈也」，《集韻》引作「依山谷爲牛馬之圈」，「之」字蓋肊增。

鶏 鶏

《集韻》平聲魚韻：「《說文》：雝鶏也。飛則鳴，行則搖。」

《說文》四上鳥部：「雝鶏也。从鳥渠聲。」

案：「鶏」篆，二徐竝同，《集韻》正文原作「鶏」，今改。大徐作「雝鶏也」，小徐作「鷛鶏也」，《集韻》引「雝」字同大徐，「鶏」字則又同小徐。許書隹部「雃」、「雝」注中竝作「雝渠」，《爾雅・釋鳥》亦作「雝渠」，疑「从鳥」之「鶏」後人增，且偏旁又多經移易。「飛則鳴，行則搖」六字，非許君語，《爾雅・釋鳥》「鶺鴒，雝渠」，郭注「雀屬也。飛則鳴，行則搖」，乃丁氏節引郭注而附益也。

岨 岨

《集韻》平聲魚韻：「《說文》：不戴土也。引《詩》：陟彼岨矣。」

《說文》九下山部：「石戴土也。从山且聲。《詩》曰：陟彼岨矣。」

案：「石戴土」，二徐竝同，《集韻》引「石」作「不」，形譌也。今作「砠」，

《詩・周南・卷耳》：「陟彼砠矣。」《毛傳》：「石山戴土曰砠。」《釋名》：「石戴土曰砠。」

且 且

《集韻》平聲魚韻：「《說文》：薦也。从凡。足有二橫。一，其下地也。一曰：此也。語辭也。」

《集韻》上聲馬韻：「《說文》：薦也。一曰：略詞。」

《說文》十四上且部：「薦也。从几，足有二橫。一，其下地也。」

案：「薦也」，二徐竝同，《集韻》馬韻下引譌从竹。「从几」，二徐竝同，《集韻》魚韻下引「几」作「凡」，非。「一曰」下二義，非引《說文》。《詩・載芟》「匪且有且」，《傳》：「且，此也。」且字，作爲助語之詞，經典屢見，如《秦策》「城且拔矣」是。馬韻未引「从几」至「一，其下地也」諸語，蓋互見也。「一曰：略詞」，亦非引《說文》，《詩・泉水》：「聊與之謀。」《箋》：「聊，且略之詞。」

罝 罝

《集韻》平聲魚韻：「《說文》：兔罟也。」

《集韻》平聲麻韻：「《說文》；兔网也。古从糸（罝）。籀作罝。」

《說文》七下网部：「兔网也。从网且聲。䍦，罝或从糸。䍦，籀文从虘。」

案：二徐竝作「兔网也」，「网」《集韻》魚韻引作「罟」，麻韻引作「网」，竝誤。又魚韻下未收重文，麻韻下从系之字誤作古文，「古」當改作「或」。

舒 舒

《集韻》平聲魚韻：「《說文》：伸也。《方言》：東齊之間，凡展物謂之舒。一曰：敕也。散也。」

《說文》四下予部：「伸也。从舍、从予，予亦聲。一曰：舒緩也。」

案：二徐竝有「一曰：舒緩也」之義，《集韻》止引「伸也」之訓，而脫「舒緩也」別義，當補。下引《方言》，見卷六；「一曰」下二義，亦非引《說文》，《爾雅・釋詁》：「舒，敍也」，《淮南・原道》：「舒之幎於六合」。高誘注：「舒，散也。」

躇

《集韻》平聲魚韻：「《說文》：峙躇不前也。」

《說文》二下足部：「峙躇不前也。从足屠聲。」

案：小徐作「跱躇不前也」，「跱」應從大徐作「峙」，《說文》「峙」見止部，訓「躇也」，《集韻》引「峙」作「峙」亦誤，宜改。又《集韻》正文「躇」原作「躇」，今改。「躇」字，《說文》無，《詩・靜女》「搔首峙躇」，《韓詩》作「搔首躊躇」。

余

《集韻》平聲魚韻：「《說文》：余語之舒也。《爾雅》：余予皆我也。」

《說文》二上八部：「語之舒也。从八舍省聲。」

案：二徐竝作「語之舒也」，未復舉「余」字，《集韻》衍。下曰：「《爾雅》余予皆我也」乃丁度等所增，《爾雅・釋詁》：「余，我也。」又：二徐「余」字竝有重文「𥧓」，《集韻》誤分為二，說見「𥧓」字考。

𥧓

《集韻》平聲魚韻：「《說文》：余也。」

《說文》二上八部：「二余也。讀與余同。」

案：二徐「余」下收有「𥧓」字，注云「二余也。讀與余同。」竝無釋音，蓋以重文視云。鈕氏《校錄》云：「顧曰：𥧓當為余之重文。《玉篇》余下出𥧓字，云同上，是其證。下云文十二重一，所重即此。𥧓字鉉鍇二本不出音，亦以之當重文可知。但『二余也，讀與余同。』必非說解之舊，今無从正之耳。」沈氏《古本考》亦云：「《玉篇》此字列於余下，注云同上，是顧野王所據本𥧓即余字，古本余下當有重文𥧓，注云：或从二余。經傳寫謬誤，淺人妄為分裂，因以許君說字體从二余之語為𥧓字訓解，遂至義不可通。」段氏誤分「余」「𥧓」為二字，於二上八部末「文十二」下云「當云十三」，「重一」下云：「按此二字誤衍，𥧓之音義同余，非即余字，惟𥧓從二余，則《說文》之例，當別余為一部。上篇蓐薅不入艸部是也，容有省併矣。」嚴章福《說文校議議》云：「或謂𥧓从二余，不應入八部，當非別為一字。余謂弱在彡部，蠲在虫部，皆許例也。夫復何疑？」嚴氏所云「或謂」，當係隱指段氏也。《集韻》「余」「⿱余余」亦誤分爲二，「⿱余余」字注且奪「二」字，當補正之。

擧

《集韻》平聲魚韻：「《說文》：對擧也。」

《說文》十二上手部：「對擧也。从手與聲。」

案：《集韻》引「對擧也」，與二徐同。唯正文訛作「舉」，今改。方氏《考正》云宋本不誤。

虞

《集韻》平聲虞韻：「《說文》：騶虞也。白虎黑文，尾長於身，仁獸也。食自死之肉。一曰：安也。度也。助也。樂也。」

《說文》五上虍部：「騶虞也。白虎黑文，尾長於身，仁獸。食自死之肉。从虍吳聲。《詩》曰：于嗟乎騶虞。」

案：二徐竝有引《詩》「于嗟乎騶虞」，《集韻》引奪，宜補。「一曰」下數義，非引《說文》。《國語．周語》「虞於湛樂」，韋注：「虞，安也。」《左》桓十一年「且日虞四邑之至也」，杜注：「虞，度也」；《廣雅．釋詁》「虞，助也」；《易．中孚》：「虞吉」。虞借爲娛，有樂意。

隅

《集韻》平聲虞韻：「《說文》：⿰阝瓜也。一曰：廉也。」

《說文》十四下𨸏部：「陬也。从𨸏禺聲。」

案：「陬也」，二徐竝同，《集韻》引「陬」作「⿰阝瓜」，譌。許書「腢」上承「陬」，解曰「阪隅也」，二篆互訓。「一曰」者，非引許書，《詩．抑篇》「維德之隅」，《傳》：「隅，廉也。」

訏

《集韻》平聲虞韻：「《說文》：詭譌也。一曰：訏⿱差旦。齊楚謂信曰訏。一曰：大也。」

《說文》三上言部：「詭譌也。从言于聲。一曰訏⿱差言。齊楚謂信曰訏。」

案：「一曰：訏⿱差言」，二徐竝同，段注云：「今字作吁嗟。」且許書「訏」下次「⿱差言」，是知《集韻》作「⿱差旦」者誤。「一曰：大也」，非引《說文》，

《詩・鄭風・溱洧》「洵訏且樂」，《傳》：「訏，大也。」

䔢 雩

《集韻》平聲虞韻：「《說文》：艸木華葉也。或作荂。」

《說文》六下雩部：「艸木華也。从𠂹亏聲。凡雩之屬皆从雩。荂，雩或从艸从夸。」

案：二徐並作「艸木華也」，《集韻》引衍「葉」字。「雩」「華」一字，俗字作「花」，安得兼言葉？

𢱍 捄

《集韻》平聲虞韻：「《說文》：盛土放梩中。一曰：擾也。引《詩》捄之陾陾。一曰：桴也。」

《說文》十二上手部：「盛土於梩中也。一曰：擾也。《詩》曰：捄之陾陾。从手求聲。」

案：「盛土於梩中」，二徐並同，《集韻》引「於」形譌作「放」。「一曰：桴也」，非引《說文》，丁度等所增。

斞 斞

《集韻》平聲虞韻：「《說文》：才也。」

《說文》十四上斗部：「挹也。从斗臾聲。」

案：二徐並作「挹也」，《集韻》引「挹」作「才」，缺右之邑，宋本、《類篇》並不誤，當據補。

𣚩 𣚩

《集韻》平聲虞韻：「《說文》：茉臿也。」

《說文》六上木部：「苿臿也。从木入。象形。𥃩聲。」

案：二徐並作「苿臿也」，《集韻》引「苿」作「茉」。許書「𣚩」下次「苿」，訓「兩刃臿也」，故知《集韻》作「茱」，乃形似而誤。

臞 臞

《集韻》平聲虞韻：「《說文》：少肉也。或作癯。」

《說文》四下肉部：「少肉也。从肉瞿聲。」

案：許書訓「少肉也」之篆爲「臞」，《集韻》不知何故，正文原譌作「佳」，差誤甚遠。方氏成珪《考正》云：「臞譌佳，據宋本及《類篇》正。」《集韻》注中本有「或作癯」三字，亦可得知其本字作「佳」，譌。桂馥《義證》「臞」字下注：「字或作癯」，並引《風俗通義》「昔子夏心戰則癯」爲證。

𢾅 敷

《集韻》平聲虞韻：「《說文》：施也。引《書》：用敷遺後人。一曰：陳也，散也。」

《說文》三下攴部：「㰻也。从攴尃聲。《周書》曰：用敷遺後人。」

案：二徐竝作「㰻也」，《集韻》引作「施也」，非。許書「㰻」下注「敷也」，與此轉注；又云「讀與施同」，㰻與施同讀，非即施字，施在㫃部，訓「旗皃」，原與㰻意不類。《廣韻》上平十虞引作「施也」，《集韻》或承其譌。「一曰」下二義，均非引《說文》，《書・舜典》「敷奏以言」，《傳》云：「敷，陳也。」「散也」，見《廣韻》十虞注。

稃 稃

《集韻》平聲虞韻：「《說文》：檜也。一曰：秠，一稃二米。或作粰。」

《說文》七上禾部：「穭也。从禾孚聲。芳無切。粰，稃或从米付聲。」

案：二徐竝作「穭也」，《集韻》引「穭」譌作「檜」，非。稃字从禾，其訓亦當从禾。又重文「粖」，二徐亦同。《集韻》作「柎」，當改，方氏《考正》云「當依《類篇》从米作粖」。「一曰」者，非許書原文，《說文》「秠」下曰「一稃二米也」，《爾雅・釋草》同。

孚 孚

《集韻》平聲虞韻：「《說文》：卵孚也。徐鍇曰：鳥之孚卵皆如其期不失信也。古作孚。」

《說文》三下爪部：「卵孚也。从爪，从子，一曰：信也。徐鍇曰：鳥之孚卵，皆如其期，不失信也。鳥裒恒以爪反覆其卵也。𤓹，古文孚，从禾，禾古文保。」

案：「孚」字，二徐竝有二訓，「卵孚也」外，尚有「一曰：信也」，徐鍇謂「鳥之孚卵皆如其期，不失信也」，即說「信也」之取義。《集韻》

引奪「一曰：信也」四字，且「鍇」字訛作「鏘」。

夫

《集韻》平聲虞韻：「《說文》：丈夫也。从一大，一以象簪也。周制以八寸爲尺，十尺爲丈。人長八尺，故曰丈夫。」

《說文》十下夫部：「丈夫也。从大一以象簪也。周制以八寸爲尺。十尺爲丈。人長八尺，故曰丈夫。」

案：「从大，一以象簪也」，二徐竝同，《集韻》引作「从一大，一以象簪也」，非。一象簪形，而非實字。

符

《集韻》平聲虞韻：「《說文》：信也。漢制以竹長六寸而相合。」

《說文》五上竹部：「信也。漢制以竹長六寸分而相合。从竹付聲。」

案：二徐「竹長六寸」下竝有「分」字，《史記・高祖本紀・索隱》引亦同。「分而相合者」，蓋指符節分兩邊各持其一，合之爲信也。《集韻》引奪「分」字，義不完。

蕪

《集韻》平聲虞韻：「《說文》：葳也。」

《說文》一下艸部：「薉也。从艸無聲。」

案：二徐竝作「薉也」，《集韻》作「葳也」，形近而譌。許書「薉」篆下正訓「蕪也」，二篆轉注。

巫

《集韻》平聲虞韻：「《說文》：祝也。女能事無形，以舞降神者，象人兩襃舞形。古者巫咸初作巫。古作[illegible][illegible]。」

《說文》五上巫部：「祝也。女能事無形，以舞降神者也，象人兩褎舞形。與工同意。古者巫咸初作巫。[illegible]古文巫。」

案：「以舞降神者」下二徐竝有「也」字，《集韻》引奪。「象人兩褎舞形」，二徐竝同，《集韻》引「褎」誤作「襃」，當改。

須

《集韻》平聲虞韻：「《說文》：而毛也。徐鉉曰：借爲所須之須。」

《說文》九上須部：「面毛也。从頁从彡。臣鉉等曰：此本須鬢之須。頁首也。彡毛飾也。借爲所須之須。俗書从水，非是。」

案：「面毛也」，二徐竝同，《集韻》引「面」作「而」，形譌也。《玉篇》注、《廣韻》上平十虞引皆作「面毛也」。鈕氏《校錄》云《五經文字》、《韻會》引亦作「面毛也」。

鄈

《集韻》平聲脂韻：「《說文》：河東臨汾地。即漢所祭后土處。」

《說文》六下邑部：「河東臨汾地，即漢之所祭后土處。从邑癸聲。」

案：二徐「漢」下竝有「之」字，《集韻》奪。

雛

《集韻》平聲虞韻：「《說文》：雞子也。一曰：生噣雛鳥，子生而能自啄者。或作鶵。」

《說文》四上隹部：「雞子也。从隹芻聲。鶵，籀文雛从鳥。」

案：重文「鶵」下，二徐竝云「籀文雛从鳥」，《集韻》引作「或作鶵」。依《集韻》語例，「或」當改作「籀」。

箂

《集韻》平聲虞韻：「《說文》：夆雙也。」

《說文》五上竹部：「桻雙也。从竹朱聲。」

案：二徐竝作「桻雙也」，許書木部：「桻，桻雙也。」《集韻》引「桻」作「夆」，當加木。

愉

《集韻》平聲虞韻：「《說文》：薄也。引《論語》私覿愉愉。一曰：樂也。和也。」

《說文》十下心部：「薄也。从心俞聲。《論語》曰：私覿愉愉如也。」

案：引《論語》，二徐竝作「私覿愉愉如也」，《集韻》引奪「如也」二字。「一曰」下二義，非引《說文》。《詩・唐風・山有樞》：「他人是愉。」《傳》曰：「愉，樂也。」《廣雅・釋訓》：「愉愉，和也。」

瑜

《集韻》平聲虞韻：「《說文》：瑜瑾，美玉也。」

《說文》一上玉部：「瑾瑜，美玉也。从玉俞聲。」

案：「瑾瑜」，二徐竝同，《集韻》引作「瑜瑾」，誤倒。許書「玉」部，「瑾」下次「瑜」篆，依其說解語例，當以「瑾瑜」爲是。

嬃

《集韻》平聲虞韻：「《說文》：女字也。引《楚詞》女嬃之蟬媛。賈侍中說，楚人謂女曰嬃。」

《說文》十二下女部：「女字也。《楚詞》曰：女嬃之嬋媛。賈侍中說楚人謂姊爲嬃。从女須聲。」

案：「嬋媛」二字竝从女，大小徐同，《集韻》引「嬋」譌从虫，當改。「賈侍中說：楚人謂姊爲嬃」，二徐竝同，《集韻》引「姊」誤作「女」，「爲」誤作「曰」。

餔

《集韻》平聲模韻：「《說文》：申時食。一曰歠也。籀作盙。」

《說文》五下食部：「日加申時食也。从食甫聲。盙，籀文餔从皿浦聲。」

案：二徐竝作「日加申時食也」，《集韻》引無「日加」二字。然《御覽》八百四十九〈飲食部〉引作「日加申時食也」，與二徐本同，《後漢書．王符傳》李注引云：「謂日加申時也。」句首亦有「日加」二字，唯傳寫奪一「食」字耳。《廣韻》上平十一模「餔」注引作「申時食也」，《集韻》蓋沿其誤。「一曰：歠也」，非引《說文》，丁度等所增益也。

闍

《集韻》平聲模韻：「《說文》：因闍，城門臺也。」

《說文》十二上門部：「闉闍也。从門者聲。」

案：二徐竝作「闉闍也。」《集韻》引「闉」作「因」，音近之誤字也。且脫「也」字。「城門臺也」，非許書之文，係丁度等所增。《玉篇》：「闍，城門臺。」丁氏恐人不曉「闉闍」之意，而采《玉篇》訓申釋之。

涂

《集韻》平聲模韻：「《說文》：水名，出益州牧靡南山，西北入澠。从水余聲。」
《說文》十一上水部：「水，出益州牧靡南山，西北入澠。从水余聲。」
案：「水」下，二徐竝無「名」字，《集韻》引蓋丁氏肊增也。

荼 荼

《集韻》平聲模韻：「《說文》：苦茶也。一曰：茅秀。」
《說文》一下艸部：「苦荼也。从艸余聲。臣鉉等曰：此即今之茶字。」
案：二徐竝作「苦荼也」，《集韻》引作「苦茶也」。《繫傳》案語云：「《爾雅》：『荼，苦茶』即今荼茗也。」如許書原作「苦茶」，楚金即不勞贅引《爾雅》，是可證古本作「苦荼也」，《集韻》或以《爾雅》爲《說文》，或「荼」「茶」形近而誤。

駼 駼

《集韻》平聲模韻：「獸名。《說文》：黃牛虎文。」
《說文》二上牛部：「黃牛虎文。从牛余聲。讀若塗。」
《說文》十上馬部：「騊駼也。从馬余聲。」
案：二徐「駼」注竝作「騊駼也」，《集韻》引作「黃牛虎文」，義頗不類。方成珪《集韻考正》云：「案：《說文》馬部駼下云：騊駼也。牛部㭌下云：黃牛虎文。此誤併爲一。《類篇》亦承其誤。」《廣韻》上平十一模「駼」訓「騊駼，馬」，下收「㭌」字，訓「黃牛虎文」，《集韻》模韻未收「㭌」字，他韻亦不見，其誤併之失，不辯明矣。

𠧙 𠧙

《集韻》平聲模韻：「《說文》：𤮍也。古作𥂁。籀作䡿。」
《說文》十二下甾部：「𤮍也。从甾虍聲。讀若盧同。[illegible]，篆文𠧙。䡿，籀文盧。」
案：小徐本作「甀也」，非。《說文》無甀字。段氏云：「𤮍者，小口罌也。」「𥂁」下，二徐竝云「篆文」，《集韻》作古文，非是。王筠《句讀》曰：「先籀后篆，足知𠧙是古文。」

隤 隤

《集韻》平聲灰韻：「《說文》：下墜也。」

《說文》十四下𨸏部：「下隊也。从𨸏貴聲。」

案：「下隊也」，二徐竝同，《集韻》引「隊」作「墜」，俗字也。

艫 艫

《集韻》平聲模韻：「《說文》：舳艫也。」

《說文》八下舟部：「舳艫也。一曰：船頭。从舟盧聲。」

案：小徐「艫」下無「也」字。二徐竝有「一曰：船頭」之別訓，《集韻》引奪。許書「舳」下云「一曰：船尾」，此云「船頭」正相應。

砮 砮

《集韻》平聲模韻：「《說文》：石可以爲矢鏃。引《春秋・國語》肅愼貢楛矢石砮。」

《說文》九下石部：「石可以爲矢鏃。从石奴聲。《夏書》曰：梁州貢砮丹。《春秋・國語》：肅愼氏貢楛矢石砮。」

案：二徐本「砮」下兩引書，《集韻》引第有《國語》，不及《夏書》；〈禹貢〉曰：「荊州貢厲砥砮丹，梁州貢砮磬。」二徐引「梁」「丹」二字，當有一誤；疑此係後人增，是以舛誤。引《國語》，《集韻》「愼」下脫「氏」字，當補。

鶘 鼿

《集韻》平聲模韻：「《說文》：斬鼿鼠。黑身之胥若帶，手有長白毛。似握版之狀，類猿蜼之屬。」

《說文》十上鼠部：「斬鼿鼠。黑身，白胥若帶，手有長白毛，似握版之狀，類蝯蜼之屬。以鼠胡聲。」

案：「斬」字，小徐作「獑」。〈西京賦〉曰「獲獑胡版」，沈濤云「獑胡」「斬鼿」古今字。「白胥若帶」，二徐本竝同，《集韻》引「白」作「之」，誤。《史記・司馬相如傳・索隱》亦作「白胥」。

觚 觚

《集韻》平聲模韻：「《說文》：鄉飲酒之爵也。一曰：觴受三外者謂之觚。」

《說文》四下角部：「鄉飲酒之爵也。一曰：觴受三升者謂之觚。从角瓜聲。」

案：「一曰」下，二徐竝作「觴受三升者謂之觚」，《集韻》引作「觴受三外者謂之觚」，「外」顯爲「升」之形誤，當改。

𣏹 柧

《集韻》平聲模韻：「《說文》：稜也。一曰：柧棱，殿堂高處。」

《說文》六上木部：「棱也。从木瓜聲。又柧棱，殿堂上最高之處也。」

案：大徐作「棱也」，小徐作「棱」，無「也」字，《集韻》引「棱」作「稜」，譌从禾，由下「一曰：柧棱」可知。且許書「柧」下次「棱」，訓「柧也」，二字轉注。「又柧棱，殿堂上最高之處也」，二徐竝同，《集韻》引改「又」爲「一曰」，且其下節引爲「殿堂高處」，與原意微別。

𣏵 枯

《集韻》平聲模韻：「《說文》：槀也。引《書》：惟箘輅枯。木名也。」

《說文》六上木部：「槀也。从木古聲。《夏書》曰：唯箘輅枯。木名也。」

案：二徐引《書》竝作「唯箘輅枯」。王筠《句讀》云：「竹部簬下，引《書》：惟箘簬楛。惟當依彼，枯當依此，輅則當作簬。彼用小篆，此用古文。」然則《集韻》引作「惟」是也，作「箘」則屬字誤。

𡗜 吳

《集韻》平聲模韻：「《說文》：姓也。亦郡也。一曰：吳，大言也。徐鍇曰：大言，故矢口以出聲，古作𡗝。」

《說文》十下夨部：「姓也。亦郡也。一曰：吳大言也。从夨口。徐鍇曰：大言故夨口以出聲。《詩》曰：不吳不揚。今寫詩者改吳作吴，又音乎化切，其謬甚矣。𡗝，古文如此。」

案：鍇說：「夨口以口出聲」，鉉引同。《集韻》引「夨」訛作「矢」，當改。

𢏚 弙

《集韻》平聲模韻：「《說文》：滿挽弓有所向也。」

《說文》十二下弓部：「滿弓有所鄉也。从弓于聲。」

案：二徐竝作「滿弓有所鄉也」，《集韻》引則作「滿挽弓有所向也」，考《廣韻》上平十一模「弙」注作「滿挽弓有所向也」，而不云引《說文》，《集韻》蓋承其注而誤以爲《說文》。段云：「鄉，今向字，漢人無用向者。」是爲一證。王筠《句讀》依《集韻》補「挽」，方成珪《集韻考正》亦云：今之《說文》當據《集韻》補「挽」，皆非。

歍

《集韻》平聲橫韻：「《說文》：心有所惡若吐也。一曰：口呴也。」

《說文》八下欠部：「心有所惡若吐也。从欠烏聲。一曰：口相就。」

案：「若吐」下，小徐無「也」。第二訓，大小徐竝作「一曰：口相就」，《集韻》引作「口呴也」，未知何據也？《說文》無「呴」，《玉篇》有，訓「亦噓吹之也」，引《老子》「或呴或吹」爲證。《繫傳》「欨」字下，楚金引《老子》作「或欨或吹」，「欨」即「呴」字，《集韻》或涉此而誤。

津

《集韻》平聲眞韻：「《說文》：渡也。古作𦨈。」

《說文》十一上水部：「水渡也。从水𦘔聲。𦨈，古文津，从舟从淮。」

案：二徐竝作「水渡也」，《集韻》引奪「水」字。王筠《句讀》曰：「渡本動字，此借爲靜字，故加水字以明云。」是「水」字不可無。

羝

《集韻》平聲齊韻：「《說文》：羊也。」

《說文》四上羊部：「牡羊也。从羊氐聲。」

案：二徐竝作「牡羊也」，《集韻》引「羊」上奪「牡」字。《漢書・蘇武傳》：「使牧羝，羝乳乃得歸。」是可知「羝」必爲牡羊也。

鷉

《集韻》平聲齊韻：「《說文》：鸊鷉也。似鳧而小，膏中瑩刀。」

《說文》四上鳥部：「鸊鷉也。从鳥虒也。」

案：「鷉」篆，二徐竝同，《集韻》正文原作「鷈」，今改。注文小徐作「鸊鷈也」，依許書本篆，當以大徐、《集韻》引爲是。「似鳧而小」以下，非許書原文，《爾雅・釋鳥》：「鷉，須贏。」郭注：「似鳧而小，膏中鎣刀。」「鎣」字，丁氏引作「瑩」，宜改。

紙

《集韻》平聲齊韻：「《說文》：絲滓也。」

《說文》十三上糸部：「絲滓也。从糸氏聲。」

案：「絲滓也」，二徐竝同，段云：「滓者，澱也。因以爲凡物渣滓之稱。」《集韻》引「滓」作「縡」，譌从糸。

銻 銻

《集韻》平聲齊韻：「《說文》：餹銻謂火齊也。」

《說文》十四上金部：「鎕銻也。从金弟聲。」

案：二徐竝作「鎕銻也」，《集韻》引「鎕」作「餹」，形訛也。許書「銻」上承「鎕」，訓「鎕銻。火齊」，丁氏即本之而增「謂火齊」三字。

郋 郋

《集韻》平聲灰韻：「《說文》：古扶風鄠鄉。又沛城父有郋鄉。」

《說文》六下邑部：「右扶風鄠鄉。从邑崩聲。沛城父有郋鄉。讀若陪。」

案：「右扶風鄠鄉」，二徐竝同，《集韻》引「右」作「古」，明爲形誤。

禾 禾

《集韻》平聲齊韻：「《說文》：禾之曲頭止不能上。」

《說文》六下禾部：「木之曲頭止不能上也。凡禾之屬皆从禾。」

案：「禾」篆，二徐竝同，隸寫當作「禾」，《集韻》正文原訛作「禾」，今改。「木之曲頭」二徐竝同，《集韻》引「木」作「禾」，非。「禾」字从木而曲其上，於六書爲指事，與夭夨同例。

屖 屖

《集韻》平聲齊韻：「《說文》：尻也。」

《集韻》去聲至韻：「《說文》：尻也。一曰：敧坐皃。」

《說文》八上尸部：「尻也。从尸旨聲。詰利切。」

案：「屖」字，从尸旨聲，《集韻》齊韻原誤作从尼从日，今改。「尻」訓，二徐作「尻」，段注本作「尻」，方成珪《集韻考正》云：「二徐本尻竝作尻，段氏據此及《類篇》正。」段氏未明言據《集韻》改，方氏不知何據也？「一曰」之義，非引《說文》，《廣韻》去聲六至「屖」注：「身敧坐。」《集韻》蓋本此也。

兮

《集韻》平聲齊韻：「《說文》：語所稽。从丂八，象气越兮也。」

《說文》五上兮部：「語所稽也。从丂八，象气越亏也。」

案：「語所稽」下，二徐竝有「也」字，《集韻》引奪。又大徐作「象气越亏也」，小徐「亏」作「亐」，「亏」「亐」同。許書：「亐，象气之舒。」《集韻》引作「象气越兮也」，作「兮」則誤矣。

培

《集韻》平聲灰韻：「《說文》：培敦，上田山川也。」

《說文》十三下土部：「培敦，土田山川也。从土咅聲。」

案：「土田山川」，二徐竝同，《集韻》引「土」作「上」，形近而誤也。小徐「川」下無「也」。

鼷

《集韻》平聲齊韻：「《說文》：水蟲也。薉駱之民食之。」

《說文》十三下黽部：「水蟲也。薉貉之民食之。从黽奚聲。」

案：「薉貉」二字，大小徐同，《集韻》引「貉」作「駱」，形訛也。

婗

《集韻》平聲齊韻：「《說文》：嫛也。一曰，啼聲。一曰：婦人惡皃。」

《說文》十二下女部：「嫛婗也。从女兒聲。一曰：婦人惡皃。」

案：「嫛婗也」，二徐竝同，《集韻》引作「嫛也」，脫「婗」字。「一曰：啼聲」之訓，二徐竝無，《釋名・釋長幼》：「婗，其啼聲也。」丁氏等乃采此羼入也。

郳

《集韻》平聲齊韻：「《說文》：齊也。引《春秋傳》：齊高厚定郳田。」

《說文》六下邑部：「齊地。从邑兒聲。《春秋傳》曰：齊高厚定郳田。」

案：「齊地」，二徐竝同，《集韻》引「地」作「也」，字體殘誤。「郳」从邑，訓「地」無疑也。

巂

《集韻》平聲齊韻：「《說文》：周燕也。从隹屮。象具冠也。冏聲。一曰：蜀王望帝，婬其相妻，慙亡去，爲子巂鳥。故蜀人聞子巂鳴，皆起云望帝。」

《說文》四上隹部：「周燕也。从隹屮。象其冠也。冏聲。一曰：蜀王望帝，婬其相妻，慙亡去，爲子巂鳥。故蜀人聞子巂鳴，皆起云望帝。」

案：「燕」字，小徐作「鷰」，俗字也。「象其冠也」，二徐竝同，《集韻》引「其」形訛作「具」，當改。

鑴 鑴

《集韻》平聲齊韻：「《說文》：党也。一曰：日旁氣剌日。」

《說文》十四上金部：「甇也。从金巂聲。」

案：二徐竝作「甇也」，許書瓦部曰：「甇，大盆也。」《集韻》引「甇」作「党」，非。「一曰」者，非引《說文》，《周禮》：「眡侵三日鑴。」注：「鑴，謂日旁氣剌日也。」

梐 梐

《集韻》平聲齊韻：「《說文》：梐柉也。」

《說文》六上木部：「梐枑也。从木，陛省聲。」

案：二徐竝作「梐枑也」，《集韻》引「枑」作「柉」，訛誤甚矣。許書「梐」上次「枑」，訓「行馬也」，並引《周禮》「設梐枑再重」爲說。

搥 搥

《集韻》平聲齊韻：「《說文》：手擊也。」

《說文》十二上手部：「皮手擊也。从手𣬉聲。」

案：《續古逸叢書》本《說文》作「反手擊也」，岩崎氏本「反」作「皮」，形誤也。祁刻小徐本亦作「反手擊也」，《集韻》引作「手擊也」，敓「反」字。《文選・琴賦》「觸搥如志」，李注引作「反手擊也」，可證。

椑 椑

《集韻》平聲齊韻：「《說文》：圜僖也。一曰：齊人謂斧柯爲椑。」

《說文》六上木部：「圜榼也。从木卑聲。」

案：「圜榼也」，二徐竝同，《集韻》引「榼」作「僖」，形誤也。許書「椑」

下次「榼」，訓「酒器也」。《廣韻》曰：「區榼謂之椑。」可爲佐證。「一曰」者，非引《說文》，《考工記・廬人》「句兵椑」，鄭注：「齊人謂柯斧柄。」丁氏蓋本此也。

厓 厓 崖 崖

《集韻》平聲佳韻：「《說文》：山邊也。或作崖。」
《說文》九下厂部：「山邊也。从厂圭聲。」
《說文》九下岸部：「高邊也。从岸圭聲。」
案：許書，「厓」字屬厂部，訓「山邊也」；「崖」字屬岸部，訓「高邊也」。《集韻》則將「崖」字併入「厓」字下，以爲或文，而泯其「高邊也」之訓。王筠《句讀》曰：「許君說岸曰水厓，而崖承之，是崖岸皆主乎水也；說厓曰山邊，而厂下曰厓巖，是厓厈皆主乎山也。」是二者仍有區分，不宜混而爲一。

猚 猚

《集韻》平聲佳韻：「《說文》：鳥也。一曰：睢陽有猚水。」
《說文》四上隹部：「鳥也。从隹犬聲。睢陽有猚水。」
案：「睢陽」上，二徐竝無「一曰」二字，《集韻》誤衍。

媧 媧

《集韻》平聲佳韻：「《說文》：古之神聖女化萬物者也。籀作[illegible]。」
《說文》十二下女部：「古之神聖女化萬物者也。从女咼聲。[illegible]，籀文媧从㽞。」
案：籀文媧，二徐竝作「[illegible]」，云「从㽞」，《集韻》正文，注文並譌作「[illegible]」，字頗不體，當改。

偕 偕

《集韻》平聲皆韻：「《說文》：彊也。引《詩》偕偕士子。」
《說文》八上人部：「彊也。从人皆聲。《詩》曰：偕偕士子。一曰：俱也。」
案：引《詩》下，二徐竝有「一曰：俱也」四字，《集韻》引脫。《詩・魏風・陟岵》：「夙夜必偕」《傳》曰：「偕，俱也。」又此義經典屢見，《集韻》不當未引。

階 階

《集韻》平聲皆韻：「階堦，《說文》：陞也。」

《說文》十四下𨸏部：「陛也。从𨸏皆聲。」

案：二徐竝作「陛也」，《集韻》引「陛」作「陞」，非。《尚書・大傳》「大師奏鷄鳴於階下」，注：「階，陛也。」

緍 緍

《集韻》平聲眞韻：「《說文》：釣魚繁也。吳人解衣相彼謂之緍。一曰：錢緍。」

《說文》十三上糸部：「釣魚繁也。从糸昏聲。吳人解衣相被謂之緍。」

案：「解衣相被」，二徐竝同，《集韻》引「被」譌作「彼」，當改。「一曰」義，非引《說文》，《漢書・食貨志》：「賈人之緍錢。」

𦬁 𦬁

《集韻》平聲皆韻：「《說文》：戾也。睽也。」

《說文》四上𦫳部：「戾也。从𦫳而兆，兆古文別。臣鉉等曰兆兵列切，篆文分別字也。」

案：「𦬁」篆，二徐竝同，隸寫作「𦬁」。《集韻》正文原作「茉」，譌从艸。「睽也」，非引《說文》，丁氏等所增。

叏 叏

《集韻》平聲眞韻：「《說文》：引也。」

《說文》三下又部：「神也。从又𦥔聲。𦥔古文申。」

案：小徐作「引也」，《集韻》引同。岩崎氏本作「抻也」，汲古閣本作「神也」，鈕氏《校錄》引顧廣圻說云：「王蘭泉藏本經人描寫，故誤引爲神；其實予屢見宋槧皆作『引』，傳之失眞，不可不辨。」是小徐、《集韻》引不誤也。「叏」字，《集韻》正文作「叜」，誤。方成珪《集韻考正》云：「《說文》又部作叏，从𦥔，古文申，此參隸體，當从《類篇》作叜。」

廑 廑

《集韻》平聲欣韻：「《說文》：少劣之名。」

《說文》九下广部：「少劣之居。从广堇聲。」

案：「少劣之居」，二徐竝同，《集韻》引「居」作「名」，形近而譌也。《玉篇》注亦作「少劣之居」。

淮

《集韻》平聲皆韻：「《說文》：水出南陽平氏桐柏人復山，東南入海。」

《說文》十一上水部：「水出南陽平氏桐柏大復山，東南入海。从水隹聲。」

案：「大復山」，二徐竝同，《集韻》引「大」訛成「人」，當改。《漢書・地理志》：「南陽郡平氏縣，禹淮水所出，東南至淮陵，入貢桐柏大復山東南四十里。」方氏《考正》云宋本《集韻》不誤。

灰

《集韻》平聲灰韻：「《說文》：死火餘㶳。从火，又。乂手也。火既滅可以執持。」

《說文》十上火部：「死火餘㶳也。从火，从又，又手也。火既滅可以執持。」

案：大徐作「从火从又」，小徐作「从火又」，《集韻》引同小徐。「又，手也」，二徐竝同，《集韻》引「又」誤作「乂」，當改。

邠

《集韻》平聲眞韻：「《說文》：周太王國，在右扶風美陽。又曰：美陽亭即豳也。俗以夜市有豳山。或作豳。」

《說文》六下邑部：「周太王國，在右扶風美陽。从邑分聲。豳，美陽亭即豳也。民俗以夜市有豳山。从山从豩闕。」

案：「周太王國」，小徐作「周王徙國」。《玉篇》所引同大徐，「周太王國」當是舊本。苗夔《繫傳校勘記》云「鉉作周太王國，非是，按周自公劉徙邠，然公劉徙邠，至太王而始大，故曰『周太王國』。周時未嘗稱公劉爲王，此周王二字，當非屬公劉也。」「民俗以夜市有豳山」，二徐竝同，《集韻》引奪「民」字。桓譚《新論》：「扶風邠亭，本太王所部，其民有會日，以相與夜中市，如不爲期，則有重災咎。」是有「民」字，文義較完。

豈

《集韻》平聲咍韻：「《說文》：霜雪之皃也。」

《說文》七下白部：「霜雪之白也。从白豈聲。」

案：「霜雪之白也」，二徐竝同。《集韻》引「白」作「皃」，非。李善注劉楨〈贈五官中郎將〉詩引作「霜雪之貌」，或以《集韻》爲是，然許書白部「皠」至「皛」等篆，皆訓某某之白，「皚」亦其語次。

垣 垣

《集韻》平聲元韻：「《說文》：牆也。古作𩫿。」

《說文》十三下土部：「牆也。从土亘聲。𩫿，籀文垣从𩫏。」

案：重文「𩫿」，二徐竝云「籀文」，《集韻》云「古作𩫿」，「古」當改作「籀」，又「𩫿」當改作「𩫿」。

來 來

《集韻》平聲咍韻：「《說文》：周所受瑞麥，來麰。一來二縫，象芒朿之形。天所來也，故爲行來之來。引《詩》詒我來麰。」

《說文》五下來部：「周所受瑞麥來麰。一來二縫，象芒朿之形。天所來也，故爲行來之來。《詩》曰：詒我來麰。」

案：「象芒朿之形」，二徐竝同，《集韻》引「朿」作「束」，形誤也。「朿」者，刺之本字，作「束」則無義矣。小徐引《詩》「詒」作「貽」，俗字也。今《詩・周頌・思文》亦從俗。

斄 斄

《集韻》平聲咍韻：「《說文》：強曲毛，可以箸起衣，古省。」

《說文》二上犛部：「彊曲毛可以箸起衣。从犛省來聲。庲，古文斄省。」

案：《繫傳》「箸」作「著」。沈濤《古文考》云「（玄應）《一切經音義》卷二引作『強屈毛也』，蓋古本如是。」又云：「《廣韻》七之引作曲，當是後人據今本改。」王筠《說文句讀》即依玄應所引作「強屈毛也」，《集韻》「屈」作「曲」，或沿《廣韻》之誤，宜改。

犛 犛

《集韻》平聲咍韻：「《說文》：西南夷長髦牛也。」

《集韻》平聲爻韻：「《說文》：西南夷有長髦牛也。」

《說文》二上犛部：「西南夷長髦牛也。从牛𠩺聲。」

案：「西南夷長髦牛也。」二徐竝同，《集韻》咍韻引不誤，爻韻引「夷」下有「有」字，蓋丁氏肊增也。

䓯 䓯

《集韻》平聲欣韻：「《說文》：菜類蒿。」

《說文》一下艸部：「菜類蒿。从艸近聲。《周禮》：有䓯菹。」

案：《集韻》引「菜類蒿」，與二徐同。又二徐竝引《周禮》「有䓯沮」，《集韻》未引，此許氏偁經以證字也，當補。

𢦏 𢦏

《集韻》平聲咍韻：「《說文》：天火曰𢦏。或从宀（灾）、从手（扗）、从巛（災）。」

《說文》十上火部：「天火曰𢦏。从火𢦏聲。灾，或从宀火。扗，古文从才。災，籀文从巛。」

案：重文「扗」下，二徐竝云「古文从才」，《集韻》云「（或）从手」，「手」當是「才」之誤，「从」上當補一「古」字。又「災」下，二徐竝云「籀文从巛」，《集韻》末一「从」上，當補一「籀」字。

才 才

《集韻》平聲咍韻：「《說文》：艸木之初生也。一曰：能也，質也。」

《說文》六上才部：「艸木之初也。从丨上貫一。將生枝葉。一，地也。徐鍇曰：上一初生岐枝也。下一地也。」

案：二徐竝作「艸木之初也」，《集韻》引「初」下有「生」字，《五經文字》亦同。如此則與屮部說解全同矣。王筠《句讀》云：「然屮是象形字，但象其在地上者；才則當是指事字，兼象其在地中者。」又云：「才只是初，而初之象無可寄，寄之於艸木，艸木之初生也。……惟才以初為正義，故典籍用才字者，以為始之通稱，不專屬艸木。」然則，「生」字不必有。

申 申

《集韻》平聲眞韻：「《說文》：神也。七月陰氣成體，自申束。从臼自持也。吏以晡時聽事，申旦政也。古作𢁩、昌。」

《說文》十四下申部：「神也。七月陰气成體自申束。从臼自持也。吏目餔時聽事申旦政也。㫗，古文申。昌，籀文申。」

案：「陰气」二字，大小徐同，《集韻》引「气」作「氣」，借字也。「吏以餔時聽事」，二徐竝同，《集韻》引「餔」作「晡」，形譌也。餔者，日加申時食也。重文「昌」，二徐竝云「籀文」，《集韻》亦視作「古文」，非。「昌」字上，當補「籀文」二字。

䶮 䶮

《集韻》平聲先韻：「《說文》：龍耆脊上䶮䶮。」

《說文》十一下龍部：「龍耆脊上䶮䶮。从龍幵聲。古賢切。」

案：「龍耆脊上䶮䶮」，二徐竝同，《集韻》引下一「䶮」字，訛从艸，當改。又小徐句末有「也」字。

麤 麤

《集韻》平聲模韻：「《說文》：行超遠也。从二鹿。」

《說文》十上麤部：「行超遠也。从三鹿。」

案：「从三鹿」，二徐竝同，段云：「鹿善驚躍，故从三鹿，引伸之爲鹵莽之稱。」又云：「三鹿齊跳，行超遠之意。」《集韻》引作「从二鹿」，「二」蓋「三」之殘誤。

秦 秦

《集韻》平聲眞韻：「《說文》：伯益之後所封國也。地宜禾。一曰：禾名。籀作𥤛。」

《說文》七上禾部：「伯益之後所封國。地宜禾从禾舂省。一曰秦禾名。𥤛，籀文秦从秝。」

案：「國」下，二徐竝無「也」字，《集韻》引衍。「一曰：秦，禾名」，二徐同，《集韻》引作「一曰：禾名」，蓋奪「秦」字。

顰 顰

《集韻》平聲眞韻：「《說文》：涉顰蹙。」

《說文》十一下頻部：「涉水顰蹙。从頻卑聲。」

案：二徐竝作「涉水顰蹙」，《集韻》引奪「水」字。段云：「許必言涉水者，爲其字之从瀕也。」

民 民

《集韻》平聲眞韻：「《說文》：衆萌也。古作[illegible]」

《說文》十二下民部：「衆萌也。从古文之象。[illegible]，古文民。」

案：鍇本作「衆氓也」，《玉篇》引同。然《五音韻譜》、《廣韻》、《集韻》、《韻會》引竝作「眾萌也」，同大徐，段云：「古謂民曰萌，漢人所用不可枚數，今《周禮》：以興耡利甿，許耒部引：以興耡利萌。愚謂鄭本亦作萌，故注云：變民言萌異外內也。萌猶懵懵無知皃也。」又古文民，《集韻》作「[illegible]」，非是。方氏《集韻考正》：「古文民，大徐本作[illegible]，小徐本作[illegible]，段校改[illegible]，無作[illegible]者，《類篇》作[illegible]，亦誤。」

閩 閩

《集韻》平聲眞韻：「《說文》：東南越蛇種。」

《說文》十三上虫部：「東南越蛇種。从虫門聲。」

案：大徐作「蛇穜」，小徐「穜」作「種」，《集韻》引同，非。種類之「種」，當作「穜」，今俗多混，宜從大徐。

䖶 䖶

《集韻》平聲眞韻：「《說文》：昬也。」

《說文》十三上䖵部：「蝨也。从䖵門聲。」

案：二徐竝作「蝨也」，《集韻》引「蝨」作「昬」，形誤也。《玉篇》、《廣韻》去聲二十一震注訓「蝨也」。

䳟 䳟

《集韻》平聲眞韻：「《說文》：鳥也。」

《說文》四上鳥部：「鳥也。从鳥昏聲。」

案：「[illegible]」篆，二徐竝同，《集韻》正文原作「䳟」，今改。注引「鳥也」與二徐同。

肫 肫

《集韻》平聲諄韻：「《說文》：面須也。」

《說文》四下肉部：「面頯也。从肉也聲。」

案：二徐竝作「面頯也」，許書頁部曰：「頯，權也」。權俗作顴。《集韻》引「頯」形誤作「須」，當改。

漘

《集韻》平聲諄韻：「《說文》：水厓也。引《詩》：眞諸河之漘。」

《說文》十一上水部：「水厓也。从水脣聲。《詩》曰：寘河之漘。」

案：引《詩》，二徐竝作「寘河之漘」，《集韻》引「寘」譌「眞」，其下又多一「諸」字。今《魏風》、《伐檀》作「寘之河之漘兮」。「諸」字或即「之」字，後人傳寫改，《類篇》同。《韻會》引「漘」下有「兮」字，蓋因今《詩》改。

屯

《集韻》平聲諄韻：「《說文》：難也。象艸初生，屯然而難別。《易》：屯剛柔始交而難生。一曰厚也。」

《說文》一下屮部：「難也。象艸木之初生屯然而難。从屮貫一。一，地也。尾曲。《易》曰：屯剛柔始，交而難生。」

案：「象艸木之初生」，二徐竝同，《集韻》引作「象艸初生」奪「木之」二字，當補。「屯然而難」者，桂氏《義證》云《集韻》引作「屯然而難別」，實則「別」乃「引」之譌。《說文》作「書曰某某」者，《集韻》皆作「引書某某」。「一曰」者，非引《說文》，《晉語》：「厚之至也，故曰屯。」丁氏或本此也。

杶

《集韻》平聲諄韻：「《說文》：木也。引《夏書》：杶榦栝柏。或从櫄，亦作杻。」

《說文》六上木部：「木也。从木屯聲。《夏書》曰：杶榦栝柏。櫄，或从熏。杻，古文杶。」

案：「杻」字二徐竝云「古文」，《集韻》引不云「古作杻」，而云「亦作杻」，《廣韻》上平十八諄「杶」下但有「櫄」，注云「《說文》同上」。《玉篇》「杶」亦上有「櫄」，云「同上」，注無古文，疑後人增。《爾雅・釋木》：「杻，櫄。」許書：「櫄，杶也。」蕭道管《說文重文管見》：「杻，古文杶。」下云：「此必杻本字，非杶古文。以丑與屯篆一横一豎形畧相似，故致誤。」王筠《句讀》亦云：「《毛詩》、《爾雅》皆有杻，《說文》不當無，此乃說解挩佚，誤系之杶。」然則《集韻》不云「古作杻」，蓋有以也。唯云「亦作杻」亦非。

輴 輴

《集韻》平聲諄韻：「《說文》：車約輴也。引《周禮》：孤乘夏輴。一下棺車。一曰：案也。」

《說文》十四上車部：「車約輴也。从車川聲。《周禮》曰：孤乘夏輴。一曰下棺車曰輴。」

案：「一曰：下棺車曰輴」，二徐竝同，《集韻》引作「一下棺車」，「一」下奪「曰」字，「曰輴」二字省。「一曰」者，非引《說文》，丁氏等增。

姻 姻

《集韻》平聲諄韻：「《說文》：婿家也。女之所因故曰姻。或作婣」

《說文》十二下女部：「壻家也。女之所因故曰姻。从女从因。因亦聲。婣，籒文姻从㴀。」

案：重文「婣」，二徐竝云「籒文」，《集韻》云「或作婣」，依其語例，「或」當改作「籒」。

囩 囩

《集韻》平聲諄韻：「《說文》：回也。一曰意不足。」

《說文》六下口部：「回也。从口云聲。」

案：「囩」篆，二徐竝同，《集韻》正文原訛作「因」，今改。《集韻》引「回也」與二徐同，「一曰」者，非引《說文》，丁度等增。

縜 縜

《集韻》平聲諄韻：「《說文》：持綱細也。引《周禮》縜寸。」

《說文》十三上糸部：「持。綱紐也。从糸員聲。《周禮》曰：縜寸。臣鉉等曰：縜長寸也。」

案：二徐竝作「持綱紐也」，《集韻》引「紐」訛作「細」。段云：「紐者，結而可解也。大曰系，小曰紐。綱之系网也，必以小繩毌大繩，而結於网，是曰䍦。」

麇

《集韻》平聲諄韻：「《說文》：麞也。或从麕」

《說文》十上鹿部：「麞也。从鹿囷省聲。居筠切。麕，籀文不省。」

案：从囷之「麕」，二徐竝云「籀文」，《集韻》引「或」字當改作「籀」

蓁

《集韻》平聲瑧韻：「《說文》：艸盛。」

《說文》一下艸部：「艸盛皃。从艸秦聲。側詵切。」

案：二徐竝作「艸盛皃」，《集韻》引奪「皃」字。

𣡕

《集韻》平聲臻韻：「《說文》：眾盛也。引《逸周書》：疑沮。」

《說文》六上木部：「眾盛也。从木驫聲。《逸周書》曰：疑沮事。闕。」

案：引《逸周書》，二徐竝作「疑沮事」。嚴可均《校議》云：「《玉篇》引作『𣡕疑沮事』，今《周書・文酌篇》作『聚疑沮事』，聚𣡕聲相近也，議依《玉篇》。」段注亦云：「各本脫𣡕字，今依《玉篇》補。《周書・文酌》解七事，三『聚疑沮事』，聚古讀如驟，與𣡕音近。𣡕疑沮事猶云蓄疑敗謀也。」《集韻》引作「疑沮」，上下注有脫文，當補。

馼

《集韻》平聲文韻：「《說文》：馬赤鬣縞身，目若黃金，名曰馼。吉皇之乘，周文王時犬戎獻之。引《春秋傳》文馬百駟。畫馬也。西伯獻紂以全其身。或書作⿰文馬」

《說文》十上馬部：「馬赤鬣縞身，目若黃金，名曰⿰文馬。吉皇之乘。周文王時犬戎獻之。从馬、从文、文亦聲。《春秋傳》曰：⿰文馬馬百駟。畫馬也。西伯獻紂以全其身。」

案：大徐篆作「馼」，左形右聲；小徐作「⿰文馬」，右形左聲。考《玉篇》作「⿰文馬」，且大徐注中亦作「⿰文馬」，當以小徐爲是。《集韻》正文及注作「馼」，宜改。引《春秋傳》：「⿰文馬馬百駟」，二徐注同。段云：「宣二年《左傳》作文馬。按許書當作文馬，此言《春秋傳》之文馬，非《周書》之⿰文馬馬也。恐人惑，故辯之。」然則《集韻》引作「文馬」是也。

鶱 鶱

《集韻》平聲元韻：「《說文》：飛皃。」

《說文》四上鳥部：「飛皃。从鳥寒省聲。」

案：「鶱」篆，二徐竝同，《集韻》正文原作「騫」，譌从馬。宋本《集韻》不誤。

闅 闅

《集韻》平聲文韻：「《說文》：低目視也。弘農湖縣有闅郡汝南西平有闅亭。」

《說文》四上旻部：「低目視也。从旻門聲。弘農湖縣有闅鄉。汝南西平有闅亭。」

案：二徐均作「弘農湖縣有闅鄉」，《集韻》引「闅鄉」作「闅郡」，宜改。

棼 棼

《集韻》平聲文韻：「《說文》：複屋棟。一曰亂也。」

《說文》六上林部：「複屋棟也。从林分聲。」

案：二徐竝作「複屋棟也」，《集韻》引奪「也」字。「一曰：亂也」，非引《許書》。《左傳》隱公四年「猶治絲而棼之也」，釋文：「棼，亂也。」

幩 幩

《集韻》平聲文韻：「《說文》：馬纏鑣扇汙也。引《詩》：朱幩鑣鑣。」

《說文》七下巾部：「馬纏鑣扇汗也。从巾賁聲。《詩》曰：朱幩鑣鑣。」

案：「馬纏鑣扇汗也」，二徐竝同，《集韻》引「汗」作「汙」，形譌也。《衛風・碩人》：「朱幩鑣鑣。」《傳》云：「幩，飾也。人君以朱纏鑣，扇汗。」段玉裁曰：「以朱幓縷纏馬銜之上而垂之，可以因風扇汗，故謂之扇汗。」据上所引，可證《集韻》之誤。

雲 雲

《集韻》平聲文韻：「《說文》：山川氣也。从雨云。象雲回轉形。古作[illegible]。通作云。」

《說文》十一下雲部：「山川气也。从雨云。象雲回轉形。云，古文省雨。[illegible]，亦古文雲。」

案：「山川气也」，二徐同，《集韻》引「气」作「氣」，俗字也。「云」字，二徐注云「古文」，《集韻》云「通作云」，今刪「通作」二字，以「云」字連上讀。

妘

《集韻》平聲文韻：「《說文》：祝融之後姓也。一曰：女字。古从嬶。」

《說文》十二下女部：「祝融之後姓也。从女云聲。䵽，籀文妘从員。」

案：大徐重文作「䵽」，曰：「籀文妘从員」，小徐作「嬶」，云「籀文妘从鼎」，《集韻》引從小徐，然鼎譌作「鼎」，當改。段云：「員，籀文作鼎」。「一曰：女字」，非引《說文》，丁度等所增。

樊

《集韻》平聲元韻：「《說文》：騺不行。一曰：山邊也。」

《說文》三上𠬜部：「騺不行也。从𠬜从棥。棥亦聲。」

案：「騺不行也」，二徐竝同，《集韻》引奪「也」字。「一曰：山邊也」，非引《說文》。《廣雅・釋言》：「樊，邊也。」《莊子》：「則陽鳥則休乎山樊。」李注：「傍也。」《集韻》或本此爲說也。

渾

《集韻》平聲魂韻：「《說文》：混流聲也。一曰：洿下。」

《說文》十一上水部：「混流聲也。从水軍聲。一曰：洿下皃。」

案：「一曰：洿下皃」，二徐竝同，《集韻》引奪「皃」字。

婚

《集韻》平聲魂韻：「《說文》：婦家也。《禮》：娶婦以昬時。籀作𡣍。」

《說文》十二下女部：「婦家也。禮娶婦以昏時。婦人陰也，故曰婚。从女、从昏，昏亦聲。𡣍，籀文婚。」

案：「禮娶婦以昏時」，小徐作「昏禮娶婦以昏時」，「昏」字衍，段氏不取，玄應《音義》卷二引作「《禮記》娶婦……」，「記」字自加也。「昬時」下，二徐竝有「婦人陰也」（小徐無『也』）」句，《集韻》敚奪。《士昏禮》，鄭《目錄》云：「士娶妻之禮，以昏爲期，因而名焉，必以昏者，陽往而陰來。」籀文婚，二徐注作「𡢗」，《集韻》正文不誤，注文則訛作「𡢗」，當改。

蚲 蚲

《集韻》平聲僊韻：「《說文》：蚲蚗，蟬屬。」

《說文》十三上虫部：「蚲蚗，蟬屬。讀若周天子赧。从虫丏聲。」

案：「蚲」篆，二徐竝同，《集韻》正文原訛作「蚵」，當改。

髡 髡

《集韻》平聲魂韻：「《說文》：鬜髮。或从髨。」

《說文》九上髟部：「鬜髮也。从髟兀聲。髨或从元。」

案：二徐注以「髡」爲本字，「髨」爲或文。《集韻》注中云「或从元」，不誤。惟正文首列「髨」，次列「髡」，意以「髨」爲本字，「髡」爲或體，則非。

𣮉 𣮉

《集韻》平聲魂韻：「《說文》：以毳爲𦆀，色如虋，故謂之𣮉虋，禾之赤苗也。引《詩》：毳衣如𣮉。」

《說文》八上毛部：「以毳爲𦆀，色如虋，故謂之𣮉。虋，禾之赤苗也。从毛𦖢聲。《詩》曰毳衣如𣮉。」

案：「色如虋」、「虋，禾之赤苗也」，二徐竝同，《集韻》引兩「虋」字，皆作「虋」，缺艸頭。許書艸部曰：「虋，赤苗。嘉穀也。」段云「𣮉」字取同赤，故名略同。

竿 竿

《集韻》平聲寒韻：「《說文》：竹挺也。」

《說文》五上竹部：「竹梃也。从竹干聲。」

案：二徐注作「竹梃也」，《集韻》引「梃」作「挺」。段注云：「木部曰：『梃，一枚也。』梃之言挺也，謂直也。」是「挺」爲狀詞，《集韻》引不當。

𣧠 𣧠

《集韻》平聲寒韻：「《說文》：禽獸所食餘也。」

《說文》四下歺部：「禽獸所食餘也，从歺从肉。」

案：「𣧞」篆，二徐竝同，《集韻》正文原訛作「⿰歹月」，今改。

鯾 鯾

《集韻》平聲僊韻：「《說文》：魚名。」

《說文》十一下魚部：「魚名。从魚便聲。鯿，鯾又从扁。」

案：二徐竝有重文「鯿」，《集韻》無，宜補。

籣 籣

《集韻》平聲寒韻：「《說文》：所以成弩矢，人所負也。」

《說文》五上竹部：「所以盛弩矢，人所負也。从竹闌聲。」

案：二徐竝作「所以盛弩矢，人所負也」，《玉篇》注：「竹器，盛弩矢者。」《集韻》作「所以成弩矢，人所負也」，知「成」爲「盛」之殘字。

寏 寏 院 院

《集韻》平聲桓韻：「《說文》：周垣也。或作院。」

《說文》七下宀部：「周垣也。从宀奐聲。院，寏或从𨸏。」

案：許書「院」字兩見：一在宀部，訓「周垣也」，爲寏之或文；一在𨸏部，訓「堅也」。《集韻》但有訓「周垣也」之「院」，而無訓「堅也」之院。𨸏部「院」下，徐鉉曰：「宀部已有，此重出。」《莊子・天地》：「不以物挫志之謂完」，《荀子・王制》「尚完利」，兩「完」字，皆有堅固之意，是𨸏部之「完」亦不可無，鉉說非是，《集韻》刪「堅也」之訓，亦非。

鱣 鱣

《集韻》平聲僊韻：「《說文》：鯉也。或从中（䲚）。」

《說文》十一下魚部：「鯉也。从魚亶聲。䲚，籀文鱣。」

案：重文「䲚」，二徐竝云「籀文」。《集韻》云「或从虫」，「或」字當改作「籀」。

冠 冠

《集韻》平聲桓韻：「《說文》：絭也。所以絭髮弁冕之總名也。从冖从元。

冠有法制，以寸。徐鍇曰：取其在首，故从元。」

《說文》七下冖部：「絭也。所以絭髮弁冕之總名也。从冖从元。」

案：「从冖从元」小徐作「从冖元」。「冠有法制，从寸」，二徐竝同，《集韻》引「从」誤作「以」，當改。

噴 噴

《集韻》平聲魂韻：「《說文》：叱也。一曰鼓鼻。」

《說文》二上口部：「吒也。从口賁聲。一曰：鼓鼻。」

案：二徐竝作「吒也」，《集韻》引「吒」作「叱」，形訛也。許書「噴」下次「吒」，訓「噴也」，是二篆互爲轉注。

潘 潘

《集韻》平聲桓韻：「《說文》：浙米汁也。一曰：水名，在河南滎陽。」

《說文》十一上水部：「淅米汁也。一曰：水名，在河南滎陽。从水番聲。」

案：二徐竝作「淅米汁也」，《集韻》引「淅」作「浙」，形似而譌。

華 𠦒

《集韻》平聲桓韻：「《說文》：箕屬，所以推棄之器也。官溥說。」

《說文》四下華部：「箕屬，所以推棄之器也。象形。凡𠦒之屬皆从𠦒。官溥說。」

案：「𠦒」篆，二徐竝同，隸寫當作「𠦒」，《集韻》正文原訛作「華」，今改。「推棄」之「棄」，小徐作「弃」，古文也。

欒 欒

《集韻》平聲桓韻：「《說文》：木，似欄。《禮》：天子樹松，諸侯大夫欒，士楊。一曰曲枅木。一曰：鍾兩角爲欒。」

《說文》六上木部：「木，似欄。从木䜌聲。《禮》：天子樹松，諸侯柏，大夫欒，士楊。」

案：二徐引《禮》「天子樹松、諸侯柏、大夫欒、士楊」，蓋指墓上所樹，《集韻》引「諸侯」下奪「柏」字甚明，當補。「一曰：曲枅木」，非引《說文》；《廣雅・釋室》：「曲枅謂之欒。」丁氏蓋本此也。「一曰：鍾兩角爲欒」，亦非引《說文》，《考工記・梟氏》爲鍾兩欒謂之銑，兩欒謂鍾口兩角也。

㡿 庋

《集韻》平聲刪韻：「《說文》：屋北瓦下。一曰維綱也。」

《說文》九下广部：「屋牝瓦下。一曰維綱也。从广閔省聲。讀若環。」

案：「屋牝瓦下」，二徐竝同，《集韻》引「牝」作「北」，顯係形誤。《玉篇》注作「屋牝瓦下也」。

蠻 蠻

《集韻》平聲刪韻：「《說文》：南蠻。蛇種。」

《說文》十三上虫部：「南蠻。蛇穜。从虫䜌聲。」

案：大徐作「蛇穜」，小徐「穜」作「種」，蓋後人以俗改，《集韻》亦用俗字，當改從大徐。

虥 虥

《集韻》平聲山韻：「《說文》：虎竊毛謂之虥貓。」

《說文》五上虎部：「虎竊毛謂之虥苗。从虎戔聲。竊，淺也。」

案：小徐「虥苗」作「虥貓」，《集韻》引同。然《說文》無「貓」字，段注云：「苗，今之貓字。許書以苗爲貓也。」又二徐「从虎戔聲」下竝有「竊，淺也」句，《集韻》未引，當補；段注云：「必言此者，嫌竊之本義盜自中出也。《大雅》曰：『鞹鞃淺幭。』《傳》曰：『淺，虎皮淺毛也。』言竊言淺一也。」古深淺之「淺」或作「竊」，如《釋鳥》竊藍、竊黃、竊丹皆訓「淺」。

顅 顅

《集韻》平聲山韻：「《說文》：頭鬢少髮也。一曰長脰皃。」

《說文》九上頁部：「頭鬢少髮也。从頁肩聲。《周禮》數目顅脰。」

案：《集韻》引「頭鬢少髮也」，與二徐同。另二徐竝引《周禮》「數目顅脰」以證字，《集韻》引脫，當補。「一曰」者，非引《說文》，《考工記・梓人》「數目顅脰」，鄭玄注：「顅，長脰皃。」

艱 艱

《集韻》平聲山韻：「《說文》：土難治也。或作囏。」
《說文》十三下堇部：「土難治也。从堇良聲。囏，籀文艱从喜。」
案：重文「囏」，二徐竝云「籀文」，《集韻》曰「或作囏」，「或」當改作「籀」。

汧 汧

《集韻》平聲先韻：「《說文》：水也。」
《說文》十一上水部：「水也。从水幵聲。」
案：「汧」篆，二徐竝同，釋曰「从水幵聲」，《集韻》正文原訛作「汗」，今改。

瘨 瘨

《集韻》平聲先韻：「《說文》：腹脹也。一曰：狂也。」
《說文》七下疒部：「病也。从疒眞聲。一曰：腹張。」
案：「瘨」下，二徐竝訓「病也」，《集韻》引脫，當補。「一曰：腹張」，小徐「張」作「脹」，俗字也，《集韻》引亦從俗。「一曰：狂也」，非引《說文》，見《廣雅・釋詁》四。

幵 幵

《集韻》平聲先韻：「《說文》：平也。象二千。對構上平也。一曰：羌名。」
《說文》十四上幵部：「平也。象二干。對構上平也。徐鉉曰：幵但象物平。無首義也。」
案：「象二干」，二徐竝同，《集韻》引「干」作「千」，非。其正文原亦誤作「幵」，今改。「一曰：羌名」，非引許書，《漢書・趙充國傳》「四千幵」，注：「幵，羌之別種。」

𢎘 𢎘

《集韻》平聲先韻：「《說文》：艸木弓盛也。」
《說文》七上𢎘部：「艸木𢎘盛也。从二𢎘。」
案：「𢎘」篆，二徐竝同，《集韻》正文原訛作「弜」，今改。「艸木𢎘盛也。」二徐竝同，《集韻》引「𢎘」訛作「弓」，當改。𢎘讀若含，艸木之華深含未放也。

淵 淵

《集韻》平聲先韻：「《說文》：𣶒也。从水，象形，左右岸也，中象水皃。一曰深也。古作㴊、囦。」

《說文》十一上水部：「回水也。从水，象形，左右岸也，中象水皃。㴊，淵或省水。囦，古文从口水。」

案：二徐竝作「回水也」，《集韻》引作「𣶒也」。「𣶒」字不體，明爲「回水」二字之誤併。「中象水皃」，小徐作「中象水也」。「一曰：深也」，非引《說文》，見《小爾雅・廣詁》。「㴊」字，二徐竝云或文，《集韻》曰「古作㴊」，「古」當改作「或」。

宣

《集韻》平聲僊韻：「《說文》：天子豈室也。一曰：徧也。揚也、通也。」

《說文》七下宀部：「天子宣室也。从宀亘聲。」

案：「天子宣室也」，二徐竝同，《集韻》引「宣」作「豈」，當是譌文。《史記・賈誼傳》「孝文受釐坐宣室」，蘇林曰：「宣至，未央前正室也。」「一曰」下數義，竝非引《說文》。「徧也」，見《爾雅・釋言》；「揚也」，見《左氏》宣十二年《傳》「寵光之不宣」注；「通也」，見《左氏》昭元年《傳》「宣汾洮」注。

亘

《集韻》平聲僊韻：「《說文》：求亘也。从二，从囬。象亘回形。上下所求物也。徐鍇曰：回風、回轉，所以宣陰陽也。」

《說文》十三下二部：「求囘也。从二、从囘。囘，古文回，象亘回形。上下所求物也。徐鍇曰：回風、回轉，所以宣陰陽也。」

案：「从二从囘」，二徐竝同，《集韻》引「囘」作「囬」，與字形不符。

荃

《集韻》平聲僊韻：「《說文》：芥脃也。」

《說文》一下艸部：「芥脆也。从艸全聲。」

案：二徐本均作「芥脆也」，《集韻》引「脆」作「脃」，譌从邑，當改。

檈

《集韻》平聲僊韻：「《說文》：檈味，捻棗。」

《說文》六上木部：「櫰味，稔棗。从木還聲。」

案：「稔棗」二字，大小徐竝同，《集韻》引「稔」作「捻」，譌从手。《爾雅・釋草》：「還味，捻棗。」正許君所本。

璿 璿

《集韻》平聲僊韻：「《說文》：美玉也。引《春秋傳》：璿弁玉纓。古作璚，籀作叡𣪊。」

《說文》一上玉部：「美玉也。从玉睿聲。《春秋傳》曰：璿弁玉纓。璚，古文璿。叡，籀文璿。」

案：「璿」篆，二徐竝同，《集韻》正文原作「璿」，體微訛。引《春秋傳》，小徐作「璿冠玉纓」，避唐李昇諱也。古文璿，二徐竝作「璿」，《集韻》譌作「璚」，當改。又籀文，鉉本作「叡」，鍇本作「叡」，嚴氏《校議》以爲「叡」字又見𣦼部，此重出，議依小徐；嚴氏並徵引《玉篇》、《廣韻》二仙、《類篇》、《韻會》一先竝作「叡」爲証，嚴說碻鑿，可從。《集韻》籀文則「叡」「叡」兼收，形又有誤，《四庫》譏其「不主辨體」、「重文複見」、「繁所不當繁」，不無故也。

專 專

《集韻》平聲僊韻：「《說文》：六寸簿也。」

《說文》三下寸部：「六寸簿也。从寸叀聲。一曰：專，紡專。」

案：「六寸簿也」外，二徐尙有「一曰：專，紡專」句，《集韻》引奪，當補。《小雅・斯干》：「載弄之瓦。」《傳》：「瓦，紡塼也。」《釋文》：「塼，本又作專。」蓋本許君。

趯 趯

《集韻》平聲僊韻：「《說文》：行趯趚也。一曰：行曲眷皃。」

《說文》二上走部：「行趯趚也。一曰：行曲脊皃。从走雚聲。」

案：大徐作「曲脊」，小徐「脊」作「脊」，隸變字也。《集韻》引作「眷」，形近之誤也。方氏《考正》云宋本未誤。又小徐「脊」下無「皃」字。

齤 齤

《集韻》平聲僊韻：「《說文》：缺齒也。一曰：曲齒。一曰：笑而見齒皃。」

《說文》二下齒部：「缺齒也。一曰：曲齒。从齒𢍏聲。讀若權。」

案：「缺齒也」，二徐竝同，《集韻》引「缺」作「鈌」，形譌也。「一曰：笑而見齒皃」，非引許書，《淮南・道訓》「若士齤然而笑」，丁氏蓋本此也。

⿰衤弔

《集韻》平聲蕭韻：「《說文》：棺中縑裹。」

《說文》八上衣部：「棺中縑裏，从衣弔，讀若雕。」

案：「棺中縑裏」，二徐竝同，《集韻》引「裏」訛作「裹」。《喪大記》：「君裏棺用朱綠，用雜金鐕；大夫裏棺用元綠，用牛骨鐕，士不綠。」段氏以爲三「綠」字皆「⿰衤弔」之誤。

⿰庣斗

《集韻》平聲蕭韻：「《說文》：斛旁有⿰庣斗。一曰：利也。」

《說文》十四上斗部：「斛旁有⿰庣斗。从斗庣聲。一曰：突也。一曰：利也。《尒疋》曰：⿰庣斗謂之䥗。古田器也。臣鉉等曰：《說文》無庣字。疑厂象形兆聲。今俗別作鍫。非是。」

案：「斛旁有⿰庣斗。一曰：利也」外，二徐尚有「突也」之訓，並引「《尒疋》曰：⿰庣斗謂之䥗」爲說，又釋之曰：「古田器也。」《集韻》引省奪多矣。方氏《集韻考正》云「『一曰：利也』句上，《說文》有『一曰：突也』四字，《類篇》不奪。」

忻

《集韻》平聲欣韻：「《說文》：闓也。引《司馬法》：善者，忻民之善，閑民之惡。」

《說文》十下心部：「闓也。从心斤聲。《司馬法》曰：善者，忻民之善，閉民之惡。」

案：「閉民之惡」，二徐竝同，《集韻》引「閉」作「閑」，形似而訛也。

梟

《集韻》平聲蕭韻：「《說文》：不孝鳥也。日至補梟磔之，从鳥首在木上。」

《說文》六上木部：「不孝鳥也。日至捕鳥磔之。从鳥頭在木上。」

案：「日至補梟磔之」，二徐竝同，《集韻》引「日」誤作「曰」當改。《漢儀》：「夏至賜百官梟羹。」如淳曰：「漢使東郡送梟，五月五日作梟羹，以賜百官，以其惡鳥，故食之。」日至即夏至，作「曰」，則無義矣。釋字之形，大徐作「从鳥頭在木上」，小徐作「從鳥在木上」，田氏《二徐箋異》云：「（玄應）《一切經音義》凡三引皆有頭字，《廣韻》二蕭同，是頭字宜有。篆文非从全鳥字也。又《釋鳥疏》、《韻會》引作首，特異文耳。」《集韻》引亦作「首」，與「頭」義得兩通。

澆 澆

《集韻》平聲蕭韻：「《說文》：泆也。一曰：薄也。」

《說文》十一上水部：「𣵀也。从水堯聲。」

案：大徐作「𣵀也」，小徐「𣵀」作「沃」，省文也。《集韻》引從大徐，而譌作「泆」，當改。「一曰」者，非引《說文》，《淮南・齊俗》：「澆天下之淳。」注：「澆，薄也。」

繑 繑

《集韻》平聲蕭韻：「《說文》：絝細也。」

《說文》十三上糸部：「絝紐也。从糸喬聲。」

案：二徐竝作「絝紐也」，《集韻》引「紐」作「細」，形近之訛也。段云：「紐者，系也。脛衣上有系，系於褌帶曰繑。」若《集韻》作「細」，則無義矣。

霄 霄

《集韻》平聲宵韻：「《說文》：兩霓為霄。」

《說文》十一下雨部：「雨霓為霄。从雨肖聲。齊語也。」

案：「雨霓為霄」，二徐竝同，《集韻》引「雨」譌「兩」，當改。又「霄」下，小徐有「也」字。

嘄 嘄

《集韻》平聲蕭韻：「《說文》：聲嘄嘄也。」

《說文》二上口部：「聲嘄嘄也。从口梟聲。」

案：「嘄」篆，二徐竝同，《集韻》正文原訛作「嘄」，今改。又「聲嘄嘄也」，二徐亦同，《集韻》引「嘄」亦訛作「噪」，宜併改。

𤑔 燋

《集韻》平聲宵韻：「《說文》：所以然待火也。引《周禮》：以明火爇燋。」

《說文》十上火部：「所以然持火也。从火焦聲。《周禮》曰：以明火爇燋也。」

案：「所以然持火也」，二徐竝同，《集韻》引「持」作「待」，形訛也。《莊子．逍遙遊》：「日月出矣，而爝火不息。」《釋文》云：「爝本作燋。燋，所以然持火者。」引《周禮》，「以明火爇燋」，二徐竝同，《集韻》引「爇」作「爇」，誤。此《春官．菙人》文。

𣏌 杓

《集韻》平聲宵韻：「《說文》：料柄也。」

《說文》六上木部：「枓柄也。从木、从勺。臣鉉等曰：今俗作市若切。以爲桮杓之杓。」

案：二徐竝作「枓柄也」，勺謂之枓，枓柄者即勺柄也。《集韻》引「枓」作「料」，形近而誤也。

𣝆 槖

《集韻》平聲宵韻：「《說文》：囊張大皃。从㯻木省匋省。」

《說文》六下㯻部：「囊張大皃。从㯻省匋省聲。」

案：「𣝆」篆，二徐竝同，《集韻》正文原作「橐」，譌从禾，今改。「从㯻省匋省聲」，二徐竝同，《集韻》引作「从㯻省匋省」，下一「省」字下，當補「聲」字。

𣵀 次

《集韻》平聲僊韻：「《說文》：慕欲口液也。或作㳄、㵪。」

《說文》八下次部：「慕欲口液也。从欠从水。凡次之屬皆从次。𣵀，次或从侃。𣹏，籀文次。」

案：「液」下，小徐無「也」字。重文「㵪」，二徐竝云「籀文」，《集韻》「㵪」上當補「籀作」二字。

𦷬 茮

《集韻》平聲宵韻：「《說文》：蚍蜉也。今荊葵。」

《說文》一下艸部：「蚍虾也。从艸收聲。」

案：二徐竝作「蚍虾也」，《玉篇》亦同。《集韻》「虾」作「蜉」，恐誤。方氏《考正》云：「虾譌蜉，據《說文》正。」蓋「虾」「蜉」音近，且「蚍蜉」爲常見之雙聲連語，《集韻》或傳寫偶誤。「今荊葵」三字，非許書所有。《爾雅・釋草》：「莜，蚍衃。」（虾作衃，則又與二徐異）郭注：「今荊葵也。」

鴞

《集韻》平聲宵韻：「《說文》：鴟鴞，寧鴂也。」

《說文》四上鳥部：「鴟鴞，寧鴂也。从鳥号聲。」

案：「寧鴂」二字，大小徐同，《集韻》引「鴂」作「鵊」，形近而譌也。許書「鴞」下正次「鴂」篆。

虈

《集韻》平聲宵韻：「《說文》：楚謂之蘺。晉謂之虈。齊謂之苜。」

《說文》一下艸部：「楚謂之蘺。晉謂之虈。齊謂之茝。从艸嚻聲。」

案：「齊謂之茝」，二徐竝同，《集韻》「茝」譌作「苜」，當改。

恔

《集韻》平聲爻韻：「《說文》：憭也。」

《集韻》上聲筱韻：「《說文》：憭也。」

《說文》十下心部：「憭也。从心交聲。」

案：《集韻》兩引「恔」字，竝訓「憭也」，與二徐同。惟爻韻正文原作「⿰忄爻」，譌。

炮

《集韻》平聲爻韻：「《說文》：毛灸肉也。」

《說文》十上大部：「毛炙肉也，从火包聲。」

案：「毛炙肉也」，二徐竝同，《集韻》引「炙」作「灸」，形近而譌也。許書炙部下曰：「炮肉也。」《廣韻》下平五肴「炮」注曰：「合毛炙肉也。」可證《集韻》之誤。

蟊

《集韻》平聲爻韻：「《說文》：蟊蟊也。《方言》：蛡蟧謂之蟊蠽。」
《說文》十三下蚰部：「蟊蟊也。从蚰矛聲。」
案：「蟊」篆，二徐竝同，《集韻》正文原訛作「蟊」，今改。注引「蟊蟊也」亦誤，「蟊」當改作「蟊」，「蟊」當去艸頭。下引《方言》，見卷十一然「蠽」爲「蠿」之誤。

䈾 筲

《集韻》平聲爻韻：「《說文》：陳留謂飯帚曰筲。一曰：飯器容五外。一曰：宋魏謂箸筩爲筲。」
《說文》五上竹部：「陳留謂飯帚曰筲，从竹捎聲。一曰：飯器容五升。一曰：宋魏謂箸筩爲筲。」
案：第二義大小徐竝作「飯器。容五升」，《集韻》引「升」訛作「外」，義不可通。

鄂 鄂

《集韻》平聲豪韻：「《說文》：南陽洧陽鄉。」
《說文》六下邑部：「南陽淯陽鄉，从邑号聲。乎刀切。」
案：「淯陽縣」二徐竝同，《集韻》引「淯」作「洧」，誤字也。《廣韻》下平六家「鄂」注：「鄉名，在淯陽。」可証。

錏 錏

《集韻》平聲麻韻：「《說文》：錏鍛，頸鎧也。」
《說文》十四上金部：「錏鍜，頸鎧也。从金亞聲。」
案：「錏鍜」二字，大小徐同，《集韻》引「鍜」作「鍛」，形近而譌也。許書「錏」下次「鍜」，亦訓同也。

褒 褒

《集韻》平聲豪韻：「《說文》：衣博裾也。一曰：獎飾。」
《說文》八上衣部：「衣博裾。从衣保省聲。保，古文保。
案：鍇本上作「博裾」，「衣」字蓋脫。《玉篇》亦作「衣博裾」，同大徐。《集韻》亦同，唯衍「也」字。「一曰」者，非引《說文》，丁氏等所增。

鬏

《集韻》平聲豪韻：「《說文》：髮至眉也。引《詩》：紞彼兩鬏。《漢令》有髳長。或省（髳）。」

《說文》九上髟部：「髮至眉也。从髟敄聲。《詩》曰：紞彼兩鬏。鬏或省，《漢令》有髳長。」

案：「漢令有鬏長」句，二徐竝在省文「髳」下，《集韻》引在「或省」二字上，語次誤例。

枷

《集韻》平聲麻韻：「《說文》：拂也。淮南謂之柍。」

《說文》六上木部：「柫也。从木加聲。淮南謂之柍。」

案：「柫也」，二徐竝同，《集韻》引「柫」作「拂」，譌从手。許書「枷」上次「柫」，釋「擊禾連枷也」。

饕

《集韻》平聲豪韻：「《說文》：貪也。一曰：貪財爲饕。籀作饕。或作叨。」

《說文》五下食部：「貪也。从食號聲。叨，饕或从口刀聲。饕，籀文饕从號省。」

案：《集韻》引「貧也」，與二徐同。「一曰：貪財爲饕」，非引許書，《左傳》文公十八年「謂之饕餮」，注：「貪財曰饕」。重文「叨」，小徐在籀文下，云：「俗饕從口刀聲。」玄應《音義》卷十八引云：「叨，《說文》：此俗饕字也。」是古本不以爲或體。《集韻》引云：「或作叨。」「或」當改作「俗」。

叜

《集韻》平聲豪韻：「《說文》：滑也。引《詩》：叜兮達兮。一曰：取也。一曰：戎鼓大首謂之叜。」

《說文》三上又部：「滑也。詩云：叜兮達兮。从又屮。一曰：取也。」

案：「叜」篆，二徐竝同，《集韻》正文原訛作「叟」，今改。注引「滑也」至「取也」，與二徐同。「一曰戎鼓」云云，非引《說文》，丁度等所增。

𤚠 牢

《集韻》平聲豪韻：「《說文》：閑養。牛馬圈也。从牛从舟省。取其四周而也。」

《說文》二上牛部：「閑養牛馬圈也。从牛冬省。取其四周帀也。」

案：大徐作「从牛冬省，取其四周帀也」，小徐作「从牛冬省聲，取其四周帀」，苗氏《繫傳校勘記》云：「聲字衍。」「冬省」者，蓋指篆之「𠔀」也，从古文冬省也。段云：「冬取其完固之意，亦取四周象形，引伸之爲牢不可破者。」《集韻》引「冬」形誤作「舟」，無所取意也。且上增一「从」字。又「帀」字形誤作「而」字，「四周而也」語不可解。

戈 戈

《集韻》平聲戈韻：「《說文》：平頭螒也。」

《說文》十二下戈部：「平頭戟也。从弋一橫之。象形。」

案：「平頭戟也」，二徐竝同，《集韻》引「戟」作「螒」，字有譌誤。許書戈部「戟」下云：「有枝兵也。从戈倝。」

蛾 蛾 𧓍

《集韻》平聲歌韻：「《說文》：蠶化飛蟲。或从虫（𧊚）。」

《說文》十三下䖵部：「蠶化飛蟲。从䖵我聲。蛾，或从虫。」

《說文》十三上虫部：「羅也。从虫我聲。臣鉉等案：《爾雅》：蛾羅，蠶蛾也。䖵部已有。𧓍或作𧊚。此重出。」

案：許書「蛾」字重出，一在虫部，訓「羅也」；一在䖵部，訓「蠶化飛蟲」，以爲𧓍之或文。虫部「蛾下」，徐鉉曰：「《爾雅》：蛾羅，蠶蛾也。䖵部已有，𧓍或作𧊚，此重出。」鈕樹玉《校勘》則云：「《釋蟲》：𧊚，羅。《釋文》云：𧊚，本又作蛾，《說文》亦同。然則訓羅者，非重出，䖵部疑後人增。」鈕氏又於䖵部「𧓍」之重文「𧊚」下曰：「按虫部有蛾，不應重出，疑後人增。《玉篇》𧓍注云：亦作蛾。」《集韻》未見訓「羅」之「蛾」，止見訓「蠶化飛蛾」，以爲「𧓍」或文之「蛾」，如是，則丁氏等刪虫部之「蛾」，非。

鞾 鞾

《集韻》平聲元韻：「《說文》：量物之韗。一曰：抒若韗，古从革。从宛。」

《說文》三下革部：「量物之韗。一曰：抒井韗。古以革。䩩，韗或从宛。」

案：「一曰：抒井韗。古以革」，二徐竝同，《集韻》引作「抒若韗」，語不可通；又「以」字誤作「从」。《繫傳・楚金》案語云：「抒井今言陶井也。韗，取泥之器。」「古以革」下，段注云：「謂此二者（指量物之韗及抒井韗），古皆用革，故從革。」又重文「䩩」，二徐注云「韗或从宛」，是《集韻》「从宛」上，當補一「或」字。

鼘

《集韻》平聲先韻：「《說文》：鼓聲也。引《詩》：鼗鼓鼝鼘。」

《說文》五上鼓部：「鼓聲也。从鼓𣶒聲。《詩》曰：鼗鼓鼘鼘。」

案：二徐引《詩》竝作「鼗鼓鼘鼘」。今《商頌・猗那》章作「淵淵」，張衡〈東京賦〉作「雷鼓鼝鼝」。《集韻》引上字作「鼝」，下字作「鼘」；此引經以證字也。要當以二徐从𣶒爲是。

䙴

《集韻》平聲僊韻：「《說文》：外高也。从舁囟聲。或从𢍜。古作䙴。」

《說文》三上舁部：「升高也。从舁囟聲。七然切。𨓆，䙴或从卩。𡕒，古文䙴。」

案：「升高也」，二徐竝同，《集韻》引作「外高也」，「外」當係「升」之誤。《集韻》引《說文》，「升」字每多訛作「外」，形近故也。重文「𢍜」，二徐竝云「䙴或从卩」，段云：「卩謂所登之階級也。」《集韻》引作「或从丅」，與字體不符，且失其義矣。

蝸

《集韻》平聲麻韻：「《說文》：蝸蠃也。」

《說文》十三上虫部：「蝸蠃也。从虫咼聲。」

案：二徐竝作「蝸蠃也」，《集韻》引「蠃」作「嬴」，非。蝸入虫部，當以从虫之字爲釋。《周禮》、《儀禮》「蠃醢」，《內則》作「蝸醢」。

方

《集韻》平聲陽韻：「《說文》：併船也。象兩舟。或从水（汸）。一曰：矩也。

道也。類也。且也。」

《說文》八下方部：「併船也。象兩舟，省總頭形。㳀，方或从水。」

案：「象兩舟省總頭形」二徐竝同。段云：「下象兩舟併爲一，上象兩船頭總於一處。」《集韻》引止作「象兩舟」，與字體不符。「一曰」下數義，非引《說文》。「道也」，見《易繫辭上傳》；「矩也」，見《荀子・大略》「博學而無方」《注》；「類也」，見《廣雅・釋詁・三》；「且也」，見《詩・正月》「民今方殆」《箋》。

䲰 䲰

《集韻》平聲陽韻：「《說文》：䲰澤虞也。」

《集韻》上聲養韻：「《說文》：澤虞也。」

《說文》四上鳥部：「澤虞也。从鳥方聲。」

案：「澤虞也」，二徐竝同，《集韻》平聲陽韻下引「澤」上又複舉「䲰」字，衍。

襄 襄

《集韻》平聲陽韻：「《說文》：《漢令》云：解衣耕謂之襄。一曰：除也。上也。駕也。古作𡁼。」

《說文》八上衣部：「《漢令》：解衣耕謂之襄。从衣𤕦聲。𡁼，古文襄。」

案：「漢令」下，二徐竝無「云」字，《集韻》引蓋丁氏所增。「一曰」下數義，皆非引《說文》。「除也」，見《爾雅・釋言》；「上也」，見《書》、《堯典》「蕩蕩懷山襄」注；「駕也」，亦見《爾雅・釋言》。

箱 箱

《集韻》平聲陽韻：「《說文》：大車牝服。一曰：竹器。」

《說文》五上竹部：「大車牝服也。从竹相聲。」

案：二徐竝作「大車牝服也」，《集韻》引「服」下奪「也」字。「一曰：竹器」，非引《說文》，丁氏所增。

槍 槍

《集韻》平聲陽韻：「《說文》：距也。一曰剡木傷盜曰槍。」

《說文》六上木部：「歫也。从木倉聲。一曰槍欀也。」

案：「歫也」，二徐竝同。《集韻》引「歫」作「距」，非是。許書止部曰：「歫，止也。一曰：槍也。」與此互訓。二徐竝有「一曰：槍欀也」之訓，《集韻》未引。「一曰：剡木傷盜曰搶（當是槍之誤）」，非引許書，見《通俗文》。

戕 戕

《集韻》平聲陽韻：「《說文》：槍也。《春秋傳》自外曰戕。」

《說文》十二下戈部：「槍也。他國臣來弒君曰戕。从戈爿聲。」

案：《集韻》引「槍也」，與二徐同。又二徐竝有「他國臣來弒君曰戕」句，《集韻》脫，而易以「《春秋傳》：自外曰戕」，此非引《說文》，《春秋》宣十八年：「邾人戕鄫子於鄫。」《左傳》曰：「凡自虐其君曰弒，自外曰戕。」

殤 殤

《集韻》平聲陽韻：「《說文》：不成人也。年十九至十六死爲上殤，十五至十二死爲中殤，十一至八歲死爲下殤。」

《說文》四下歺部：「不成人也。人年十九至十六死爲長殤。十五至十二死爲中殤，十一至八歲死爲下殤。从歺，傷省聲。式陽切。」

案：二徐「年十九」上有「人」字，《集韻》引脫，又「長殤」二字大小徐同，《集韻》引作「上殤」，義雖相去不遠，然《儀禮・喪服傳》亦作「長殤」，改之爲宜。

嘗 嘗

《集韻》平聲陽韻：「《說文》：口之味也。一曰：試也。一曰：秋祭名。」

《說文》五上旨部：「口味之也。从旨尚聲。」

案：二徐竝作「口味之也」，《集韻》引作「口之味也」，誤。楚金案語云：「口試其味也。」是嘗爲狀詞，如依《集韻》引則爲靜詞矣。《廣韻》下平十陽引亦作「口味之也」，兩「一曰」義，非引《說文》，《小爾雅・廣言》：「嘗，試也。」《爾雅・釋天》：「秋祭曰嘗。」

蘠 蘠

《集韻》平聲陽韻：「《說文》：蘠蘼之菜。」

《說文》一下艸部：「虈蒁之菜也。从艸彊聲。」

案：小徐本作「御蒁之菜也」，蓋「御」爲本字，「虈」借字也，當以用本字爲是。段注本即依鍇本作「御」。

橿 橿

《集韻》平聲陽韻：「《說文》：枋也。一曰：鉏柄。」

《說文》六上木部：「枋也。从木畺聲。一曰：鉏柄名。」

案：「一曰：鉏柄」下，二徐竝有「名」字，《集韻》引奪。

強 強

《集韻》平聲陽韻：「蟲名。《說文》：蚧也。籀作疆。」

《說文》十三上虫部：「蚚也。从虫弘聲。徐鍇曰：弘與強聲不相近。秦刻石文从口，疑从籀文省。」疆，籀文強从䖵从彊。

案：二徐竝作「蚚也」，《集韻》引「蚚」作「蚧」，形近而誤也。《許》書「強」下次「蚚」，訓「強也」，二篆轉注。

王 王

《集韻》平聲陽韻：「《說文》：天下所歸往也。董仲舒曰：古之造文者。三畫而連其中謂之王。三者，天地人也，而參通之者王也。孔子曰：一貫三爲王。」

《說文》一上王部：「天下所歸往也。董仲舒曰：古之造文者三畫而連其中，謂之王。三者，天地人也。而參通之者王也。孔子曰：一貫三爲王。凡王之屬皆从王。李陽冰曰：中畫近上。王者則天之義。𠙻，古文王。」

案：二徐竝有重文「𠙻」，云「古文王」，《集韻》引脫，當補。

軭 軭

《集韻》平聲陽韻：「《說文》：車戾也。」

《說文》十四上車部：「車戾也。从車匡聲。」

案：二徐竝作「車戾也」，《集韻》引「戾」作「戾」，字不體，宜改。

棠 棠

《集韻》平聲唐韻：「《說文》：牂曰棠。牝曰杜。」

《說文》六上木部：「牡曰棠。牝曰杜。从木尙聲。」

案：「牡曰棠」二徐竝同，《集韻》「牡」作「牂」，顯係形誤。「牡」與下之「牝」對文。

鐺

《集韻》平聲唐韻：「《說文》：銀鐺也。」

《說文》十四上金部：「鋃鐺也。从金當聲。」

案：二徐竝作「鋃鐺也」，《集韻》引「鋃」作「銀」，形誤也。許書「鐺」上承「鋃」，訓「鋃鐺，瑣也」

邙

《集韻》平聲唐韻：「《說文》：河南洛陽北土山上邑。」

《說文》六下邑部：「河南洛陽北亡山上邑。从邑亡聲。」

案：二徐竝作「亡山」，《集韻》引「亡」作「土」。凡邑名多從山地名增邑，二徐作「亡山」不誤。王筠《句讀》曰：「亡一作土，非也。山名亡山，故加邑爲邙，以名其邑矣。羣書亦曰芒山，亦曰北邙。」段氏改「亡」爲「芒」。

𠧪

《集韻》平聲蒸韻：「《說文》：鶩聲也。古作𠧪。」

《說文》五上乃部：「驚聲也。从乃省西聲。籒文𠧪不省。或曰𠧪往也。讀若仍，臣鉉等曰西非聲。未詳。𠧪，古文𠧪。」

案：二徐竝作「驚聲也」，《集韻》引作「鶩聲也」，蓋音近而誤也。《玉篇》「𠧪」注亦訓「驚聲也」。

璠

《集韻》平聲元韻：「《說文》：魯之寶玉。孔子曰：美哉璵璠，遠而視之，奐若也。近而視之，瑟若也。一則理勝。二則孚勝。」

《說文》一上玉部：「璵璠，魯之寶玉，从玉番聲。孔子曰：美哉璵璠，遠而望之，奐若也。近而視之，瑟若也。一則理勝，二則孚勝。」

案：「魯之寶玉」上，二徐竝有「璵璠」二字，《集韻》奪。或《集韻》「璵」

解不引《說文》，故省去此二字也。「遠而望之」，二徐注同，《集韻》引「望」作「視」，欠當。「望」有自遠而觀之意，「視」不得云遠。且下云「近而視之」，則此處必換字也。

番

《集韻》平聲元韻：「《說文》：獸足謂之番。从來田。象其掌。或作⿰足煩。古作[illegible]。」

《說文》二上采部：「獸足謂之番，从釆田，象其掌。附袁切。[illegible]，番或从足从煩。[illegible]，古文番。」

案：「从釆田象其掌」，二徐竝同，《集韻》引「釆」形誤作「來」，當改。「番」字許書屬「釆」部，「从釆」是也。

棥

《集韻》平聲元韻：「《說文》：蕃也。引《詩》：營營青蠅止于棥。」

《說文》三下爻部：「藩也。从爻从林。《詩》曰：營營青蠅止于棥。」

案：二徐竝作「藩也。」《集韻》引作「蕃也」，非。許書艸部曰：「藩，屏也。」《詩・齊風・東方未明》：「折柳樊圃。」《傳》曰：「樊，藩也。」《爾雅・釋言》「樊」亦訓「藩也」。樊即棥之借字。「蕃」亦見許書艸部，訓「艸茂也」，非其義矣。

康

《集韻》平聲唐韻：「《說文》：屋⿱穴康㝗也，謂屋閑。」

《說文》七下宀部：「屋㝩㝗也。从宀康聲。」

案：二徐竝作「屋㝩㝗也」，《集韻》引「㝩」作「⿱穴康」，誤。字从宀，不從穴。「謂屋閑」三字，非許書原文，乃丁度等恐人不曉「屋㝩㝗」意，而申釋之也。

尢

《集韻》平聲唐韻：「《說文》：彼曲脛也。或作𡯂。」

《說文》十下尢部：「彼曲脛也。从大，象偏曲之形。𡯂，古文从㞷。」

案：重文「𡯂」，二徐竝云「古文从㞷」，是《集韻》引「或」當改作「古」。

荒

《集韻》平聲唐韻：「《說文》：蕪也。一曰：艸掩地也。一曰：遠也。」
《說文》一下艸部：「蕪也。从艸㐬聲。一曰：艸淹地也。」
案：「一曰」之義，二徐均作「艸淹地也」，《集韻》引「淹」作「掩」，誤。嚴氏《說文校議》云：「偏旁从㐬，則淹字是。㐬，水廣也。」「一曰：遠也」，非引《說文》，見《廣雅・釋詁》一。

懲 懲

《集韻》平聲蒸韻：「《說文》：忍也。」
《說文》十下心部：「㣽也。从心徵聲。」
案：二徐竝作「㣽也」，《集韻》引「㣽」作「忍」，不體。許書「㣽」下訓「懲也」，與此轉注。

鍠 鍠

《集韻》平聲唐韻：「《說文》：鍠聲也。引《詩》：鐘鼓鍠鍠。一曰：兵器。」
《說文》十四上金部：「鐘聲也。从金皇聲。《詩》曰：鐘鼓鍠鍠。」
案：二徐竝作「鐘聲也」，《集韻》引「鐘」作「鍠」，蓋形訛也。「一曰：兵器」，非引《說文》，丁度等所增，《古今注》：「秦改鐵鉞作鍠，始皇制也。」

雞 䍿

《集韻》平聲唐韻：「《說文》：華榮也。引《爾雅》：䍿，華也。古作𩇯。」
《說文》五下舜部：「華榮也。从舜生聲。讀若皇。《爾雅》曰：𩇯，華也。
　　葟，𩇯或从艸皇。」
案：「𩇯」篆，二徐竝同，隸寫作「𩇯」，《集韻》正文原以隸變之「䍿」爲本字，以「𩇯」爲重文，而注中云「古作𩇯」，非。「舜」之古文作「𩇯」，可知「𩇯」非古文。引《爾雅》，「𩇯」字小徐作「䍿」，《集韻》亦是。又二徐竝有或文「葟」，《集韻》無。

横 横

《集韻》平聲庚韻：「《說文》：闌木。一日東西曰縱。南北曰横。」
《說文》六上木部：「闌木也。从木黃聲。」
案：二徐竝作「闌木也」，《集韻》引奪「也」字。「一曰」者，非引《說文》，《儀禮・大射儀》「坐橫弓」，注：「南踣弓也，人東西鄉以南北為橫。」

䔰 䔰

《集韻》平聲庚韻：「《說文》：䍧䔰。可以作縻綆。」

《說文》一下艸部：「䍧䔰。可以作縻綆。从艸䍧聲。」

案：「䍧䔰」《集韻》作「䍧䔰」，方氏《集韻考正》云：「䔰譌䔰，據宋本及《說文》正。」小徐「䍧」作「牂」，鈕氏《說文校錄》云：「《繫傳》䍧作牂，非。」《廣韻》下平十二庚「䔰」下注引《說文》曰亦作「䍧䔰」，故知小徐誤。

兵 兵

《集韻》平聲庚韻：「晡明切。《說文》：械也。从廾持斤。并力之皃。古謂㑰。籀作𢀴。」

《說文》三上廾部：「械也。从廾持斤，并力之皃。㑰，古文兵，从人廾干。𢀴，籀文。」

案：「㑰」字，二徐竝云「古文兵」，《集韻》引作「古謂㑰」，依其語例，「謂」改為「作」。

笙 笙

《集韻》平聲庚韻：「《說文》：十三簧，象鳳之身。正月之音，物生故謂之笙。大者謂之巢，小者謂之和。古者隨作笙。一曰吳人謂簞為笙。」

《說文》五上竹部：「十三簧，象鳳之身也。笙，正月之音，物生故謂之笙。大者謂之巢，小者謂之和。从竹生聲。古者隨作笙。」

案：「十三簧，象鳳之身也」，二徐竝同，《集韻》引奪「也」字。「正月之音，物生故謂之笙」上，二徐竝有「笙」字，《集韻》引奪。「一曰」者，非引《說文》，〈吳都賦〉「桃笙象簟」，李注「吳人謂簟為笙」。

黥 黥

《集韻》平聲庚韻：「《說文》：墨刑在面也。古作剠。」

《說文》十上黑部：「墨刑在面也。从黑京聲。剠，黥或从刀。」

案：从刀之「剠」，二徐竝云或文，《集韻》「古」當改作「或」。

䲔 䲔

《集韻》平聲庚韻：「《說文》：海大魚也。一說：雄曰䲔。雌曰鯢。常以五月生子於岸，八月導而還海。鼓浪成雷，噴沫成雨，水族畏之。或从京（鯨）。」

《說文》十一下魚部：「海大魚也。从魚畺聲。《春秋傳》曰：取其䲔鯢。鯨，䲔或从京。」

案：「海大魚也」下，二徐竝有「《春秋傳》曰：取其䲔鯢」八字，《集韻》蓋脫。「一說」云云，非許書原文，〈吳都賦〉：「長鯨呑浪。」劉淵林注曰：「雄曰鯨（䲔之或文），雌曰鯢。」崔豹《古今注》曰：「鯨，海魚也。……常以五月六月就岸邊生子，至七八月導引其子，還入海中，鼓浪成雷，噴沫成雨，水族驚畏之。」丁氏等蓋隱栝《古今注》之文也。

牼 牼

《集韻》平聲耕韻：「《說文》：牛鄰下骨。引《春秋傳》宋司馬牼字牛。」

《說文》二上牛部：「牛厀下骨也，从牛巠聲。《春秋傳》曰：宋司馬牼字牛。」

案：鉉本作「牛厀下骨也」，鍇本「厀」字作「膝」，俗字也。《集韻》引從鉉本，而「厀」作「鄰」，譌从邑，當改。

泓 泓

《集韻》平聲耕韻：「《說文》：下深皃。一曰水皃。」

《說文》十一上水部：「下深皃。从水弘聲。」

案：「泓」篆，二徐竝同，《集韻》正文原作「汎」，今改。《集韻》引「下深皃」，與二徐同。「一曰：水皃」，非引《說文》，丁氏等增。

爭 爭

《集韻》平聲耕韻：「《說文》：引也。徐鉉曰：从𠬪亻。𠬪，二手也，而曳之，爭之道。」

《說文》四下𠬪部：「引也。从𠬪厂。臣鉉等曰：厂音曳。𠬪，二手也，而曳之，爭之道也。」

案：《繫傳》作「引也。從𠬪厂。臣鉉曰：厂，所爭也。……」，知「从𠬪厂」，尙爲許君語，《集韻》誤植徐鉉曰下，而脫原「厂音曳」句，又「厂」字，訛作「亻」，不體。

綒　綒

《集韻》平聲耕韻：「《說文》：紆朱縈繩。曰急弦聲。」

《說文》十三上糸部：「紆朱縈繩。一曰：急弦之聲。从糸爭聲。讀若旌。」

案：「一曰：急弦之聲」，二徐竝同，《集韻》引「曰」上，敓「一」字，泯其爲別義之迹。「弦」下，敓「之」字。

猒　猒

《集韻》平聲談韻：「《說文》：飽也。或从肙（猒）。」

《說文》五上甘部：「飽也。从甘从肰。猒，猒或从㠯。」

案：重文「猒」，二徐竝作「或从㠯」，《集韻》作「或从肙」，非。

旌　旌

《集韻》平聲清韻：「《說文》：游車載旌。析羽注髦首。所以精進士卒。」

《說文》七上㫃部：「游車載旌，折羽注旄首，所以精進士卒。从㫃生聲。」

案：「析羽注旄首」，二徐同，《集韻》引「旄」作「髦」，非。《爾雅．釋天》：「注旄首曰旌。」

嬴　嬴

《集韻》平聲清韻：「《說文》：省天氏之姓。」

《說文》十二下女部：「少昊氏之姓。从女嬴省聲。」

案：鍇本作「帝少皞之姓也」，《韻會》八庚引同，唯無「也」字。《集韻》引從鉉本，然「昊」字上半與「少」誤合爲「省」字，其下半殘缺爲「天」字，遂作「省天氏之姓」，謬誤甚矣。

筳　筳

《集韻》平聲青韻：「《說文》：繀絲筦。一曰：楚人結艸折竹卜曰筳篿。」

《說文》五上竹部：「繀絲筦也。从竹廷聲。」

案：二徐竝作「繀絲筦也」，《集韻》引奪「也」字。「一曰」者，非引《說文》，見《離騷》「索藑茅以筳篿兮」王逸注。

笭

《集韻》平聲青韻：「《說文》：車笭。一曰：笭籝也。」

《說文》五上竹部：「車笭也。从竹令聲。一曰：笭，籯也。」

案：第一義二徐竝作「車笭也」，《集韻》引奪「也」字。第二義大徐作「笭，籯也」，小徐作「笭，籯」，《集韻》引從大徐有「也」字，唯「籯」誤作「籝」，當改。

巠

《集韻》平聲青韻：「《說文》：水脈也。一曰水冥巠也。」

《說文》十一下川部：「水脈也。从川在一下。一地也。王省聲。一曰：水冥巠也。坙，古文巠不省。」

案：二徐竝有重文「坙」，云「古文巠不省」，《集韻》未引，宜補。

愆 𨓝

《集韻》平聲僊韻：「《說文》：過也。或从寒。𡫸，籀作諐，亦作𨓝。」

《說文》十下心部：「過也。从心衍聲。𡫸，或从寒省。諐，籀文。」

《說文》二下辵部：「過也。从辵侃聲。」

案：許書「愆」字在心部，訓「過也」；「𨓝」字在辵部，亦訓「過也」。《集韻》則將「𨓝」字併入「愆」下，以爲或文。「愆」之籀文作「諐」，與「𨓝」形近，玄應《一切經音義》卷五引以「𨓝」爲「愆」之古文，嚴章福《校議議》以爲未敢信。李富孫《說文辨字正俗》曰：「𨓝爲行之過，愆爲心之過，籀文从言，凡禮儀之過皆是。《牧誓》：不愆于六步七步，當从辵，今通作愆。《集韻》𨓝與愆同是一字，溷爲一字。」

磻

《集韻》平聲戈韻：「《說文》：以石箸堆繳也。」

《說文》九下石部：「以石箸隿繳也。从石番聲。」

案：「以石箸隿繳也」，二徐竝同，《集韻》引「隿」作「堆」，譌从土，當改。

涐

《集韻》平聲歌韻：「《說文》：水出濁汶江徼外，東南入江。」

《說文》十一上水部：「水出蜀汶江徼外，東南入江。从水我聲。」

案：「出」下，二徐竝作「蜀」，《集韻》引作「濁」，誤加水旁。

叉 叉

《集韻》平聲麻韻：「《說文》：手指相錯也。又，象叉之形。」

《說文》三下又部：「手指相錯也。从又，象叉之形。」

案：「从又，象叉之形」，二徐竝同，《集韻》引「叉」上，脫一「从」字；「叉」字訛作「又」，當補正之。

譇 譇

《集韻》平聲麻韻：「《說文》：譇詉，羞窮也。」

《說文》三上言部：「譇拏，羞窮也。从言奢聲。陟加切。」

案：二徐竝作「譇拏，羞窮也」，《方言》：「嘳咩、謰謱，拏也。南楚曰謰謱。」郭注：「拏謂譇拏也。」《玉篇》「譇」下云：「譇拏，羞窮也。」故郭注、《玉篇》皆同《說文》。另《玉篇》「詉」下云：「譇詉，言不可解也。」王筠《句讀》云：「《玉篇》詉字，蓋孫強增也，故別立義訓。」是《集韻》引「詉」字改作「拏」爲宜。

辛 辛

《集韻》平聲僊韻：「《說文》：辠也。从干二。二，古文上字。張林說。」

《說文》三上辛部：「辠也。从干二。二，古文上字。讀若愆。張林說。」

案：「張林說」者，二徐竝在「讀若愆」下，此許君博采通人，以說字音也。《集韻》引《說文》，多不取其音，故此處逕接「古文上字」下，然易使人誤以張林說字形也。

椉 椉

《集韻》平聲蒸韻：「《說文》：覆也。从入桀。桀，黠也。軍法曰乘。一曰四夭曰乘。或作椉、兖。」

《說文》五下桀部：「覆也。从入桀。桀，黠也。軍法曰乘。𠓛，古文乘从几。」

案：「椉」篆，二徐竝同，《集韻》正文原作「乘」，注中云「或作椉」，欠當。釋字之形，二徐竝云「從入桀」，可知「椉」爲正字，「乘」爲隸變字。又古文「𠓛」，二徐亦同，《集韻》訛作「兖」，且連上讀以爲「或文」，當改作「古作𠓛」爲是。「一曰」者，非引《說文》，丁度等增。

𥫥 笘

《集韻》平聲談韻：「《說文》：蔽絮漬也。」

《說文》五上竹部：「蔽絮簀也。从竹沾聲。讀若錢。」

案：二徐竝作「蔽絮簀也」，《廣韻》下平一先引亦同。《集韻》引「簀」誤作「漬」，當改。《玉篇》注亦作「蔽絮簀」。

夌 夌

《集韻》平聲蒸韻：「《說文》：越也。从夊、从兂。兂，高也。一曰：夌徲。」

《說文》五下夊部：「越也。从夊、从光。光，高也。一曰：夌倨也。」

案：「从夊从光」小徐作「从夊光」。「光」《集韻》咸誤作「兂」，當改。「一曰：夌倨」，小徐「倨」作「徲」，《集韻》引同，唯奪「也」字。許書無「倨」，作「徲」是也。

陵 陵

《集韻》平聲蒸韻：「《說文》：大阜。」

《說文》十四下𠂤部：「大𠂤也。从𠂤夌聲。」

案：二徐竝作「大𠂤也」，《集韻》引「𠂤」作「阜」，宜據正，又句尾當補「也」字。

蔆 蔆

《集韻》平聲蒸韻：「《說文》：芰也。楚謂之芰，秦謂之薢茩。或从遴（蘧），司馬相如說。」

《說文》一下艸部：「芰也。从艸淩聲。楚謂之芰，秦謂之薢茩。蘧，司馬相如說蔆从遴。」

案：二徐竝作「芰也」，《集韻》引作「茇」，形譌也。當改。「秦謂之薢茩」，小徐本作「秦曰薢茩」，小徐或轉寫而誤，上句曰「楚謂之芰」，此當一例也，郭注《尓疋》曰「關西謂之薢茩」句法同，可證。然「謂之」與「曰」，義可兩通。

雁 雁

《集韻》平聲蒸韻：「《說文》：鳥也。从隹瘖省聲。徐鍇曰：鷹隨人指蹤、故从人。或作鷹。」

《說文》四上隹部：「鳥也。从瘖省聲。或从人，人亦聲。徐鍇曰：鷹隨人所指蹤。故从人。鷹，籀文雁从鳥。」

案：「雁」篆，二徐竝同，《集韻》正文原訛作「癃」，今改。引徐鍇說，楚金本作「癃隨人所指蹤，故從人」，大徐、《集韻》引「癃」作「鷹」，誤用或文。又「人」下，《集韻》脫「所」字。重文「鷹」，二徐竝云「籀文」，《集韻》云「或作鷹」，「或」當改作「籀」，「鷹」當改作「鷹」。

䱶 䱶

《集韻》平聲登韻：「《說文》：䲘也。」

《說文》十一下魚部：「䲘也。《周禮》謂之䱶。从魚恒聲。」

案：「䲘也」下，二徐竝有「《周禮》謂之䱶」句，《集韻》無，未知脫？抑省？然無礙於義也。

鞃 鞃

《集韻》平聲登韻：「《說文》：車軾也。引《詩》：鞹鞃淺幭。」

《說文》三下革部：「車軾也。从革弘聲。《詩》曰：鞹鞃淺幭，讀若穹。」

案：引《詩》「鞹鞃淺幭」，二徐竝同，此《大雅，韓奕》文。《集韻》引「幭」作「懱」，偏旁有誤。

幨 幨

《集韻》平聲談韻：「《說文》：柭也。」

《說文》七下巾部：「拭也。从巾韱聲。」

案：二徐竝作「拭也」，《集韻》引「拭」作「柭」，形誤也。又正文「幨」，《集韻》原作「憸」，譌从心，今亦改。

游 游

《集韻》平聲尤韻：「《說文》：旌旗之旒也。古作汓。」

《說文》七上㫃部：「旌旗之流也。从㫃汓聲。遊，古文游。」

案：段注本「游，旌旗之流也」，注云：「流，宋本同。《集韻》《類篇》乃作旒，俗字耳。」小徐作「旌旗之斿也」。王筠《繫傳校錄》云：「斿爲游之省文，以斿注游，不如作游矣。」古文游，大徐作「遊」，小徐作「遊」，《集韻》云「古作汓」者，誤。又鈕樹玉《說文解字校錄》云：

「《玉篇》作斿，注云：『旌旗之末垂者。或作游。』按《周禮》通作斿，鄭注《太宰職》『斿貢』云『斿讀如囿游之游。』《石鼓文》亦作『斿』，則《說文》當有斿字，疑遊爲斿之重文。」大徐說解作「游」者，小徐每多作「斿」，鈕說可備存俟攷。

䌛 䌛

《集韻》平聲尤韻：「《說文》：行䌛徑也。」

《說文》二下辵部：「行䌛徑也。从辵䌛聲。」

案：「䌛」篆，二徐竝同，注亦竝云「行䌛徑也。」《集韻》正文原訛作「䌛」，今改。注亦訛爲「䌛」。

𠷎 𠷎

《集韻》平聲尤韻：「《說文》：誰也。」

《說文》二上口部：「誰也。从口𢏚又聲。𢏚。古文疇。」

案：「𠷎」篆，二徐竝云「从口𢏚又聲」，《集韻》正文原作「𠷎」，誤「又」爲「寸」，今改。

灡 灡

《集韻》平聲談韻：「《說文》：海岱之間，謂相汗爲灡。一曰：水進。」

《說文》十一上水部：「海岱之間，謂相汙曰灡。从水闌聲。」

案：「相汙」二字，大小徐同，《集韻》引「汙」譌作「汗」，義遂不可解。「一曰」者，非引《說文》，丁氏等增。

滫 滫

《集韻》平聲尤韻：「《說文》：久泔也。一曰溲也。」

《說文》十一上水部：「久泔也。从水修聲。」

案：二徐竝作「久泔也」，《集韻》「泔」作「泔」，形訛也。《玉篇》注：「滫，米泔也。」「一曰」者，非引《說文》，《禮記・內則》「菫荁枌榆，免薨滫瀡以滑之。」注：「秦人溲曰滫。」

秌 秋

《集韻》平聲尤韻：「《說文》：禾穀孰。一曰：秋秋馬騰驤也。所謂秋駕以善馭不㔶逸也。古作龝。」

《說文》七上禾部：「禾穀孰也。从禾龜省聲。龝，籀文不省。」

案：小徐作「禾穀熟也」，「熟」，俗字。《集韻》引同大徐，作「孰」是也，唯奪一「也」字，重文「龝」，二徐並云「籀文」，《集韻》以爲古文，當改。「一曰」云云，非引《說文》，丁度等所增。《漢書·揚雄傳》注：「秋秋，蹌蹌騰驤之貌。」

䪌 䪌

《集韻》平聲尤韻：「《說文》：收束也。或从要（䪌）。通作揫。」

《說文》五下韋部：「收束也。从韋䕮聲。讀若酋。臣鉉等曰，䕮，側角切，聲不相近，未詳。䪌，䪌或从要。揫，䪌或从秋手。」

案：重文「揫」，二徐並云「䪌或从揫」，《集韻》曰「通作揫」，欠當。「揫」非假借字也，不宜云「通」，依其語例，當改作「从秋手」，連「或」字讀。

觓 䚡

《集韻》平聲尤韻：「《說文》：惟射收繳具。」

《說文》四下角部：「䧳射收繳具。从角酋聲。讀若䚡。」

案：二徐並作「䧳射收繳具」，《集韻》引「䧳」作「惟」，形近而誤也。楚金案語云：「䧳，獵也。繫生絲線以繫矢而射。」若作「惟」，則無義矣。

蝤 䗪

《集韻》平聲尤韻：「《說文》：蚍䗪也。或从孚（蜉）。」

《說文》十三下䖵部：「蚍䗪也。从䖵䗪聲。蜉，䗪或从虫从孚。」

案：重文「蜉」下，二徐並云「䗪或从虫从孚」，《集韻》曰「或从孚」，嫌說解不清。正文「䗪」入䖵部，如但云「或从孚」則字作「𧖲」矣，宜改如二徐所云。

瀸 瀸

《集韻》平聲鹽韻：「《說文》：引《爾雅》：泉一見一否爲瀸。一曰洽也。」

《說文》十一上水部：「漬也，从水韱聲。《爾雅》曰：泉一見一否爲瀸。」

案：二徐並作「漬也」，《集韻》引脫此本義，但云引《爾雅》云云，當補。

「一曰」之義，非引《說文》，《呂覽》「圜道瀸于民心」，注：「瀸，洽也。」

䈚 䈚

《集韻》平聲侯韻：「《說文》：竹箁也。」

《說文》五上竹部：「竹箬也。从竹音聲。」

案：二徐竝作「竹箬也」，《玉篇》注同。《集韻》引「箬」作「箁」，非。《廣韻》下平十九侯引「箬」亦作「箁」，《集韻》或沿其誤。

掊 掊

《集韻》平聲侯韻：「《說文》：把也。令鹽官入水取鹽爲掊。」

《說文》十二上手部：「把也。今鹽官入水取鹽爲掊。从手音聲。」

案：大徐作「今鹽官入水取鹽爲掊」，小徐「爲」作「日」。《後漢書・百官志》：「鹽官掊坑而得鹽」，《集韻》引「今」作「令」，形譌也。

麰 麰

《集韻》平聲侯韻：「《說文》：來麰麥也。通作𦬼。」

《說文》五下麥部：「來麰，麥也。从麥牟聲。𦬼，麰或从艸。」

案：「𦬼」下，二徐竝云「麰或从艸」，是「𦬼」爲「麰」之或體，依《集韻》語例，「通」字當改作「或」。

矛 矛

《集韻》平聲侯韻：「《說文》：酋矛也。建於兵車長二丈。象形。或从戈（𢦒）。」

《說文》十四上矛部：「酋矛也。建於兵車長二丈，象形。𢦒，古文矛从戈。」

案：重文「𢦒」，二徐竝云「古文矛从戈」，《集韻》曰「或从戈」，「或」字當改作「古」。

蟊 蟊

《集韻》平聲侯韻：「《說文》：蟲食艸根者。从蟲，象其形。吏抵冒取民財則生。或从敄（蝥）。通作蛑。」

《說文》十三下蟲部：「蟲食艸根者。从蟲象其形。吏抵冒取民財則生。徐鍇曰：唯此一字象蟲形。不从矛書者多誤。蝥，蟊或从敄。臣鉉等按虫部已有莫交切，作蟹，蝥，蟲。此重出。，古文蟊，从虫从牟。」

案：重文「蛑」下，二徐竝云「古文蟊从虫从牟」，《集韻》曰「通作蛑」，「通」字當改作「古」。

牏

《集韻》平聲侯韻：「《說文》：築牖短版也。」

《說文》七上片部：「築牆短版也。从片俞声。讀若俞。一曰若紐。」

案：「築牆短版也」，二徐竝同，「牆」當改作「牆」。許書木部曰：「栽，築牆長版也。」《集韻》引「牆」作「牖」，非。《史記・萬石君傳》：「取親中裠廁牏身自浣滌。」徐廣曰：「牏，築垣短版也。」「垣」者，牆也。

婁

《集韻》平聲侯韻：「《說文》：空也。从毋中女。空之意也。一曰：宿名。古作𡜊。」

《說文》十二下女部：「空也。从毋中女。空之意也。一曰：婁務也。，古文。」

案：「空之意也」上，小徐有「婁」字。王筠《句讀》云小徐有婁字似非，此句似解從毋中女之義。大徐云「一曰：婁務也」，小徐作「一曰：婁務，愚也」。段云：「務，讀如瞀，婁務即子部之穀瞀，故云：愚也。」《集韻》引脫此義，當從小徐補。大徐本重文，止收古文「𡜊」，小徐古文上有籀文「嬰」，《集韻》亦收之。「一曰：宿名」，非引《說文》，丁氏等所贈，《禮・月令》：「季冬之月，昏，婁中。」

蟫

《集韻》平聲侵韻：「《說文》：魚也。」

《說文》十三上虫部：「白魚也。从虫覃聲。」

案：二徐竝作「白魚也」，《集韻》引作「魚也」，奪「白」字。《爾雅・釋蟲》亦曰：「蟫，白魚。」

樛

《集韻》平聲幽韻：「《說文》：下曲曰樛。」

《說文》六上木部：「下句曰樛。从木翏聲。」

案：「樛」篆，鍇本原無，今所見乃張次立補。故段本無「樛」字。鉉本注作「下句曰樛」，張補亦同。《集韻》引「句」作「曲」。《詩・樛木》「南有樛木」，《傳》：「木下曲曰樛」。《集韻》或涉《詩傳》改。

侵 侵

《集韻》平聲侵韻：「《說文》：漸進也。从人又持若帚埽之進。又手也。一曰五穀不升謂之大侵。」

《說文》八上人部：「漸進也。从人又持帚。若埽之進。又手也。」

案：大徐作「从人又持帚。若埽之進」，小徐「進」下有「也」字，餘同大徐。《集韻》引作「从人又持。若帚埽之進」，「帚」字誤置「若」下，致語句久通，當改。「又，手也」三字，小徐無。《集韻》引有，同大徐。「一曰」者，非引《說文》，《穀梁傳》襄公二十四年曰：「穀不升謂之大侵」。

男 男

《集韻》平聲覃韻：「《說文》：丈夫也。从田、从力，言用力於田也。」

《說文》十三下男部：「丈夫也。从田从力，言男用力於田也。」

案：「言男用力於田也」，二徐竝同，《集韻》引作「言用力於田也」，「男」字蓋偶脫也。

箴 箴

《集韻》平聲侵韻：「《說文》：綴衣箴。一曰誡也。一曰竹名。」

《說文》五上竹部：「綴衣箴也。从竹咸聲。」

案：二徐竝作「綴衣箴也」，《集韻》引脫「也」字。兩「一曰」義，非引《說文》，左宣十二年《傳》「箴之曰民生在勤」，注：「箴，誡也。」「竹名」，蓋丁氏自增也。

鸃 鸃

《集韻》平聲侵韻：「《說文》：鸃鵟也。」

《說文》四上鳥部：「鸃鵟也。从鳥箴聲。」

案：「鸃」篆，二徐竝同，《集韻》正文原作「鸃」，今改。又注文，鍇本作

「鸕鶿也」，《集韻》引同，竝當依正文改爲左形右聲之「鸕」。

淋 淋

《集韻》平聲侵韻：「《說文》：以水沃也。」

《說文》十一上水部：「以水𣵽也。从水林聲。一曰：淋淋，山下水皃。」

案：大徐作「以水𣵽也」，小徐「𣵽」作「沃」，省文也，《集韻》引同。「林聲」下，二徐尚有「一曰」義，大徐作「淋淋，山下水皃。」小徐作「淋淋，山水下也。」《文選・七發》：「洪淋淋焉，若白鷺之下翔。」李注曰：「《說文》曰：淋，山下水也。」可証大徐本不誤，淋淋，所以狀其皃也，《集韻》引奪此訓，當依大徐補。

㼨 瓴

《集韻》平聲覃韻：「㼨㯫，《說文》：治橐榦。一曰：似絣有耳。」

《說文》十二下瓦部：「治橐榦也。从瓦今聲。」

案：「㼨」篆，二徐竝同，《集韻》正文原作「㼨」，今改。大徐作「治橐榦也」，小徐「榦」作「輪」。段氏則校改爲「治橐榦也」，注云：「治者，以韋囊鼓火，老子之所謂橐也，其所執之柄曰瓴。榦猶柄也。」《五音集韻》引即作「治橐榦也」，段說不誤，由是亦可知小徐作「輪」非。「一曰：似瓶有耳」者，非引《說文》，見《玉篇》。

檐 檐

《集韻》平聲談韻：「《說文》：㮰也。」

《說文》六上木部：「㮰也。从木詹聲。臣鉉等曰：今俗作簷。非是。」

案：「㮰也」，二徐同，《集韻》引作「㩸」，譌从手。方氏《考正》云宋本《集韻》不誤。

闢 闢

《集韻》入聲䈴韻：「《說文》：開也。引《虞書》：闢四門。或从艸。（闢）」

《說文》十二上門部：「開也。从門辟聲。《虞書》曰：闢四門。从門从𠬜。」

案：許書「闢」下附「𨵮」字，引《虞書》曰：「闢四門。」从門从𠬜。此文似有敓例。《玉篇》、《匡謬正俗》皆云：「𨵮爲古文闢。」張揖《古今字詁》亦云：「𨵮闢古今字。」故知「𨵮」爲古文，是部末云：「文五十七，重六。」但《虞書》曰：「闢四門」句，當迻於「辟聲」下，語句次第方順。又「𨷺」下，當加「古文」二字。《集韻》曰「或从𠘧」，誤；「或」當改作「古」，「𠘧」當改作「𠬞」。

𤴮 疳

《集韻》平聲談韻：「《說文》：皮剝也。或作㾒。」

《說文》七下疒部：「皮剝也。从疒井聲。𤵄，籀文从及。」

案：小徐作「皮剝」，無「也」字。重文「㾒」，二徐竝云「籀文」，《集韻》引「或」當改作「籀」。

䨢 霑

《集韻》平聲談韻：「《說文》：雨𩅰也。」

《說文》土下雨部：「雨䨪也。从雨沾聲。」

案：「雨𩅰也」，二徐竝同，《集韻》引「䨪」作「𩅰」，誤字也。許書「霑」下正次「䨪」篆。

𤆍 炎

《集韻》平聲談韻：「《說文》：小熱也。引《詩》：憂心炎炎。」

《說文》十上火部：「小熱也。从火干聲。《詩》曰：憂心𤆍𤆍。臣鉉等曰：干非聲，未詳。」

案：「𤆍」字，二徐竝云「从火干聲」，《集韻》正文，及引《詩》，竝誤作「炎」，當改。

籃 籃

《集韻》平聲談韻：「《說文》：鏡籃也。」

《說文》五上竹部：「鏡籃也。从竹斂聲。」

案：「籃」篆，二徐竝同，《集韻》正文原訛作「籃」，今改。注中「鏡籃」之「籃」，《集韻》亦訛，小徐作「籃」，亦非。

𢮙 拑

《集韻》平聲談韻：「《說文》：脅持也。」

《說文》十二上手部：「脅持也。从手甘聲。」

案：《集韻》引「脅持也」，與二徐同，然正文原譌作「拈」，今改。「拈」字，《集韻》引於平聲沾韻下，訓「𢫮也」，正與二徐同。

嫌

《集韻》平聲沾韻：「《說文》：不平於心也。」

《說文》十二下女部：「不平於心也。一曰疑也。从女兼聲。」

案：二徐竝有「一曰：疑也」別義，《集韻》脫。許書心部曰：「慊，疑也。」是二篆義同。

儳

《集韻》平聲咸韻：「《說文》：儳玄不齊也。」

《說文》八上人部：「儳互不齊也。从人毚聲。」

案：二徐竝作「儳互不齊也」，《集韻》引「互」作「玄」，形誤也。

銜

《集韻》平聲銜韻：「《說文》：馬勒曰中。从金从行。銜，行馬者也。」

《說文》二下彳部：「馬勒口中。从金从行。銜，行馬者也。」

案：「馬勒口中」，二徐竝同，《集韻》引「口」作「曰」，形誤也。「从金从行。銜，行馬者也」，小徐作「從金行。銜者，行馬者也。」

總

《集韻》上聲董韻：「《說文》：聚束也。一曰：皆也。」

《說文》十三上糸部：「聚束也。从糸悤聲。臣鉉等曰：今俗作摠非是。」

案：「總」篆，二徐竝同，《集韻》正文以「緫」爲本字，「總」爲或體，誤倒。引「聚束也」之義，與二徐同。「一曰：皆也」，非引許書，見《廣雅・釋詁》三。

覂

《集韻》上聲腫韻：「《說文》：反覆也。」

《說文》七下襾部：「反覆也。从襾乏聲。」

案：小徐作「覆也」是。許書「覆」下訓「覂也」，與此轉注。《漢書・武帝紀》：「夫泛駕之馬。」顏師古注曰：「泛，覆也。字本作覂，後通用耳。」〈食貨志〉：「大命將泛。」孟康曰：「泛，覆。」《玉篇》引作「大命將覂。謂覆也」，据上所引，知大徐、《集韻》引衍「反」字，當刪。

隴

《集韻》上聲腫韻：「《說文》：天水大坂也。因以爲州名。」

《說文》十四下𨸏部：「天水有大阪也。从𨸏龍聲。」

案：二徐竝作「天水有大阪」，《集韻》引「阪」作「坂」，形譌也。《漢書・地理志》：「天水郡有隴縣。」應劭曰：「天水有大阪，名曰隴阪。」「因以爲州名」，非許君語，丁氏蓋本《漢志》顏師古注增。

勇

《集韻》上聲腫韻：「《說文》：氣也。一曰：健也。或从戈，㦷。从心，恿。」

《說文》十三下力部：「气也。从力甬聲。㦷，勇或从戈用。恿，古文勇，从心。」

案：「气也」，二徐竝同，《集韻》引「气」作「氣」，借字也。「从心」之「恿」，二徐竝云「古文」，《集韻》連上讀，亦視爲「或文」，依其語例，「从心」上，當補一「古」字。「一曰：健也。」非引《說文》，丁氏等所增。

傛

《集韻》上聲腫韻：「《說文》：不安也。」

《說文》八上人部：「不安也。从人容聲。一曰：華。」

案：二徐竝有「一曰：華」之訓，《集韻》脫。段云：「華上當本有傛字，淺者刪之。傛華亦婦官。」段說甚是。《漢書・外戚傳》：「至武帝，制倢伃、娙娥、傛華、充依，各有其爵位。……傛華視眞二千石，比大上造。」桂氏《義證》、王氏《句讀》、朱氏《通訓定聲》皆作「傛華」。

琴

《集韻》平聲侵韻：「《說文》：禁也。神農所作，洞越，練朱五絃，周加二絃。古作鑋。」

《說文》十二下珡部：「禁也。神農所作，洞越，練朱五弦，周加二弦。象形。鑋，古文珡从金。」

案：古文琴，二徐竝作「𤨷」，《集韻》引作「鑋」，中作玨，《韻會》亦同，體微異。

𥝩 𥝩

《集韻》上聲紙韻：「《說文》：多小意而止也。一曰：木枝曲。」

《說文》六下禾部：「多小意而止也。从禾从只聲。一曰木也。」

案：《集韻》正文原作「䅩」，譌从禾，今改。第二義大小徐竝作「木也」，《集韻》引作「木枝曲」，《繫傳》徐鍇案語云：「字書：曲枝果也。」《集韻》或涉而誤，且「曲枝」又倒作「枝曲」。

㛂 㛂

《集韻》上聲紙韻：「《說文》：美女也。一曰姑㛂輕薄。」

《說文》十二下女部：「美女也。从女多聲。𡛗，㛂或从氏。」

案：二徐竝有重文「𡛗」，下云「㛂或从氏」。《集韻》引奪。「一曰」者，非引許書，《廣韻》上聲四紙「姑」下註云：「姑㛂，輕薄皃。」丁氏者蓋本此也。

氏 氏

《集韻》上聲紙韻：「《說文》：巴蜀山名岸脅之旁箸欲落蠵者曰氏。引楊雄賦：響若氏隤。」

《說文》十二下氏部：「巴蜀山名岸脅之旁箸欲落墒者曰氏。氏崩聞數百里。象形。乀聲。楊雄賦：響若氏隤。」

案：「落墒」二字，大小徐同，《集韻》引「墒」作「蠵」，譌以虫。墒，亦落意。又「曰氏」下，二徐竝有「氏崩聞數百里」句，《集韻》未引。

邇 邇

《集韻》上聲紙韻：「《說文》：近也。古作邍。或作迩。」

《說文》二下辵部：「近也。从辵爾聲。𨒪，古文邇。」

案：邇之古文，大徐作「邍」，蓋譌。許書辵部「邇」上正承「邍」篆，鉉本蓋涉上文而誤。鍇本古文作「𨒪」。《玉篇》「邇」下收「迩」，注云「同上」，不云「古文」。《集韻》引誤從鉉本云「古作邍」；又云「或作迩」，或本《玉篇》也。

𩡷 騡

《集韻》上聲紙韻：「《說文》：馬小皃。籀从來𩡷。」

《說文》十上馬部：「馬小皃。从馬垂聲。讀若箠。𩡷，籀文从𠂹。」

案：重文「𩡷」，二徐竝云「籀文从𠂹」，《集韻》引「𠂹」作「來」，誤。

豸 豸

《集韻》上聲紙韻：「《說文》：獸長脊行豸豸然，有所司殺形。一曰：有足謂之蟲，無足謂之豸。」

《說文》九下豸部：「獸長脊行豸豸然，欲有所司殺形。凡豸之屬皆从豸。」

案：「有所司殺」上，二徐竝有「欲」字，《集韻》引奪。「一曰：有足謂之蟲，無足謂之豸」，非引《說文》，見《爾雅・釋蟲》。

阤 阤

《集韻》上聲紙韻：「《說文》：小陰也。一曰：崖際。」

《說文》十四下𨸏部：「小崩也。从𨸏也聲。」

案：二徐竝作「小崩也」，《集韻》引「崩」作「陰」，非。玄應《音義》卷六引「小崩曰阤。」可證。「一曰」者，非引《說文》，《漢書・司馬相如傳》「巖阤甗錡」，顏注引郭璞曰：「阤，崖際也」。

綺 綺

《集韻》上聲紙韻：「《說文》：繒也。」

《說文》十三上糸部：「文繒也，从糸奇聲。」

案：二徐竝作「文繒也」，《集韻》引「繒」上脫「文」字，蓋傳刻者以爲與「《說文》」之「文」重而刪。《漢書・高帝紀》：「賈人無得衣錦繡。綺縠絺紵罽。」注：「綺，文繒」。

鬹 鬹

《集韻》上聲紙韻：「《說文》：三足鍑也。一曰：滫米器。」

《說文》三下鬲部：「三足鍑也。一曰：滫米器也。从鬲支聲。」

案：「一曰：滫米器也」二徐竝同，《集韻》引奪「也」字。

頠 頠

《集韻》上聲紙韻：「《說文》：頠閑也。一曰：靜也。」

《說文》九上頁部：「頭閑習也。从頁危聲。」

案：「頭閑習也」，二徐竝同，《集韻》引作「頠閑也」，方氏《集韻考正》：「頭譌頠，閑下奪習字，據《說文》改補。《類篇》不誤。」《玉篇》引作「頭閑習也」，《廣韻》上聲十四紙注作「頭也。一曰：閑習」，皆可證《集韻》之誤。「一曰：靜也」，非引《說文》，見《爾雅・釋詁》。

骫

《集韻》上聲紙韻：「《說文》：骨耑骫㡿也。一曰：骫骳，屈曲也。」

《說文》四下骨部：「骨耑骩集也，从骨九聲。」

案：「骨耑骫集也」，二徐竝同，《集韻》引「集」形訛作「㡿」，當改。「一曰」者，非引《說文》，《漢書・枚乘傳》「其文骫骳，曲隨其事」，師古曰：「骫骳，猶言屈曲也。」

弭

《集韻》上聲紙韻：「《說文》：弓無緣可以解轡紛者。古从兒㢽。」

《說文》十二下弓部：「弓無緣可以解轡紛者。从弓耳聲。㢽，弭或从兒。」

案：重文「㢽」下，二徐內竝云「弭或从兒」，《集韻》引作「古从兒」，「古」字當改作「或」。

𧦝

《集韻》上聲旨韻：「《說文》：訏也。」

《說文》三上言部：「訐也。从言臣聲。讀若指。」

案：二徐竝作「訐也」，《集韻》引「訐」作「訏」，誤字也。《廣韻》上聲五旨「𧦝」注：「訐發人之惡。」許書「𧦝」下次「訐」，訓「面相㡿罪，相告訐也」。

夂

《集韻》上聲旨韻：「《說文》：从後至也。象人兩兩脛後有致之者。」

《說文》五下夂部：「从後至也。象人兩脛後有致之者。讀若黹。」

案：「象人兩脛後有致之者」，二徐竝同，《集韻》引疊「兩」字，其一衍。

柅 柅

《集韻》上聲旨韻：「《說文》：篗柄也。通作柅。」

《說文》六上木部：「籆柄也。从木尸聲。柅，柅或从木尼聲。臣鉉等曰：柅女氏切。木若棃，此重出。」

案：「籆柄也」，二徐竝同，《集韻》引「籆」作「篗」，誤。許書竹部曰：「籆，所以收絲者也。」

坴 坴

《集韻》上聲旨韻：「《說文》：坴墼也。」

《說文》十四下厽部：「絫墼也。从厽从土。」

案：二徐竝作「絫墼也」，《集韻》引「絫」作「坴」，譌。

癸 癸

《集韻》上聲旨韻：「《說文》：冬時水上平可揆度也。一曰：北方之日。古作𤾔。」

《說文》十四下癸部：「冬時水土平可揆度也。象水從四方流入地中之形。癸承壬，象人足。癸，籀文从癶从矢。」

案：許書本篆作「𤾔」，而以籀文「癸」爲重文。《集韻》正文則以「癸」爲本字，「𤾔」爲或文，蓋取易曉也。段云：「𤾔本古文，小篆因之不改，故先篆後籀。」是《集韻》注中云「古作𤾔」，亦不誤也。「度」下，小徐無「也」字。「一曰」者，非引《說文》，丁度等所增。

屼 屼

《集韻》上聲旨韻：「《說文》：山名。一曰：女屼山，弱水所出。」

《說文》九下山部：「山也，或曰弱水之所出。从山几聲。」

案：「或曰：弱水之所出」，二徐竝同，《集韻》引作「一曰：女屼山，弱水所出」，與今本異。《玉篇》「屼」下注作「女屼山」，《廣韻》上聲五旨曰：「屼，女屼，山名，弱水所出。」丁氏等蓋有見於此，而誤增。

簋 簋

《集韻》上聲旨韻：「《說文》：黍稷方器也。古作匭，机，通作匭。」

《說文》五上竹部：「黍稷方器也。从竹从皿从皀。居洧切。[seal]，古文簋从匚飢。[seal]，古文簋或从軌。[seal]，亦古文簋。」

案：重文「⿷匚飢」下，二徐竝云「古文簋从匚飢」，《集韻》作「⿷匚⿰食乚」，誤，當改。又「匭」字，二徐亦竝云「古文」，《集韻》「通作」二字，宜刪。

氿

《集韻》上聲旨韻：「《說文》：水厓枯土也。引《爾雅》：水點曰氿。」

《說文》十一上水部：「水厓枯土也。从水九聲。《爾雅》曰：水醮曰氿。」

案：「厓」字，小徐作「崖」。《爾雅》曰：「水醮曰氿。」二徐本竝同，《集韻》引「醮」訛作「點」。今《釋水》作「水醮曰厬」。

⿱屵肥

《集韻》上聲旨韻：「《說文》：⿰阝朋也。」

《說文》九下山部：「崩也。从屵肥聲。」

案：「崩也」，二徐竝同，《廣韻》上聲五旨注亦同。《集韻》引「崩」作「⿰阝朋」。《說文》無「⿰阝朋」。方氏《集韻考正》云：「⿰阝朋，《說文》作崩，《類篇》同。」

齒

《集韻》上聲止韻：「《說文》：口斷骨也。一曰：年也。列也。十作𠚕⿱止𠚕。」

《說文》二下齒部：「口斷骨也。象口齒之形，止聲。[seal]，古文齒字。」

案：《集韻》引「口斷骨也」，與二徐同。古文齒，大徐作「[seal]」，小徐作「[seal]」，《集韻》古文作「𠚕」「⿱止𠚕」，與二徐異。段注、王筠《句讀》竝從小徐。「一曰」下二義，非引《說文》，《廣雅·釋詁》一：「齒，年也」，《左》隱十一年《傳》「不敢與諸任齒」，注：「齒，列也。」

竢　𥎦

《集韻》上聲止韻：「《說文》：待也。引《詩》：不竢不來。或作𥎦⿰立巳⿰彳矣。」

《說文》十下立部：「待也。从立矣聲。[seal]，或从巳。」

《說文》五下來部：「《詩》曰：不𥎦不來。从來矣聲。[seal]，𥎦或从彳。」

案：「竢」字之訓，二徐竝未引《詩》，《集韻》則云「引《詩》：不竢不來」。方成珪《集韻考正》曰：「汪氏遠孫云：《說文》立部：竢，待也。來部。𥠵引《詩》：不𥠵不來。丁氏誤合爲一字。」丁氏以「𥠵」爲「竢」之或體，故有此誤。今《詩》無「不𥠵不來」語，當亦無「不竢不來。」

諰

《集韻》上聲止韻：「《說文》：思之意也。一曰：直言。」

《說文》三上言部：「思之意。从言从思。」

案：二徐竝作「思之意」，無「也」字，《集韻》衍。「一曰直言」，非引《說文》，見《廣韻》。

理

《集韻》上聲止韻：「《說文》：治王也。一曰：正也、文也。」

《說文》一上玉部：「治玉也。从玉里聲。」

案：《集韻》所引「治玉」譌作「治王」，當改。二徐竝作「治玉也」。「一曰：正也、文也。」，非許書原文，乃《集韻》兼採《廣韻》之說。

改

《集韻》上聲止韻：「《說文》：女子也。」

《說文》十二下女部：「女字也。从女己聲。」

案：二徐竝作「女字也」，《集韻》引「字」殘誤作「子」。《史記・殷本紀》：「紂嬖於婦人，愛妲改。」

蟣

《集韻》上聲尾韻：「《說文》：蝨之子。一曰：齊謂蛭曰蟣。」

《說文》十三上虫部：「蝨子也。一曰：齊謂蛭曰蟣。从虫聲。」

案：「蝨子也」，二徐竝同，《集韻》引作「蝨之子」，「之」字蓋衍。

橀

《集韻》上聲尾韻：「《說文》：木也，可屈爲杅者。」

《說文》六上木部：「木也，可屈爲杅者。从木韋聲。」

案：二徐竝作「可屈爲杅者」，《集韻》引「杅」作「扞」，形誤也。徐鍇曰：「杅即孟子所謂杯棬也，若今屈柳器然。」「扞」字《說文》無，《玉篇》訓「檀木也」，是橀絕不可屈爲扞也。

𤈦 燬

《集韻》上聲尾韻：「《說文》：火也。引《詩》：王室如𤈦。引《春秋傳》：衞侯燬。一曰：楚人曰𤈦。」

《說文》十上火部：「火也。从火尾聲。《詩》曰：王室如𤈦。」

《說文》十上火部：「火也。从火毀聲。《春秋傳》曰：衞矦燬。」

案：二徐本分「𤈦」「燬」爲二字，竝訓「火也」，《集韻》則以「燬」爲「𤈦」之或文。《詩・周南・汝墳》「王室如𤈦」，今《詩》作「燬」，又《玉篇》「燬」爲「𤈦」之重文，知《集韻》不誤也。苗夔《繫傳校勘記》「燬」下曰：「此爲𤈦之重文」，是也。唯《集韻》引《春秋傳》，當乙轉至「或作燬」下，語次方宜。「一曰：楚人曰𤈦」，非引《說文》，《方言》卷十云：「煤，火也。楚轉語也，猶齊言𤈦火也。」是「楚」當改作「齊」。

筥

《集韻》上聲語韻：「《說文》：䈰也。」

《說文》五上竹部：「⿱竹捎也。从竹呂聲。」

案：二徐竝作「䈰也」，許書「筥」前即次「⿱竹捎」篆，《集韻》引「⿱竹捎」誤作「䈰」，宜改。

歫

《集韻》上聲語韻：「《說文》：止也。一曰搶也。超也。」

《說文》二下止部：「止也。从止巨聲。一曰搶也。一曰超歫。」

案：第三義，二徐竝作「一曰：超歫」，《玉篇》引同，是《集韻》「超」上奪「一曰」二字，其下奪「歫」字，而衍「也」字。

湑

《集韻》上聲語韻：「《說文》：莤酒也。一曰：浚也。一曰：露皃。引《詩》：有酒湑我。」

《說文》十一上水部：「莤酒也。一曰：浚也。一曰：露皃。从水胥聲。《詩》曰：有酒湑我。又曰：零露湑兮。」

案：「有酒湑我」下，二徐竝有「又曰：零露湑兮」句。嚴氏《校議》曰：「又曰蒙上一曰，許言湑字本訓爲莤酒，故引《詩》有酒句證本義，引伸爲露皃，故又引零露句證別義，亦許例也。」《集韻》引脫「又曰：零露湑兮」六字，當補。

汝

《集韻》上聲語韻：「《說文》：水名。出弘農盧氏還歸山東入淮。」

《說水》十一上水部：「水出弘農盧氏還歸山東入淮。从水女聲。」

案：「水」下，二徐竝無「名」字，《集韻》蓋丁氏以意增之。

紵

《集韻》上聲語韻：「《說文》：檾屬，細者爲絟，粗者爲紵。或从者省，緒。」

《說文》十三上糸部：「檾屬，細者爲絟。粗者爲紵。从糸宁聲。緒，紵或从緒省。」

案：「粗」字，小徐作「麤」。重文「緒」，二徐竝云「紵或从緒省」，《集韻》曰：「或从者省。」「者」當據二徐正爲「緒」。

庉

《集韻》上聲混韻：「《說文》：樓牆也。一曰：室中藏。」

《說文》九下广部：「樓牆也。从广屯聲。」

案：「樓牆也」，二徐竝同，「牆」，《集韻》引作「牆」，不體。「一曰」者，非引《說文》，丁氏等所增。

㮯

《集韻》上聲噳韻：「《說文》：稽㮯也。一曰：木名。徐鍇曰：稽㮯，不伸之意。」

《說文》六下禾部：「稽㮯也。从禾从又句聲。又者从丑省。一曰：木名。徐鍇曰：丑者，束縛也。稽，㮯不伸之意。」

案：「㮯」篆，二徐竝同，隸寫當作「㮯」，《集韻》正文原作「㮯」，譌从禾，今改。注文「稽㮯」二字，《集韻》引均從「禾」，當改從「禾」。「稽㮯，不伸之意」，徐鍇原文作「稽㮯，詘曲不伸之意」，大徐節引之，《集韻》引從大徐節文。

齟

《集韻》上聲噳韻：「《說文》：⿰齒巨腫也。」

《說文》二下齒部：「齗腫也。从齒巨聲。」

案：二徐竝作「齗腫也」，《集韻》引「齗」譌「⿰齒巨」。《玉篇》注亦云「齗腫」。

窶

《集韻》上聲噳韻：「《說文》：無禮居也。一曰：貧窶。」

《說文》七下穴部：「無禮居也，从宀婁聲。」

案：《集韻》引「無禮居也」，與二徐同。唯《集韻》正文原作「窶」，从穴。今正。「一曰」者，係丁氏等所增，非《說文》。窶，今从穴作窶。《爾雅・釋言》：「窶，貧也。」

頫

《集韻》上聲噳韻：「《說文》：低頭也。太史卜書頫仰也如此。楊雄曰：人面頫。或作俛。」

《說文》九上頁部：「低頭也。从頁逃省。太史卜書頫仰字如此。楊雄曰：人面頫。臣鉉等曰：頫首者逃亡之皃，故从逃。今俗作俯非是。俛，頫或从人免。」

案：「太史卜書頫仰字如此」，二徐竝同，《集韻》引「字」作「也」，誤。段氏云：「言此者，以正當時多作俛俯，非古也。」

丶

《集韻》上聲噳韻：「《說文》：有所絕止而識之也。」

《說文》五上丶部：「有所絕止丶而識之也。」

案：「有所絕止」下，二徐竝作「丶而識之也」，《集韻》引奪「丶」，「丶」不可少，此正所以釋以一點記而識之之意。

珇

《集韻》上聲姥韻：「《說文》：琮玉之緣。一曰：美也。」

《說文》一上玉部：「琮玉之瑑。从玉且聲。」

案：「瑑」字，《集韻》引作「緣」，形近致譌也。方氏《考正》云：「瑑譌从系，據《說文》正」。「一曰：美也」，非許書原文，見《方言》卷十三。

虜

《集韻》上聲姥韻：「《說文》：穫也。」

《說文》七上毌部：「獲也。从毌，从力，虍聲。」

案：二徐竝作「獲也」，《集韻》引「獲」作「穫」。許書犬部曰：「獲，獵所獲也。」禾部曰：「穫，刈穀也。」段云：「穫之言獲也。」是宜作「獲」也，《玉篇》亦訓「獲也」。

籫

《集韻》上聲緩韻：「《說文》：竹器也。」

《說文》五上竹部：「竹器也，从竹贊聲，讀若纂。一曰叢。」

案：二徐竝有「一曰叢」之別義，段《注》云：「木部欑下曰『一曰叢木』，籫者音同義近。」是「叢」義不當少，《集韻》引脫。

汻

《集韻》上聲姥韻：「《說文》：水厓也」。

《說文》十一上水部：「水厓也。从水午聲。臣鉉等曰：今作滸，非是。」

案：小徐「厓」字作「崖」，《集韻》引同大徐，唯正文「汻」原作「許」，譌从言，今改。

鼓

《集韻》上聲姥韻：「《說文》：郭也。春分之音萬物郭皮甲而出，故謂之鼓。从壴。支，象其手擊之也。籀从古⿱殸古。」

《說文》五上鼓部：「郭也。春分之音萬物郭皮甲而出，故謂之鼓。从壴。支，象其手擊之也。《周禮》六鼓：靁鼓八面。靈鼓六面。路鼓四面。鼖鼓、皋鼓、晉鼓皆两面。徐鍇曰郭者覆冒之意。⿱殸古，籀文鼓从古聲。」

案：「支，象其手擊之也」下，二徐竝引《周禮》「六鼓」之說，《集韻》未引，蓋省。重文「⿱殸古」下，大徐本云「籀文鼓，从古聲」，小徐本云「籀文鼓，從古」，然徐鍇有案語曰「古聲」，田氏《二徐箋異》曰：「⿱殸古从古，不得其誼，有聲字是。徐鍇亦言古聲，蓋所據本敓奪耳。」然則，《集韻》云「籀从古」，亦非。

罟 罟

《集韻》上聲姥韻：「《說文》：㒺也。」
《說文》七下网部：「网也。从网古聲。」
案：二徐竝作「网也」，《集韻》引「网」作「㒺」，形近而譌也。

午 午

《集韻》上聲姥韻：「《說文》：牾也。五月。陰气午逆陽，胃地而出。」
《說文》十四下午部：「牾也。五月陰气午逆陽，冒地而出。此予矢同意。」
案：「冒地而出」，二徐竝同，《集韻》引「冒」作「胃」，形近而誤也。

霿 霿

《集韻》去聲送韻：「《說文》：天气下，地不應曰霿。」
《說文》十一下雨部：「天气下，地不應曰霿。霿，晦也。从雨敄聲。」
案：二徐竝有「霿，晦也」三字，《集韻》無，或奪，或不引，未知。

趆 迡

《集韻》上聲薺韻：「《說文》：怒不進也。」
《說文》二下辵部：「怒不進也。从辵氐聲。」
案：「趆」篆，二徐竝同，解曰「从辵氐聲」，《集韻》正文原訛作「迡」，今改。「怒不進也」下，小徐有「一曰：鷘也」四字。《玉篇》「迡」訓「驚不進也」，「鷘」疑「驚」字之誤。

豊 豊

《集韻》上聲薺韻：「《說文》：行禮之器。从豆。象形。」
《說文》五上豊部：「行禮之器也。从豆。象形。讀與禮同。」
案：二徐「行禮之器」下竝有「也」字，《集韻》引奪。

鬗 鬗

《集韻》上聲薺韻：「《說文》：髮皃。讀若江南謂醋母爲鬗。」
《說文》九上髟部：「髮皃，从髟爾聲。讀若江南謂酢母爲鬗。」
案：「酢母」二字，大小徐同，《集韻》引作「醋母」。王筠《句讀》謂：「酢，今字作醋，此俗語也，故不改字。」《繫傳》案語云：「酢母，酢糟。」

是「醋」當改作「酢」，方爲許氏之舊。

㬵 啓

《集韻》上聲薺韻：「《說文》：雨而晝姓也。」

《說文》七上日部：「雨而晝㚸也。从日啓有聲。」

案：「雨而晝㚸也」，二徐竝同。㚸者雨而夜除星見也。《集韻》引「㚸」形訛作「姓」，不詞。

𧹞 赦

《集韻》去聲寘韻：「《說文》：配鹽尗也。或从豆。」

《說文》七下尗部：「配鹽幽尗也。从尗支聲。豉，俗豉从豆。」

案：「豉」字，二徐竝以爲「赦」之俗，《集韻》引作「或从豆」，依其韻例，當改作「通作豉」。

𨽸 𨽸

《集韻》上聲蟹韻：「《說文》：水衡官谷也。一曰：小溪。」

《說文》十四下𨸏部：「水衡官谷也。从𨸏解聲。一曰：小谿。」

案：「一曰：小谿」，二徐竝同，《集韻》引「谿」作「溪」，形譌也。許書水部澥下，有云一說即澥谷也。段云：「兩𨸏閒小谿曰𨽸，如小山別大山曰嶰也。谿者，山𧷸之無所通者也。」

餧 餧

《集韻》上聲賄韻：「《說文》：飢也。」

《說文》五下食部：「飢也。从食委聲。一曰魚敗曰餧。」

案：二徐竝有「一曰：魚敗曰餧」之別義，《集韻》未引。

愷 愷

《集韻》上聲海韻：「《說文》：樂也。」

《說文》五上豈部：「康也。从心豈，豈亦聲。」

《說文》十下心部：「樂也。从心豈聲。臣鉉等曰：豈部已有此重出。」

案：許書「愷」字重出，一在豈部，今二徐本竝訓「康也」，一在心部，大徐訓「樂也」，小徐訓「康也」，是可知心部之「愷」，蓋爲後人增。徐灝《說文解字注箋》於豈部之愷下云：「此當是豈之重文，因豈字爲語詞所專，故增心旁。心部重出愷篆，淺人妄增，鼎臣又於此誤加音切，以別為二字，說解亦非其舊。」《集韻》從鉉本止取「樂」義，而遺「康也」之訓，非是。

捊

《集韻》上聲海韻：「《說文》：探取也。」

《說文》六上木部：「捊取也。从木从爪。」

案：二徐竝作「捊取也」，《集韻》引「捊」作「探」形近而譌也。方氏《考正》云宋本《集韻》未誤。

改

《集韻》上聲海韻：「《說文》：毅攺，太剛卯以逐鬼彪。从辰巳之巳。」

《說文》三下攴部：「毅改，大剛夘以逐鬼彪也。从攴巳聲。讀若巳。」

案：「毅改」二字，大小徐同，《集韻》引「改」作「攺」，誤。「改」字入攴部，隸寫當从攵，不从殳；字之左，从辰巳之巳，非从己。《集韻》引「鬼彪」下，有「从辰巳之巳」，此非許君語，乃丁度等所益，以別於更「改」字「从戊巳之巳」。

稹

《集韻》上聲軫韻：「《說文》：穜概也。引《周禮》：稹理而堅之。」

《說文》七上禾部：「穜概也。从禾眞聲。《周禮》曰：稹理而堅。」

案：「《周禮》曰：稹理而堅」，二徐竝同，此《考工記・輪人》文，《集韻》引作「稹理而堅之」，「之」蓋涉大徐音切而誤。

蠢

《集韻》上聲準韻：「《說文》：蟲動也。引《周書》：我有蠢于西。或作𢧵。」

《說文》十三下䖵部：「蟲動也。从䖵春聲。𢧵，古文蠢从𢦏。《周書》曰：我有𢧵干西。」

案：引《周書》，二徐竝在古文「𢧵」下，作「我有𢧵于」。段云：「《大誥》曰：有大艱于西土，西土人亦不靜，越茲蠢。𢧵為壁中古文，眞本其辭不同者，蓋許㯿栝其辭如此也。」《集韻》引書在本訓下，故「𢧵」字亦改從本篆，恐非許氏之舊也。又「𢧵」字，二徐竝云古文，《集韻》

曰：「或作䛐」，「或」當改作「古」。

⿱旬兮

《集韻》上聲準韻：「《說文》：驚亂也。或从心（⿰忄⿱旬兮）。」

《說文》五上兮部：「驚辭也。从兮旬聲。⿰忄⿱旬兮，⿱旬兮或从心。」

案：二徐竝作「驚辭也」，《集韻》引「辭」作「亂」，形近而譌也。《玉篇》亦云：「驚詞也。」

閔

《集韻》上聲準韻：「《說文》：弔者在門也。」

《說文》十二上門部：「弔者在門也。从門文聲。臣鉉等曰：今別作體，非是。𢡟，古文閔。」

案：二徐竝有重文「𢡟」，云「古文」，《集韻》脫。

敯

《集韻》上聲準韻：「《說文》：冒也。引《周書》敯不畏。」

《說文》三下攴部：「冒也。从攴昬聲。《周書》曰：敯不畏死。」

案：引《周書》，二徐竝作「敯不畏死」，此《書·康誥》文，《孟子》作「閔不畏死」，《集韻》引「畏」下奪「死」字，當補。

⿰車𢉥

《集韻》上聲準韻：「《說文》：車伏兔不革也。从𢉥古昏字。」

《說文》十四上車部：「車伏兔下革也。从車𢉥聲。𢉥，古昏字。讀若閔。」

案：「車伏兔下革也」，二徐竝同，《集韻》引「下」作「不」，形訛也。「从車𢉥聲，𢉥，古小徐古下有文昏字」，二徐亦同。《集韻》引作「从𢉥，古昏字」，語有括引，然恐人誤以「⿰車𢉥」字从𢉥也。

尹

《集韻》上聲準韻：「《說文》：治也。从又握事者也。古作⿱夂帀。」

《說文》三下又部：「治也。从又丿，握事者也。⿱夂帀，古文尹。」

案：「从又丿」二徐竝同，《集韻》引止作「从又」，脫「丿」，與篆體不符，當補。古文尹，二徐竝作「⿱夂帀」，方氏《考正》云「參隸體當作⿱夂帀」，

《集韻》正文作「[illegible]」，注文作「帑」，竝誤。

釿

《集韻》上聲準韻：「《說文》：劑斷也。」

《說文》十四上斤部：「劑斷也。从斤金。」

案：小徐作「劑也」，玄應《音義》卷十四、十六引竝同，《玉篇》注亦作「劑也」，則大徐、《集韻》引衍「斷」字。

霣

《集韻》上聲準韻：「《說文》：雨也，齊謂靁爲霣。一曰：雲轉起也。古作[illegible]。」

《說文》十一下雨部：「雨也。齊人謂靁爲霣。从雨員聲。一曰：雲轉起也。[illegible]，古文霣。」

案：「齊」下，二徐竝有「人」字，《集韻》蓋省奪也。

輑

《集韻》上聲準韻：「《說文》：車前橫木。」

《說文》十四上車部：「輑車前橫木也。从車君聲。讀若帬，又讀若褌。」

案：二徐竝作「輑車前橫木也」，《集韻》引無「輑」字，蓋脫。段云：「輑車，小車也。木部曰：橫，闌木也。輑車前橫木，謂小車軾輢之直者衡者也。」

吻

《集韻》上聲吻韻：「《說文》：口邊也。通作脗。」

《說文》二上口部：「口邊也。从口勿聲。[illegible]，吻或从肉从昏。」

案：重文「脗」，二徐以爲或體，《集韻》誤作借字，失於辨矣。

齔

《集韻》上聲隱韻：「《說文》：毀齒也。男八月生齒，八歲而齓，女七月生齒，七歲而齓。」

《說文》二下齒部：「毀齒也。男八月生齒，八歲而齔，女七月生齒，七歲而齔。从齒从七。」

案：「齔」字，《集韻》正文、注文原皆作「齓」，「齓」爲「齔」之俗，見

《廣韻》，今改，從正字。餘所引竝與二徐同。

𨸏 阮

《集韻》上聲阮韻：「《說文》：代郡五阮開也。」

《說文》十四下𨸏部：「代郡五阮關也。从𨸏元聲。」

案：「代郡五阮關也」，二徐竝同，《集韻》引「關」形訛作「開」。《漢書・地理志》「代郡有五原關」，段云：「阮者，正字；原者，叚借字也。」

畹 畹

《集韻》上聲阮韻：「《說文》：田三十畮也。」

《說文》十三下田部：「田三十畞也。从田宛聲。」

案：大徐作「田三十畞也」，小徐「畞」作「畮」，是也。《集韻》引從大徐用重文，又訛作「畮」，不體。

㫃 㫃

《集韻》上聲阮韻：「《說文》：旌旗之游。㫃蹇之皃。从巾曲而下垂，㫃相出入也。古人名㫃字，子游。古作𠓷。」

《說文》七上㫃部：「旌旗之游，㫃蹇之皃。从屮曲而下垂。㫃相出入也。讀若偃。古人名㫃字子游。𠓷，古文㫃字。象形及象旌旗之游。」

案：「从屮曲而下垂」，二徐竝同，《集韻》引「屮」作「巾」，非也。段氏云：「从屮者，與豈、肯、岸同意，謂杠首之上見者。」

梡 梡

《集韻》上聲混韻：「《說文》：梡木薪也。」

《說文》六上木部：「梱木薪也。从木完聲。」

案：「梱木薪也」，二徐竝同，《集韻》引「梱」作「梡」，當改。許書「梡」下次「梱」，訓「梡木未析」，意相足也。

壼 壼

《集韻》上聲混韻：「《說文》：宮中道也。从囗象宮垣道上之形。引《詩》：室家之壼。」

《說文》六下囗部：「宮中道。从囗象宮垣道上之形。《詩》曰：室家之壼。」

案：二徐竝作「宮中道」，《集韻》引衍「也」字。「壼」篆「从囗」，《集韻》

引作「从口」，當改。

踙

《集韻》上聲混韻：「《說文》：瘃足也。一曰跡也。」

《說文》二下足部：「瘃足也。从足困聲。苦本切。」

案：二徐竝作「瘃足也」，《集韻》引「瘃」作「瘃」，宜改。「一曰」者，非引《說文》，丁度等所增。

輥

《集韻》上聲混韻：「《說文》：轂齊等皃。引《周禮》：望其輻，欲其輥。」

《說文》十四上車部：「轂齊等皃。从車昆聲。《周禮》曰：望其轂，欲其輥。」

案：引《周禮》，二徐竝作「望其轂，欲其輥」，《集韻》引「轂」作「輻」，當改。此《考工記・論人》文，今「輥」作「眼」，借字也。

僔

《集韻》上聲混韻：「《說文》：聚也。引《詩》：僔噂背憎。」

《說文》八上人部：「聚也。从人尊聲。《詩》曰：僔沓背憎。」

案：引《詩》，二徐竝作「僔沓背憎」，《集韻》引「沓」作「噂」，譌。許書口部曰：「噂，聚語也。」亦引此《詩》作「噂沓背憎」，是兩引皆作「沓」，不作「噂」。今《詩・小雅・十月之交》與口部引同。

檻

《集韻》上聲檻韻：「《說文》：籠也。一曰：圈。」

《說文》六上木部：「櫳也。从木監聲。一曰：圈。」

案：「櫳也」，二徐竝同，《集韻》引「櫳」作「籠」，非。籠字，許書在竹部，訓「舉土器也」，非此之用；木部「檻」下次「櫳」，訓「檻也」，是二篆轉注也。《三蒼》：「櫳，所以養禽闌檻也。」

範

《集韻》上聲范韻：「《說文》：範較也。一曰模也。」

《說文》十四上車部：「範軷也。从車笵省聲。」

案：二徐竝作「範軷也」，《集韻》引「軷」作「較」，形近而譌也。許書「範」上承「軷」，說解見「軷」字考，蓋義已詳於「軷」字，此處衹云「範軷也」。「一曰」者，非引《說文》，《法言》「五百序經諸範」，注：「範，模也。」

送

《集韻》去聲送韻：「《說文》：遣也。古作𨔛。」

《說文》二下辵部：「遣也。从辵倂省。[illegible]，籀文不省。」

案：重文「𨔛」，二徐竝云「籀文」，《集韻》以爲古文，當改。

駧

《集韻》去聲送韻：「《說文》：馳駧去也。」

《說文》十上馬部：「馳馬洞去也。从馬同聲。」

案：「馳馬洞去也」，二徐竝同，段氏云：「洞者，疾流也。以疊韻爲訓。」《集韻》引作「馳駧去也」。王筠《說文句讀》曰：「洞駧疊韻。《集韻》、《類篇》注引作『馳駧去也』，轉令人難曉矣！」今據《說文》，「馳」下補「馬」字，「駧」改作「洞」。

限

《集韻》上聲產韻：「《說文》：阻也。」

《說文》十四下𨸏部：「阻也。一曰：門榍。从𨸏艮聲。」

案：二徐竝有「一曰：門榍」之訓，《集韻》奪。許書木部曰：「榍，門限也。」與此應。「榍」乃隸寫。

柬

《集韻》上聲產韻：「《說文》：分別簡之也。從東八。八，分別也。」

《說文》六下束部：「分別簡之也。从束，从八。八，分別也。」

案：釋字之形，大徐作「从束从八」，小徐作「从束八」，《集韻》引同小徐，唯「束」誤作「東」，當改。

典

《集韻》上聲銑韻：「《說文》：五帝之書也。从冊在六上，尊閣之也。莊都說：典，大冊也。一曰：常也。古从竹（䈆）。」

《說文》五上丌部：「五帝之書也。从冊在丌上，尊閣之也。莊都說：典，大冊也。䈆，古文典从竹。」

案：「从冊在丌上」，二徐竝同，《集韻》引「丌」誤作「六」。「一曰：常也」，非引《說文》，見《爾雅・釋詁》。

韅 韅

《集韻》上聲銑韻：「《說文》：箸腋鞥也。一曰：在背曰韅。」

《說文》三下革部：「著掖鞥也。从革㬎聲。」

案：「韅」篆，二徐竝同，《集韻》正文作「韅」，今改。大徐作「著掖鞥也」，小徐「掖」作「腋」，《集韻》引同；又「著」字，《集韻》引作「箸」，是也。《說文》無「著」字。段氏改作「箸亦鞥也」，注云：「鉉本作掖，非其物也。鍇作腋，俗字也。」是《集韻》亦用俗字也。「一曰」者，非引《說文》，僖公二十八年《左傳》「韅靷鞅靽」杜注：「在背曰韅。」

襺 襺

《集韻》上聲銑韻：「《說文》：袍衣也。以絮曰襺，以縕曰袍。」

《說文》八上衣部：「袍衣也。从衣繭聲。以絮曰襺，以縕曰袍。《春秋傳》曰：盛夏重襺。」

案：鍇本「衣」下無「也」字。二徐竝有「《春秋傳》曰：盛夏重襺」八字，《集韻》蓋奪。《左傳》襄公二十年：「薳子馮方暑闕地下冰而牀焉，重襺衣裘，鮮食而寢。」許君蓋此而檃栝之也。

誕 誕

《集韻》上聲緩韻：「《說文》：詞誕也。或省（这）。一曰：大也。」

《說文》三上言部：「詞誕也。从言延聲。这，籀文誕省正。」

案：重文「这」下，二徐竝云「籀文誕省正」，《集韻》云「或省」，依其語例，當作「籀省」。「一曰：大也」，非引許書，見《爾雅・釋詁》。

齞 齞

《集韻》上聲濟韻：「《說文》：一齒見皃。」

《說文》二下齒部：「齒見皃。从齒干聲。」

案：二徐竝作「齒見皃」，《集韻》引「齒」上有「一」字，《類篇》同。唯《類篇》多承《集韻》之譌，《玉篇》亦止作「齒見皃」，知《集韻》「一」字衍。

獮

《集韻》上聲獮韻：「《說文》：秋田也。」

《集韻》上聲獮韻：「《說文》：宗廟之田也。」

《說文》十上犬部：「秋田也。从犬璽聲。⿰示豕，獮或从豕。宗廟之田也。故从豕示。」

案：「⿰示豕」爲「獮」之或文，二徐竝同。《集韻》引則誤分爲二，而各繫其義。「秋田」訓上，正文本字作「獮」；「宗廟之田」訓上，正文本字作「⿰示豕」。依《說文》，「⿰示豕」字當隸「獮」字條下。

選

《集韻》上聲獮韻：「《說文》：遺也。从辵巽。巽，遣之。一曰：擇也。」

《說文》二下辵部：「遣也。从辵巽。巽，遣之。巽亦聲。一曰：選，擇也。」

案：《集韻》引首云「遺也」，由下引「巽，遣也」之語，知「遺」爲「遣」之形譌。又「一曰」義，二徐竝作「選，擇也」，《集韻》引不複舉「選」字，蓋省。

吮

《集韻》上聲獮韻：「《說文》：敕也。」

《說文》二上口部：「欶也。从口允聲。」

案：小徐作「嗽也」，用俗字。《集韻》引「欶」作「敕」，譌从「攵」，宜改。《說文》欠部曰「欶，吮也」，與此轉注。

燀

《集韻》上聲獮韻：「《說文》：炊也。引《春秋傳》：燀之以薪。」

《說文》九下火部：「炊也。从火單聲。《春秋傳》曰：燀之以薪。」

案：「炊也」，二徐竝同。《集韻》引「炊」作「炊」，形訛也。

樿

《集韻》上聲獮韻：「《說文》：木也。可以爲櫛杓。」

《說文》六上木部：「木也。可以爲櫛。从木單聲。」

案：二徐竝止作「可以爲櫛」，《集韻》引作「可以爲櫛杓。」《玉藻》曰：「櫛用樿櫛」，《正義》云：「樿，白理木也。櫛，梳也。」《禮器》曰「樿杓」鄭云：「樿，木白理也。」《廣韻》上聲二十八獮「樿」注曰：「木名。《禮記》用之爲杓。」是樿可以爲櫛，亦可以爲杓，《集韻》蓋因之而補益也。

㥛

《集韻》入聲職韻：「《說文》：疾也。」

《說文》十下心部：「疾也。从心亟聲。一曰：謹重皃。」

案：二徐竝有「謹重皃」之別義，《集韻》蓋奪。段云：「此義之相反而成者也。急則易遲，《列子》：讓㥛𣧑誶，注：㥛，吃也。」桂氏《義證》謂許書「苟」訓「自急敕也」，「㥛」、「苟」聲相近，是此訓不當遺也。」

肊

《集韻》入聲職韻：「《說文》：胷骨也。或作臆。」

《說文》四下肉部：「胷骨也。从肉乙聲。臆，肊或从意。」

案：「肊」篆，二徐竝同，釋曰「从肉乙聲」，《集韻》正文原訛作「肐」，今改。

舛

《集韻》上聲獮韻：「《說文》：對卧也。从夊牛相背。揚雄說：舛从足春（踳）。一曰：錯亂。」

《說文》五下舛部：「對卧也。从夕㐄相背。𨇨，揚雄說：舛从足春。」

案：「从夕㐄相背」，二徐竝同。《集韻》引「夕㐄」作「夊牛」，顯係形近之誤。「一曰：錯亂」，非許書之文，丁氏等自增也。《字林》：「舛，錯也。」

𦣝

《集韻》上聲獮韻：「《說文》：上小卮有耳蓋者。」

《說文》九上卮部：「小卮有耳蓋者。从卮專聲。」

案：「小卮有耳蓋者」，二徐竝同，《集韻》引「小」上衍「上」字，語不可通；又「戹」字譌作「厄」，當刪正之。

㫃 㫃

《集韻》上聲獮韻：「《說文》：旌旗杜皃。」

《說文》一上丨部：「旌旗杠皃。从丨从㫃，㫃亦聲。」

案：二徐竝作「旌旗杠皃」，《集韻》引「杠」作「杜」，形誤也。《爾雅・釋天》「素錦綢杠」，杠謂旗之竿也，《詩》謂之干。

臠 臠

《集韻》上聲獮韻：「《說文》：臞也。一曰：切肉臠也。」

《說文》四下肉部：「臞也。从肉䜌聲。一曰：切肉臠也。《詩》曰：棘人臠臠兮。」

案：「一曰」義下，二徐竝有引《詩》「棘人臠臠兮」，《集韻》無，宜補。

沇 沇

《集韻》上聲獮韻：「《說文》：水出河東垣王屋山，東爲泲。古作㳄。」

《說文》十一上水部：「水出河東東垣王屋山，東爲泲。从水㕣聲。㳄，古文沇。臣鉉等曰：口部已有，此重出。」

案：「河東」下，二徐竝作「東垣」。桂馥曰：「《兩漢志》竝單作垣，不稱東垣。」然鄭注《職方》曰「兖水出東垣」，《史記集解》引〈禹貢〉「兖水出河東東垣王屋山」，郭注《山海經》亦稱東垣。如是，《集韻》奪「東」字也。「東爲泲」，二徐竝同，《集韻》引「泲」作「汿」，形訛也。《漢書・地理志》曰：「導沇水，東流爲泲。」

卷 卷

《集韻》上聲獮韻：「《說文》：𨙸曲也。」

《說文》九上卪部：「厀曲也。从卪𠔉聲。」

案：鍇本作「膝曲也」，「膝」爲「厀」之俗。《集韻》引「厀」譌作「𨙸」，當改。許書「卷」上承「厀」篆，訓「脛頭卪也。」

鳥 鳥

《集韻》上聲筱韻：「《說文》：長尾禽總名也。象形。鳥之足似匕，故从匕。」

《說文》四上鳥部：「長尾禽總名也。象形。鳥之足似匕，从匕。」

案：「鳥之足似匕，从匕」，二徐竝同。《集韻》引「从匕」上，有「故」字，蓋丁氏自增也。

蔈

《集韻》上聲小韻：「《說文》：苕之黃華。一曰：木也。」

《說文》一下艸部：「苕之黃華也。从艸㶾聲。一曰：末也。」

案：「一曰」之義，二徐竝作「末也」，《集韻》作「木也」，形近而誤也。

鷯

《集韻》上聲小韻：「《說文》：焦鷯也。一曰：桃雀，即巧婦。」

《說文》四上鳥部：「鷦鷯也。从鳥眇聲。」

案：二徐竝作「鷦鷯也」，《集韻》引「鷦」作「焦」，誤省偏旁。許書「鷯」上正承「鷦」篆。「一曰」以下，非引《說文》，《爾雅．釋鳥》「桃蟲，鷦。」郭注：「鷦鷯，桃雀也。」巧婦，蓋俗名也。

巧

《集韻》上聲巧韻：「《說文》：技也。」

《說文》五上工部：「技也。从工丂聲。」

案：小徐作「巧技也」，鈕氏《校錄》云《韻會》作「技」，是小徐舊本無「巧」字，今本衍。《集韻》引「技」譌从攴，當改。

叉

《集韻》上聲巧韻：「《說文》：手足甲也。」

《說文》三下又部：「手足甲也。从又象叉形。」

案：《集韻》引「手足甲也」，與二徐同。唯正文「叉」字，原訛作「又」，當改。

號

《集韻》上聲晧韻：「《說文》：土鍪也。」

《集韻》去聲号韻：「《說文》：土鍪也。」

《說文》五上虍部：「土鍪也。从虍号聲。讀若鎬。」

案：二徐竝作「土鍪也」，《集韻》晧韻引「鍪」作「鍪」，形微訛。号韻引則不誤。

槀 槀

《集韻》上聲晧韻：「《說文》：水枯也。」

《說文》六上木部：「木枯也。从木高聲。」

案：二徐竝作「木枯也」，《集韻》引作「水枯也」。「水」，顯爲「木」之形誤。「槀」从木，釋「木枯」當無疑也。

𥝩 𥝩

《集韻》上聲晧韻：「《說文》：𥝩𥠦而止也。从稽省。賈侍中說：稽𥟑𥝩三字皆禾名。」

《說文》六下稽部：「𥝩𥠦而止也。从稽省聲。讀若晧。賈侍中說：稽𥟑𥝩三字皆木名。」

案：「𥝩𥠦」二字，大小徐竝同，《集韻》皆譌从禾，「賈侍中」下三字亦是，故「木名」誤作「禾名」。「稽」、「𥟑」、「𥝩」三字皆从「禾」，禾者，木之曲頭止不能上也，故曰三字皆木名。

䀉 䀉

《集韻》平聲豪韻：「《說文》：眣也。或从丩（䀊）。」

《說文》四上目部：「眣也。从目攸聲。䀊，䀉或丩。」

案：「䀉」篆，二徐竝同，《集韻》正文原訛作「脩」，當改。

鴁 鴁

《集韻》上聲晧韻：「《說文》：烏也。」

《說文》四上鳥部：「鳥也。从鳥芺聲。」

案：二徐竝作「鳥也」，《集韻》引「鳥」譌作「烏」，非是。

薃 蘓

《集韻》上聲晧韻：「《說文》：乾梅之屬。引《周禮》：饋食之籩，其實乾蘓。後漢長沙王始煑艸爲蘓。或从潦（藔）。」

《說文》一下艸部：「乾梅之屬。从艸橑聲。《周禮》曰：饋食之籩，其實乾蘓。後漢長沙王始煑艸爲蘓。藔，蘓或从潦。」

案：二徐本「其實乾⿱艹橑」、「烹艸爲橑」之「⿱艹橑」竝从艸，《集韻》作「⿱⺮橑」譌从竹，當改。

橢

《集韻》上聲果韻：「《說文》：車苓中橢。橢，器也。」

《說文》六上木部：「車笭中橢。橢，器也。从木隋聲。」

案：「車笭」二字，大小徐同。《集韻》引「笭」作「苓」，形誤也。許書竹部曰「篚，車笭也」，《玉篇》「橢」注曰「狹長也。車笭中橢器也」，竝作「笭」。

蠃

《集韻》上聲果韻：「《說文》：蜾蠃也。」

《說文》十三上虫部：「蜾蠃也。从虫𣎆聲。一曰：虒蝓。」

案：二徐竝有「一曰：虒蝓」之訓，《集韻》蓋奪。《爾雅・釋魚》「蚹蠃，螔蝓。」

𡰪

《集韻》上聲果韻：「《說文》：⿰桼阝中病也。」

《說文》十下尣部：「厀中病也。从尣从羸。」

案：「厀」字，小徐作「膝」，俗字也。《集韻》引作「⿰桼阝」，譌从邑，當改从卩，且字之左當改作「桼」。

𣎆

《集韻》上聲果韻：「《說文》：獸名。象形。」

《說文》四下肉部：「或曰嘼名。象形。闕。」

案：「獸名」上，二徐竝有「或曰」二字，段注：「或曰，不定之䛐。」蓋「𣎆」字諸家無確解，加「或曰」存疑也。《集韻》刪去「或曰」二字，宜補。

者

《集韻》上聲馬韻：「《說文》：別事詞也。從白聲。𣥠，古旅字。」

《說文》四上白部：「別事詞也。从白𣥠聲。𣥠，古文旅字。」

案：小徐作「別事詞也。从白𣥠聲。𣥠，古文旅」，除「旅」下無「字」字外，餘與大徐同。據此，知《集韻》作「從白聲」，乃「从白𣎆聲」之誤，「聲」上脫「𣎆」字，宜補。

社 社

《集韻》上聲馬韻：「《說文》：地主也。引《春秋傳》：共工之子句龍爲社神。一曰：《周禮》二十五家爲社，各樹其土所宜之木。古作䄕。」

《說文》一上示部：「地主也。从示土。《春秋傳》曰：共工之子句龍爲社神。《周禮》：二十五家爲社，各樹其土所宜之木。䄕，古文社。」

案：「《周禮》」上，二徐竝無「一曰」二字，丁氏肊增也。

也 也

《集韻》上聲馬韻：「《說文》：女陰也。一曰：語助。或作芢。」

《說文》十二下乁部：「女陰也。象形。芢，秦刻石也字。」

案：重文「芢」，二徐竝同，唯小徐下云「秦刻石文」，稍有異耳。《集韻》云「或作芢」，非。「一曰：語助」，非引許書，丁氏等增。

夓 夓（夏）

《集韻》上聲馬韻：「《說文》：中國之人也。从人，从夒、从臼。臼，兩手。夊，兩足。一曰：大也。古作㝬。」

《說文》五下夊部：「中國之人也。从夊，从頁从臼。臼，兩手。夊，兩足也。㝬，古文夓。」

案：「夓」篆，二徐竝同。《集韻》正文原訛作「夒」，當改。釋字之形，大徐作「从夊从頁从臼」，小徐作「從夊頁從臼」。小徐「頁」上雖少一「从」字，要之所从之字相符也。《集韻》引作「从人从夒从臼」，「人」爲「夊」之誤，「夒」爲「頁」之誤，明矣。

叚 叚

《集韻》上聲馬韻：「《說文》：借也。或作段，譚長說如此。」

《說文》三下又部：「借也。闕。𠬶，古文叚。段，譚長說叚如此。」

案：二徐竝收有古文「𠬶」，《集韻》無，當補。

假 假

《集韻》上聲馬韻：「《說文》：非眞也。一曰：大也。」

《說文》八上人部：「非眞也。从人叚聲。一曰：至也。《虞書》曰：假于上下。」

案：「非眞也」本義外，二徐竝有「一曰：至也。《虞書》曰：假于上下」十一字，《集韻》無，蓋脫漏矣。「一曰：大也」，非引《說文》，見《爾雅・釋詁》。

𡕥 𡕥

《集韻》上聲馬韻：「《說文》：跨步也。」

《說文》五下夊部：「跨步也。从反夊。𨈑从此。」

案：「𡕥」篆，二徐竝同，《集韻》正文原訛作「𠀀」，當改。

瓦 瓦

《集韻》上聲馬韻：「《說文》：上器。也燒之總名。象形。」

《說文》十二下瓦部：「土器。已燒之總名。象形。」

案：二徐竝作「土器」，《集韻》引「土」訛作「上」。「已燒之総（小徐作總，是）名」，二徐同，《集韻》引「已」訛作「也」，遂不詞。

蛘 蛘

《集韻》上聲養韻：「《說文》：榣蛘也。一曰：北燕人謂蚍蜉曰蛘。」

《說文》十三上虫部：「搔蛘也。从虫羊聲。」

案：二徐竝作「搔蛘也」，《集韻》引「搔」作「榣」，譌从木。玄應《音義》卷五、卷十二引皆作「搔蛘也」，同二徐，且又引《禮記》「蛘不敢搔」以證。「一曰」者，非引《說文》，丁度等所增。

象 象

《集韻》上聲養韻：「《說文》：長鼻牙，南越大獸，三秊一乳。象耳牙四足之形。一曰：罔象，水神。一曰：南蠻號。」

《說文》九下象部：「長鼻牙，南越大獸，三秊一乳。象耳牙四足之形。」

案：「三秊」之「秊」，《集韻》引作「秊」，不體。小徐作「年」。兩「一曰」義；非引《說文》，丁氏等所增益也。

亯 亯

《集韻》上聲養韻：「《說文》：獻也。从高省，曰象進孰物形。引《孝經》：祭則鬼亯之。一曰：當也。古作亭。」

《說文》五下亯部：「獻也。从高省，曰象進孰物形。《孝經》曰：祭則鬼亯之。亭，篆文亯。」

案：「亭」字，二徐竝云「篆文」，《集韻》以爲古文，非是。段氏據玄應書謂：「亯」者，籒文也，此先籒文後小篆之例也。

籑 籑

《集韻》平聲陽韻：「《說文》：㐮也。一曰：漉米竹器也。」

《集韻》上聲養韻：「《說文》：褱也。一曰：簍也。」

《說文》五上竹部：「褱也。从竹襄聲。」

案：「褱」，小徐作「抱」，俗字也。《集韻》陽韻引「褱」作「㐮」，養韻引作「褱」，竝非。「一曰：漉米竹器也」，非引《說文》，見《玉篇》注；「一曰：簍也」，亦非引《說文》，見《廣雅・釋器》。

网 网

《集韻》上聲養韻：「《說文》：庖犧氏所結繩以漁。或作罔、網。籒作䍏。古作㓁。一曰：無也。」

《說文》七下网部：「庖犧所結繩以漁。从冂，下象网交文。罔，网或从亡。䋄，网或从系。𦉳，古文网，䍏，籒文网。」

案：小徐「結繩以漁」下，有「也」字。古文网，二徐竝作「𦉳」，《集韻》譌作「㓁」，當改。「一曰：無也」，非引《說文》，見《爾雅・釋言》。

顙 顙

《集韻》上聲蕩韻：「《說文》：額也。」

《說文》九上頁部：「頟也。从頁桑聲。」

案：「頟也」，二徐竝同，《集韻》引「頟」作「額」，不體。

奘 奘

《集韻》上聲蕩韻：「《說文》：奘大也。从大。」

《說文》十下大部：「駔大也。从大从壯，壯亦聲。」

案：二徐竝作「駔大也」，《集韻》引「駔」作「奘」，疑涉正文誤。《爾雅・釋言》「奘，駔也。」《方言》卷一「奘，大也」，是「奘」有「駔」「大」之意。

櫎 櫎

《集韻》上聲蕩韻：「《說文》：所以几器。一曰：所以惟屛風之屬。一曰：兵欄。」

《說文》六上木部：「所以几器。从木廣聲。一曰：帷屛風之屬。臣鉉等曰：今別作幌，非是。」

案：「一曰」之義，二徐竝作「帷屛風之屬」，《集韻》引「帷」上有「所以」二字，蓋涉上文衍。《御覽》六百九十九〈服用部〉引同二徐。「一曰：兵欄」，非引《說文》，見《廣韻》上聲三十七蕩注。

逞 逞

《集韻》上聲靜韻：「《說文》：通也。楚謂疾行爲逞。引《春秋傳》：何所不逞。一曰：快也。」

《說文》二下辵部：「通也。从辵呈聲。楚謂疾行爲逞。《春秋傳》：何所不逞欲。」

案：鍇本引《春秋傳》作「君何所不逞欲」，與今《左》哀二十五年文合。《集韻》引刪去「君」「欲」二字，宜併補。「一曰」者，非引《說文》，桓公六年《左傳》「今民餒而君逞欲」杜云：「逞，快也。」

頂 頂

《集韻》上聲迴韻：「《說文》：顚也。或作䪷，亦从鼎（顥）。」

《說文》九上頁部：「顚也。从頁丁聲。䪷，或从𩠐作。顥，籒文从鼎。」

案：重文「顥」；二徐竝云「籒文」，《集韻》「亦」字當改作「籒」。

抍 抍

《集韻》上聲抍韻：「《說文》：上舉也。引《易》：抍馬壯。古或作撜。」

《說文》十二上手部：「上舉也。从手升聲。《易》曰：抍馬壯。撜，抍或从登。臣鉉等曰：今俗別作拯，非是。」

案：重文「撜」下，二徐竝云「抍或从登」，《集韻》正文作「撜」不誤，注文云「古或作橙」，「古」字當刪，「橙」當改从手。

玖

《集韻》上聲有韻：「《說文》：石之次玉黑者。引《詩》：貽我佩玖。」

《說文》一上玉部：「石之次玉黑色者。从玉久聲。《詩》曰：貽我佩玖。讀若芑，或曰：若人句脊之句。」

案：「石之次玉黑色者」，二徐竝同，《集韻》引奪「色」字，當補。《釋文・毛詩音義・丘中》「佩玖」下引亦有「色」字。

歑

《集韻》上聲有韻：「《說文》吉意也。」

《說文》八下欠部：「言意也。从欠鹵，鹵亦聲。」

案：段本「歑」下注云：「有所言之意也。」《集韻》引作「吉意也」，「吉」當是「言」之誤字。《玉篇》注亦曰：「言意也」可證。小徐作「言意」，無「也」字。

庮

《集韻》上聲有韻：「《說文》：久屋朽木。引《周禮》：牛夜鳴則㾁，謂臭如朽木。」

《說文》九下广部：「久屋朽木。从广酉聲。《周禮》曰：牛夜鳴則庮，臭如朽木。」

案：引《周禮》「牛夜鳴則庮」，二徐竝同，《集韻》引「庮」作「㾁」，譌从疒，此引《禮》證字說也，其誤顯然可知。

負

《集韻》上聲有韻：「《說文》：恃也，从人守，負有所恃也。一曰：受貸不償。一曰：荷也。」

《說文》六下貝部：「恃也。从人守貝有所恃。一曰：受貸不償。」

案：「从人守貝」，二徐竝同。《集韻》引「貝」作「負」，蓋涉正文而誤。「一曰：荷也」，非引許書，丁度等增。

自

《集韻》上聲有韻：「《說文》：大陸山無石者。象形。古作𨹍。」

《說文》十四下自部：「大陸山無石者。象形。𨸟，古文。」

案：「者」字，小徐作「也」。古文自，二徐竝作「𨸟」，《集韻》曰「古作𨹍」，非。方氏《考正》云：「𨸟譌𨹍，據《說文》及《類篇》正。」

帚

《集韻》上聲有韻：「《說文》：糞也。从又持巾掃內。古者少康初作帚秫酒。少康，杜康也，葬長垣。」

《說文》七下巾部：「糞也。从又持巾埽冂內。古者少康初作帚秫酒。少康，杜康也，葬長垣。」

案：「从又持巾埽冂內」，二徐竝同，《集韻》引奪「冂」字，當補。鍇曰：「冂，門內也。」是「冂」字不得無。

鈕

《集韻》上聲有韻：「《說文》：印鼻也。或从玉（玒）。」

《說文》十四上金部：「印鼻也。从金丑聲。玒，古文鈕从玉。」

案：重文「玒」下，二徐竝云「古文鈕从玉」。《集韻》曰「或从玉」，「或」字當改作「古」。

狗

《集韻》上聲厚韻：「《說文》：孔子曰：狗叩也。叩，气吠。从守。」

《說文》十上犬部：「孔子曰：狗叩也。叩，气吠以守。从犬句聲。」

案：「叩气吠以守」，二徐竝同，《集韻》引「以」作「从」，形誤也。《玉篇》曰：「狗，家畜，以吠守。」且「狗」字，从犬句聲，絕不从守。

叜

《集韻》上聲厚韻：「《說文》：老也。或作傁、傁。」

《說文》三下又部：「老也。从又从灾。闕。𠬸，籀文从寸。傁，叜或从人。」

案：重文「𠬸」下，二徐竝云「籀文」，《集韻》以爲或文，「或」當改作「籀」，而「傁」上當補「或作」二字。

走

《集韻》上聲厚韻：「《說文》：趨也。从夭止者屈也。」

《說文》二上走部：「趨也。从夭止。夭止者屈也。徐鍇曰：走則足屈，故从夭。」

案：「从夭止。夭止者屈也」，二徐竝同，《集韻》不重「夭止」，蓋省。唯「夭」訛作「夭」，當改。《說文》十下夭部，正訓「屈也」。

斗 斗

《集韻》上聲厚韻：「《說文》：十外也。象形有柄。」

《說文》十四上斗部：「十升也。象形有柄。」

案：「十升也」，二徐竝同，《集韻》引「升」形訛作「外」，遂不詞。

黝 黝

《集韻》上聲黝韻：「《說文》：微青黑色。」

《說文》十上黑部：「微青黑色。从黑幼聲。《爾雅》曰：地謂黝。」

案：二徐竝有「《爾雅》曰：地謂之黝」句，《集韻》無，依其引《說文》例，當補。

赳 赳

《集韻》上聲黝韻：「《說文》：輕動有才力也。」

《說文》二上走部：「輕勁有才力也。从走丩聲。讀若撟。」

案：二徐竝作「輕勁有才力也」，《集韻》「勁」作「動」，形訛也。

羊 羊

《集韻》上聲寑韻：「《說文》：楙也。从干入。二爲羊。」

《說文》三上干部：「撥也。从干入。一爲干入，二爲羊。」

案：「撥也」，二徐竝同。《集韻》引「撥」譌作「楙」。又二徐竝有「一爲干入」句，《集韻》蓋省。

梣 榜

《集韻》上聲寑韻：「《說文》：搥之橫也。關西謂之𣚣。」

《說文》六上木部：「槌之橫者也。關西謂之𣚣。从木㚘聲。臣鉉等曰：當从胅省。」

案：「槌之橫者也」，二徐竝同，《集韻》引「槌」作「搥」，且奪「者」字。

「槌」者，架蠶薄之木也，故字从木，《集韻》引譌从手。

𩕩 顲

《集韻》上聲感韻：「《說文》：而顑顲皃。」

《說文》九上頁部：「面顑顲皃。从頁㐭聲。」

案：「𩕩」篆，二徐竝同，《集韻》正文原訛作「顲」，當改。「面顑顲皃」，二徐竝同，《集韻》引「面」作「而」，形訛也。

𣻚 漸

《集韻》上聲琰韻：「《說文》：水名，川片陽，黟南蠻中，東入海。一曰：清也。」

《說文》十一上水部：「水出丹陽黟南蠻中，東入海。从水斬聲。」

案：「水出丹陽」，二徐竝同，《集韻》引作「水名川片陽」，語頗不詞。方氏《集韻考正》云：「出丹譌川片，據宋本及《說文》正。」另「名」字，蓋丁氏所加。「一曰：清也」，非引《說文》，方氏《考正》曰：「清當从宋本及《類篇》作漬。」《荀子・勸學》「共漸之滫」注：「漸，漬也。」

𡗝 夾

《集韻》上聲琰韻：「《說文》：盜竊褱物也。从亦有所持，俗謂蔽人俾夾是也。」

《說文》十下亦部：「盜竊褱物也。从亦有所持。俗謂蔽人俾夾是也。弘農陜字从此。」

案：夾从兩入，與夾輔之夾，从二人不同。許云：「弘農陜字从此」是也。《集韻》正文、注文竝作「夾」，當改。「褱物」之「褱」，小徐作「懷」，俗字也。許書衣部「褱」下曰「俠也」，段云：「當作夾」。《集韻》「褱」作「褭」，亦當改。

𡛯 姘

《集韻》上聲琰韻：「《說文》：姘，弱長皃。」

《說文》十二下女部：「弱長皃。从女井聲。」

案：二徐竝作「弱長皃」，不複舉「姘」字，《集韻》蓋衍。

鼸 鼸

《集韻》上聲琰韻：「《說文》：鼸也。」

《說文》十上鼠部：「鼢也。从鼠兼聲。」

案：二徐竝作「鼢也」，《集韻》引「鼢」作「鼸」，非。許訓斷不如此，蓋涉正文誤也。許書「鼸」下次「鼢」，小徐作訓「鼸鼠」，二字轉注。又《爾雅．釋獸》「鼢」下亦云「鼸鼠」，皆可證《集韻》之誤。

揜 揜

《集韻》上聲琰韻：「《說文》：自關以東謂反曰揜。一曰：覆也。」

《說文》：十二上手部：「自關以東謂取曰揜。一曰：覆也。从手弇聲。」

案：「自關以東謂取曰揜」，二徐竝同。《集韻》引「取」作「反」，爤文也。《方言》：「掩，索取也。自關而東曰掩，自關而西曰索。」許所據蓋作「揜」也。

筌 筌

《集韻》去聲送韻：「《說文》：杯落也。一曰：盛箸籠。」

《說文》五上竹部：「桮答也。从竹夅聲。或曰：盛箸籠。」

案：二徐竝作「桮答也」，《集韻》引「桮」訛作「杯」，「答」譌从艸，當改。許書「筌」上承「答」篆，亦訓「桮答也」，大徐作「或曰：盛箸籠」，小徐作「或盛箸籠」，奪「曰」字。《集韻》引則改「或曰」爲「一曰」。

槌 槌

《集韻》去聲寘韻：「《說文》：關東謂之槌，關西謂之持。」

《說文》六上木部：「關東謂之槌，關西謂之椿。从木追聲。」

案：「關西謂之椿」，二徐竝同，《集韻》引「椿」作「持」，譌从手。許書「槌」下次「椿」，訓「槌也」，《玉篇》亦云：「關西謂之椿。」

魃 魃

《集韻》去聲寘韻：「《說文》：鬼服也。一曰：小兒魃。引《韓詩傳》：鄭交甫逢二女魃服。」

《說文》九上鬼部：「鬼服也。一曰：小兒鬼。从鬼支聲。《韓詩傳》曰：鄭交甫逢二女魃服。」

案：「一曰：小兒鬼」，二徐竝同，《集韻》引「鬼」作「魃」，非。〈東京賦〉：「八靈爲之震慴，況魃蜮與畢方。」薛綜注：「魃，小兒皃。」

䞅 貱

《集韻》去聲寘韻：「《說文》：迻予也。一曰：益也。」

《說文》六下貝部：「迻予也，从貝皮聲。」

案：大徐作「迻予也」，小徐作「移予也」，段氏從大徐，注云：「迻，遷徙也。展轉寫之曰迻書，展轉予人曰迻予。貱迻疊韻。」《集韻》引「予」作「子」，形似而誤也。「一曰：益也」，非引《說文》，見《廣雅・釋詁》一。

𦤳 至

《集韻》去聲至韻：「《說文》：鳥飛从鳥。下至地，从一猶地也。不上去而至下來也。古作𡊶。」

《說文》十二上至部：「鳥飛从高。下至地也，从一，一猶地也，象形。不上去而至下來也。」

案：「鳥飛从高」，二徐竝同，《集韻》引「高」字作「鳥」，誤。「从一，一猶地也」，二徐亦同，《集韻》引奪下「一」字，當補。

鏊 鏊

《集韻》去聲至韻：「《說文》：羊箠，耑有鐵。一曰：田器。」

《說文》十四上金部：「羊箠，耑有鐵。从金執聲，讀若至。」

案：「羊箠」下，小徐有「也」字，《廣韻》去聲六至引亦有，今補。「耑」字，小徐作「端」，借字也。「一曰：田器」，非引《說文》，見《廣韻》。

視 視

《集韻》去聲至韻：「《說文》：瞻也。古作眎。」

《說文》八下見部：「瞻也。从見示。眎，古文視。眂，亦古文視。」

案：「眂」亦爲古文視，竝見二徐本，《集韻》未收，當補。

𠨲 䘌

《集韻》去聲至韻：「《說文》：宰之也。」

《說文》九上卩部：「宰之也。从卩必聲。」

案：《集韻》引「宰之也」，與二徐同，然正文原作「邲」，譌从邑，今改。

𣓁 柲

《集韻》去聲至韻：「《說文》：攢也。」

《說文》六上木部：「欑也。从木必聲。」

案：二徐竝作「欑也」，《集韻》引「欑」作「攢」，譌从手。許書「柲」下次「欑」，訓「積竹杖也」。顏注〈急就篇〉：「柲，欑也，謂積竹之杖也。」

𧒒 蟲

《集韻》去聲未韻：「《說文》：臭蟲負蠜也。通作蜰。」

《說文》十三下虫部：「臭蟲負蠜也。从蟲非聲。𧌘，蟲或从虫。」

案：重文「蜰」下，二徐竝云「蟲或从虫」。《集韻》曰「通作蜰」，「通」字當改作「或」。

𦃃 𦃃

《集韻》去聲至韻：「《說文》：糸屬。引《虞書》：𦃃類于上帝。古作𦃃。」

《說文》九下糸部：「糸屬。从二糸。𦃃，古文𦃃。《虞書》曰：𦃃類于上帝。」

案：引《虞書》，二徐竝在古文「𦃃」下，《集韻》引則在「糸屬」下，語次倒，當互乙。

𦼮 蕼

《集韻》去聲至韻：「《說文》：赤蕼也。一曰：芮也，董也。」

《說文》一下艸部：「赤蕼也。从艸隶。」

案：「𦼮」篆，二徐竝同，《集韻》正文原訛作「蕼」，今改。「赤蕼也」，二徐竝同，《集韻》引「蕼」亦訛作「蕼」。兩「一曰」義，非引《說文》，丁度等所增。方氏《考正》云「董」爲「堇」之誤。

自 自 白 白

《集韻》去聲至韻：「《說文》：鼻也，象鼻形。古作𦣻白。一曰：從也，己也。」

《說文》四上自部：「鼻也，象鼻形。白，古文自。」

《說文》四上白部：「此亦自字也。省自者詞言之气，从鼻出與口相助也。」

案：「鼻也，象鼻形」，二徐竝同，《集韻》引「鼻」俗寫作「鼻」，又訛作「𪖐」。重文「白」「白」，《集韻》譌作「𦣻」「白」，宜改。「一曰」下二義，非引許書，《廣雅・釋詁》一：「自，從也。」《大學》「毋自欺也」，此自即爲己也之意。

鐆 鐆

《集韻》去聲至韻：「《說文》：陽鐩也。取火之鑑也。或作鐆。」

《說文》十四上金部：「陽鐆也。从金隊聲。」

案：《繫傳》篆體作「鐆」，注亦作「陽鐆也」，《玉篇》正文作「鐆」，重文作「鐩」。《集韻》以「鐩」爲本字，「鐆」爲或文，蓋誤倒。注中亦作「陽鐩」，用或文也。「取火之鑑也」，非許君語，丁度等所增。《周禮・秋官・司烜氏》：「掌以夫遂取明火于日。」注：「夫遂，陽遂也。」丁氏蓋本此也。

𨺓 𨺓

《集韻》去聲至韻：「《說文》：塞土亭守𤇸火者。古作𤏹。」

《說文》十四下𨺅部：「塞上亭守𤇸火者。从𨺅从火遂聲。隧，篆文省。」

案：「塞上亭守𤇸火者」，二徐竝同，《集韻》引「上」作「土」，形訛也。「𨺓」字，許書入𨺅部，以其字之从兩𨸏也，重文「隧」，二徐竝云「篆文」，此亦先籀後篆之例。《集韻》則以「隧」爲本字。注云古作「𤏹」，與二徐倒，且从𨺅之字爲籀文，非古文，又字取遂聲，當作「𨺓」也。

地 地

《集韻》去聲至韻：「《說文》：元气初分，輕清陽爲天，重濁陰爲地，萬物所列也。籀作墬。」

《說文》十三下土部：「元气初分，輕清陽爲天，重濁陰爲地，萬物所陳列也。从土也聲。墬，籀文地从隊。」

案：「萬物所陳列也」，二徐竝同，《集韻》引無「陳」字，偶奪。

致 致

《集韻》去聲至韻：「《說文》：詣送也。」

《說文》五下夊部：「送詣也。从夊从至。」

案：二徐竝作「送詣也」，《集韻》引作「詣送也」，誤倒，言部「詣」訓「候至也」，「送詣」者，送而必至其處也。如作「詣送」，則語不可解。

暨

《集韻》去聲至韻：「《說文》：頗見也。一曰：與也。」

《說文》七上旦部：「日頗見也。从旦既聲。」

案：「日頗見也」，二徐竝同，《集韻》引「頗」上奪「日」字。段云：「日頗見者，見而不全也。」朱駿聲《說文通訓定聲》云：「日出地平謂之旦，暨者乍出微見也。」是「日」字不得少。「一曰：與也」，非引《說文》，乃丁氏等人所補益。《小爾雅・廣言》：「暨，及也。」與即及意。

髖

《集韻》去聲至韻：「《說文》：厀脛間骨也。一說：以厀至地。」

《說文》四下骨部：「厀脛間骨也。从骨貴聲。」

案：大徐作「厀脛間骨也」，小徐「厀」作「膝」，俗字也。《集韻》引作「厀」，譌从邑。「一說」者，非引許書，丁度等所增益也。桂氏《義證》曰：「髖或通作跪，《荀子・勸學篇》蟹八跪而二螯。」「以厀（當作厀）至地」即「跪」之義。

樻

《集韻》去聲至韻：「《說文》：椐。腫節可作杖。」

《說文》六上木部：「椐也。从木貴聲。」

案：二徐竝作「椐也」，《集韻》引奪「也」字。「腫節可作杖」，非許君語。《爾雅・釋木》：「椐，樻。」郭注：「腫節可以爲杖。」《集韻》蓋引此也，唯「以爲」改作「作」有異耳。

鬽

《集韻》去聲至韻：「《說文》：老精物也。从鬼彡。彡，鬼彡。或作魅，籀作𩲡，亦作录。」

《說文》九上鬼部：「老精物也。从鬼彡。彡，鬼毛。魅，或从未聲。𣚍，古文。𩲡，籀文从彖省，从尾省聲。」

案：重文「录」，二徐竝云「古文」，《集韻》引云「亦作录」，「亦」字當改作「古」。

饎　饎

《集韻》去聲志韻：「《說文》：酒食也。一說：炊黍稷曰饎。或作䬣、糦。」

《說文》五下食部：「酒食也。从食喜聲。《詩》曰：可以饙饎。䬣，饎或从巸。糦，饎或从米。」

案：二徐竝有引《詩》「可以饙饎」，《集韻》引脫。「一說：炊黍稷曰饎」，非引《說文》，見《特牲・饋食禮》注。

䰈　䰈

《集韻》去聲未韻：「《說文》：鬆也。一曰：忽見也。」

《說文》九上髟部：「鬆也。忽見也，从髟彔聲。彔籀文魅，亦忽見意。」

案：「鬆也」，二徐同，《集韻》引「鬆」作「鬆」，一字之別體也。「忽見」上，二徐竝無「一曰」，《玉篇》「䰈」下止訓「忽見也」，故段云：「鬆也二字衍文。」又云：「《集韻》、《類篇》增一曰二字，尤非是。」

𥝌　𥝌

《集韻》去聲未韻：「《說文》：𥟍也。」

《說文》七上禾部：「秳也。从禾气聲。」

案：二徐竝作「秳也」，《集韻》引「秳」作「𥟍」，不體，當改。玄應《音義》卷二十二「𥝌」下注云：「堅米也，謂米之堅鞕，舂擣不破者也。」其意與許書「秳」訓「舂𥻘不潰也」意同。

豙　豙

《集韻》去聲未韻：「《說文》：豕怒毛豎。一曰：殘艾。」

《說文》九下豕部：「豕怒毛豎。一曰：殘艾也。从豕辛。臣鉉等曰：从辛未詳。」

案：「一曰：殘艾也」，二徐竝同，《集韻》引「艾」作「艾」，不體。「殘艾」之意不明，王筠《句讀》曰：「蓋借艾爲刈也。毅下云：妄怒也。似與此義近。殘艾者，蓋《左》昭二十年《傳》云：斬刈民力也。」

藙　藙

《集韻》去聲未韻：「《說文》：煎茱萸。引《漢律》：會稽獻藙一㪷。」

《說文》一下艸部：「煎茱萸。从艸顡聲。《漢律》：會稽獻藙一斗。」

案：二徐本引《漢律》均作「會稽獻䕺一斗」，《集韻》引「䕺」譌作「𧃲」，「斗」譌作「㪷」，宜併改。

胃

《集韻》去聲未韻：「《說文》：穀府也，从㘟，从肉，象形。」

《說文》四下肉部：「穀府也，从肉㘟。象形。」

案：二徐竝作「从肉，㘟。象形」，《集韻》引作「从㘟从肉，象形」，非，象形者象㘟之形，非有㘟字。

具

《集韻》去聲遇韻：「《說文》：共置也。从廾具省，古以貝爲貨。」

《說文》三上廾部：「共置也。从廾从貝省，古以貝爲貨。」

案：大徐本作「从廾从貝省」，小徐作「从廾貝省」。《集韻》引同小徐，唯「貝」作「具」，顯係形誤，由下引「古以貝爲貨」可知。

霚

《集韻》去聲遇韻：「《說文》：地氣發，天不應。古从矛（雺）。」

《說文》十一下雨部：「地气發，天不應曰霚。从雨敄聲。雺，籀文霚省。」

案：「地气」二字，大小徐同，《集韻》引「气」作「氣」，借字也。从矛之雺，二徐竝云「籀文」，《集韻》云「古从矛」，「古」字當改爲「籀」。

裋

《集韻》去聲遇韻：「《說文》：𧟽使布長襦。」

《說文》八上衣部：「豎使布長襦。从衣豆聲。」

案：「豎」字，二徐竝無衣旁，《集韻》誤增。

壴

《集韻》去聲遇韻：「《說文》：陳樂立而止見也。」

《說文》五上壴部：「陳樂立而上見也。从屮，从豆。」

案：「陳樂立而上見也」，二徐竝同。《集韻》引「上」作「止」，乃形近而誤。《繫傳》楚金案語云：「豆，樹鼓之象；屮，其上羽葆也。」段注云：「凡樂器有虡者，豎之其顚，上出可望見。如《詩》《禮》所謂崇牙，金部所謂鏄鏻也。」是《集韻》作「止」，非。

茻 莫

《集韻》去聲莫韻：「《說文》：曰且冥也。从日在茻中。」

《說文》一下茻部：「日且冥也。从日在茻中。」

案：二徐竝作「日且冥也」，《集韻》引「日」譌「曰」，遂不詞。

𨀛 踄

《集韻》去聲莫韻：「《說文》：蹈也。」

《集韻》入聲鐸韻：「《說文》：蹈也。」

《說文》二下足部：「蹈也。从足步聲。」

案：《集韻》引「蹈也」，與二徐同，雖入聲鐸韻下其正文原譌作「𨀛」。

潞 潞

《集韻》去聲莫韻：「《說文》：冀州浸也。幽州有潞縣。」

《說文》十一上水部：「冀州浸也。上黨有潞縣。从水路聲。」

案：「上黨有潞縣」，二徐竝同，《集韻》引「止黨」作「幽州」，誤。上黨郡、潞縣、《前漢地理志》、《後漢郡國志》竝同。

簬 簬

《集韻》去聲莫韻：「《說文》：箘簬也。引《夏書》：惟箘簬稭。」

《說文》五上竹部：「箘簬也，从竹路聲。《夏書》曰：惟箘簬楛。簵，古文簬从輅。」

案：二徐引經竝作「惟箘簬楛」，此〈禹貢〉文也，又見許書木部「楛」下引，《集韻》「楛」譌作「稭」。古文簬，二徐竝作「簵」，《集韻》引仍云「古作簬」，「簬」顯係「簵」之誤。

鷺 鷺

《集韻》去聲莫韻：「《說文》：曰鷺也。」

《說文》四上鳥部：「白鷺也。从鳥路聲。」

案：二徐竝作「白鷺也」，《集韻》引「白」譌作「曰」，不詞。

枑 枑

《集韻》去聲莫韻：「《說文》：行馬也，引《周禮》：設梐柸再重。」

《說文》六上木部：「行馬也。从木互聲。《周禮》曰：設梐枑再重。」

案：「枑」篆，二徐竝同，隸寫作「枑」。《集韻》正文原訛作「柸」，注中引《周禮》亦訛作「柸」，當改。

罟 罟

《集韻》去聲莫韻：「《說文》：罟也。」

《說文》七下网部：「罟也。从网互聲。」

案：「罟」篆，二徐竝同，釋曰「从网互聲」，《集韻》正文原訛作「罢」，今改。

淠 淠

《集韻》去聲霽韻：「《說文》：水出汝南弋陽垂山，東入淮。一曰舟行皃。」

《說文》十一上水部：「水出汝南弋陽垂山，東入淮。从水畀聲。」

案：「淠」字，《集韻》正文原誤作「滭」，當改。「一曰」者，亦非引《說文》，《詩・大雅》：「淠彼涇舟。」《傳》：「舟行皃也。」

鬀 鬀

《集韻》去聲霽韻：「《說文》：鬄髮也。大人曰髡，小兒曰鬀，盡及身毛曰鬄。」

《說文》九上髟部：「鬄髮也。从髟弟聲。大人曰髡，小人曰鬀，盡及身毛曰鬄。臣鉉等曰：今俗別作剃，非是。」

案：「大人曰髡」，二徐竝同，《集韻》引「髡」作「髨」，形誤也。許書髟部曰：「髡，鬄髮也。从髟兀聲。」

戾 戾

《集韻》去聲霽韻：「《說文》：輜車旁推戶也。」

《集韻》去聲夳韻：「《說文》：輜車房推戶也。」

《說文》十二上戶部：「輜車旁推戶也。从戶大聲，讀與釱同。」

案：《集韻》去聲霽韻、夳韻「戾」字竝引《說文》：「輜車旁推戶也。」與二徐同。然霽韻他計切下所引，正文「戾」作「戾」，譌从犬。

弟 弟

《集韻》去聲霽韻：「《說文》：韋束之次弟也。弟，一曰：順也。」

《說文》五下弟部：「韋束之次弟也。从古字之象。□，古文弟，从古文韋省，丿聲。」

案：二徐竝收有古文「□」，下云「古文弟，从古文韋省，丿聲」，《集韻》無此重文，宜補。「一曰」者，非引《說文》，弟字亦作悌，《廣雅・釋詁》一：「悌，順也。」

禘 禘

《集韻》去聲霽韻：「《說文》：禘祭也。引《周禮》：五歲一禘。」

《說文》一上示部：「諦祭也。从示帝聲。《周禮》曰：五歲一禘。」

案：「諦祭也」，二徐竝同，《集韻》引「諦」作「禘」，譌从示。方氏《考正》云宋本《集韻》未誤。

隸 隸

《集韻》去聲霽韻：「《說文》：附著也。一曰：賤稱。篆作隸。」

《說文》三下隶部：「附箸也。从隶柰聲。隸，篆文隸，从古文之體。臣鉉等未詳古文所出。」

案：二徐竝作「附箸也」，《集韻》引「箸」作「著」，當改从竹爲宜。「一曰：賤稱」者，非許書原文，乃丁度等所增。《左傳》定公四年：「社稷之常隸也。」注：「賤臣也。」

計 計

《集韻》去聲霽韻：「《說文》：會也。」

《說文》三上言部：「會也、筭也。从言从十。」

案：小徐作「會也、算也」，段氏從大徐作「筭」，然注云：「筭當作算，數也。舊書多假筭爲算。」《集韻》但引「會也」，脫「算也」二字。王筠《釋例》云：「案山名會稽者，大禹會計之所也。孟子亦云：會氏注乎？」王氏此說姑存。

䣜 䣜

《集韻》去聲霽韻：「《說文》：封黃帝之後於䣜。」

《說文》六下邑部：「周封黃帝之後於䣜也。从邑契聲，讀若薊，上谷有䣜縣。」

案：「周封黃帝之後於鄚也」，二徐竝同，《集韻》引「周」字、「也」字奪。《禮記・樂記》：「武王克殷及商，未及下車而封黃帝之後於薊。」「鄚」「薊」古今字也。《玉篇》注：「周武王封黃帝後於鄚。」是「周」字不得無。

薊

《集韻》去聲霽韻：「《說文》：芙也。」

《說文》一下艸部：「芺也。从艸魝聲。」

案：二徐竝作「芺」，《集韻》作「芙」，蓋形近而誤也，宜改。《爾雅・釋草》：「芺、薊，其實荂。」郭云：「芺似薊。」

𢾅

《集韻》去聲霽韻：「《說文》：𣤶也。」

《說文》三下攴部：「𢿢也。从攴兒聲。」

案：二徐作「𢿢也」，《集韻》引「𢿢」作「𣤶」，誤字也。許書「𢾅」前，正次「𢿢」字。

𢴛

《集韻》去聲祭韻：「《說文》：引縱口𢴛。」

《說文》十二上手部：「引縱曰𢴛。从手瘛省聲。」

案：「引縱曰𢴛」，二徐竝同，《集韻》引「曰」訛作「口」。

筮

《集韻》去聲祭韻：「《說文》：《易》卦用也。从竹、从𢍸。𢍸，古巫字。」

《說文》五上竹部：「《易》卦用蓍也。从竹、从𢍸。𢍸，古文巫字。」

案：二徐竝作「《易》卦用蓍也」，段注云：「《曲禮》曰：龜為卜，策為筮。策者蓍也。」《集韻》引「用」下奪「蓍」字。又二徐注云：「𢍸，古文巫字。」《集韻》引作「𢍸，古巫字」，非奪「文」字，蓋省。

𠭊

《集韻》去聲祭韻：「《說文》：楚人謂卜問吉凶曰𠭊。从又、从祟。」

《說文》三下又部：「楚人謂卜問吉凶曰𠭊。从又持祟，祟亦聲，讀若贅。」

案：「从又持祟」，二徐竝同，《集韻》引作「从又从祟」，「祟」上之「从」，當改作「持」。

曳

《集韻》去聲祭韻：「《說文》：㬰戋也。」

《說文》十四下申部：「臾曳也。从申丿聲。」

案：「㬰」篆，右上無一點，《集韻》引正文原譌作「戋」，今改。「臾曳也」，二徐竝同，《集韻》引「臾」作「㬰」，不體，又「曳」字亦譌作「戋」，竝當正。

泰

《集韻》去聲夳韻：「《說文》：滑也。一曰：大也、通也。亦作泰。」

《說文》十一上水部：「滑也。从廾、从水、大聲。夳，古文泰。」

案：二徐竝以「泰」爲正字，「夳」爲重文，《集韻》則先標「夳」字，以「夳」爲本字，而注中云「亦作泰」，非。引「滑也」之訓與二徐同，「一曰」下二義，非《說文》，《易・泰卦・釋文》引鄭云「通也」、馬云「大也」。

汏

《集韻》去聲夳韻：「《說文》：浙灡也。」

《說文》十一上水部：「淅灡也。从水大聲。」

案：「淅灡也」，二徐竝同，《集韻》引「淅」作「浙」，譌。《廣韻》去聲十四泰韻引亦作「淅灡也」。

犡

《集韻》去聲夳韻：「《說文》：牛白膂也。」

《說文》二上牛部：「牛白膂也。从牛厲聲。」

案：「犡」篆，二徐竝同，《集韻》正文原訛作「犣」，今改。大徐作「牛白膂也」，小徐「膂」作「脊」，隸變字也，《集韻》作「膂」，不體。

鰨

《集韻》去聲夳韻：「《說文》：魚名。」

《說文》十一下魚部：「魚名。从魚賴聲。」

案：「鯻」篆，二徐竝同，《集韻》正文原作「鯻」，方氏《考正》云：「⿰魚賴譌鯻，《類篇》同，據《說文》正。」注引「魚名」，同大徐，小徐「名」作「也」。

酹　酹

《集韻》去聲夳韻：「《說文》：饌祭也。」

《說文》十四下酉部：「餟祭也，从酉寽聲。」

案：二徐竝作「餟祭也」，《集韻》引「餟」作「饌」，誤。許書食部餟下曰「酹祭也」，與此爲轉注。

餀　餀

《集韻》去聲夳韻：「《說文》：食臭也。引《爾雅》：⿰食殳謂之喙。」

《說文》五下食部：「食臭也。从食艾聲。《爾雅》曰：餀謂之喙。」

案：引《爾雅》二徐竝作「餀謂之喙」，《集韻》引「餀」誤作「⿰食殳」，當改。

蓋　蓋

《集韻》去聲夳韻：「《說文》：苦也。」

《說文》一下艸部：「苫也。从艸盇聲。」

案：二徐竝作「苫也」，《集韻》引作「苦也」，形近而誤。《爾雅・釋器》「白蓋謂之苫」，又許書「蓋」下即次「苫」篆，互訓爲「蓋也」，可證。「一曰：疑辭」，非引《說文》，丁氏所增。

會　會

《集韻》去聲夳韻：「《說文》：合也。从今曾省。曾，益也。古作⿰彳合。」

《說文》五下會部：「合也。从亼，从曾省。曾，益也。⿰彳合，古文會如此。」

案：二徐竝作「从亼，从曾省」，《集韻》引「亼」誤作「今」，「曾」上奪一「从」字，宜補正。

禬　禬

《集韻》去聲夳韻：「《說文》：會福祭也。引《周禮》：禬之祝號。」

《說文》一上示部：「會福祭也。从示从會，會亦聲。《周禮》曰：禬之祝號。」

案：「禬」篆，二徐竝同，《集韻》原作「會」，奪偏旁「示」字，方氏《考正》云宋本《集韻》未誤。

旝

《集韻》去聲夳韻：「《說文》：連大木置石其上，發以機以追敵也。引《春秋傳》：旝動而鼓。又引《詩》：其旝如林。一曰：旃也。」

《說文》七上㫃部：「建大木置石其上，發以機以追敵也。从㫃會聲。《春秋傳》曰：旝動而鼓。《詩》曰：其旝如林。」

案：「建大木置石其上」，二徐竝同，《集韻》引「建」作「連」，顯係形近而訛。「發以機以追敵也」，小徐作「發其機以磓敵」，《左傳》桓五年《釋文》引作「發機以磓敵」，《晉書音義》卷中引作「發以擊敵」，《御覽》三百三十七兵部引作「發爲機以拒敵」，《韻會》九泰引作「發以機以槌敵」，諸文不同，難下斷語。王筠《繫傳校錄》曰：「筠案大徐近是，而磓作追者，以《說文》无磓字也。」今亦唯《集韻》引盡同大徐，姑從王說。「一曰：旃也」，非引《說文》，見《左》桓五年杜注。

外

《集韻》去聲夳韻：「《說文》：遠也。卜尚平旦，今夕卜方事外矣。」

《說文》七上夕部：「遠也。卜尚平旦，今夕卜於事外矣。[illegible]，古文外。」

案：大徐本作「今夕卜於事外矣」，小徐作「今若夕卜於事外矣」，《集韻》引從大徐，然「於」缺誤作「方」，當改。又二徐竝收有古文「外」，《集韻》無，宜補。

稗

《集韻》去聲卦韻：「《說文》：木別也。」

《說文》七上禾部：「禾別也。从禾卑聲。琅邪有稗縣。」

案：二徐竝作「禾別也」，《集韻》引「禾」作「木」，誤字也。《文選・七啓》注引作「禾別名」。又二徐竝有「琅邪有稗縣」句，《集韻》蓋省。

壞

《集韻》去聲怪韻：「《說文》：敗也。古作[illegible]，籀从攴（𣁄）。」

《說文》十三下土部：「敗也。从土褱聲。[illegible]，古文壞省。[illegible]，籀文壞。臣鉉等按：攴部有𣁄，此重出。」

案：古文壞，二徐竝作「[illegible]」，《集韻》正文及注文，皆誤作「[illegible]」，當改。

忦

《集韻》去聲怪韻：「《說文》：忽也。引《孟子》：孝子之心不若是忦。一曰：不和皃。」

《說文》十下心部：「忽也。从心介聲。《孟子》曰：孝子之心不若是忦。」

案：「忽也」，二徐竝同，《集韻》引「忽」譌作「忽」。徐鍇案語曰：「忽䂂不省也。」《廣韻》去聲十六怪引亦作「忽也」。「一曰」者，非引《說文》，丁氏等所增。

䪢

《集韻》去聲怪韻：「《說文》：菜也。菜似韭。」

《說文》七下韭部：「菜也。葉似韭，从韭𣦼聲。」

案：大徐作「葉似韭」，小徐作「其葉似韭」，「其」字衍，《韻會》引無。《集韻》引作「菜似韭」，「菜」當係「葉」之形誤。《廣韻》上聲十六怪注作「菫菜也，葉似韭」，王伯厚《急就篇補注》作「菫菜，葉似韭而無實」，是古無作「菜似韭」者。

夬

《集韻》去聲夬韻：「《說文》：分決也。从又中，象決形。」

《說文》三下又部：「分決也。从又⿻コ丨，象決形。徐鍇曰：コ物也，丨所以決之。」

案：「从又⿻コ丨，象決形」，二徐竝同。《集韻》引「⿻コ丨」作「中」，形訛也。王筠《釋例》云：「⿻コ丨，象決形，決物用手。」

噲

《集韻》去聲夬韻：「《說文》：咽也。一曰：嚵也。」

《說文》二上口部：「咽也。从口會聲。讀若快。一曰：嚵噲也。」

案：「一曰」之義，二徐竝作「嚵噲也」，《集韻》引奪天「噲」字。

䊯

《集韻》去聲隊韻：「《說文》：難曉也。一曰：鮮白色。从粉省。」

《說文》九上頁部：「難曉也。从頁米。一曰：鮮白皃。从粉省。臣鉉等曰：難曉亦不聰之義。」

案：「一曰：鮮白皃。从粉省」，二徐竝同，《集韻》引「皃」作「色」，誤字也。王筠《句讀》云此謂傅粉而面白也。

耒 耒

《集韻》去聲隊韻：「《說文》：手耕曲木也。从木推手。古者垂作耒耜，以振民也。」

《說文》四下耒部：「手耕曲木也。从木推丯。古者垂作耒耜，以振民也。」

案：「从木推丯」，二徐竝同，《集韻》引作「从木推手」，與字體不符。「手」當是「丯」之形誤。

讃 讃

《集韻》去聲隊韻：「《說文》：中正也。引《司馬法》：師多則人讃讃止也。一曰：讃諱啁欺。」

《說文》三上言部：「中止也。从言貴聲。《司馬法》：師多則人讃讃止也。」

案：二徐竝作「中止也」，《集韻》引「止」誤作「正」。《廣韻》去聲十八隊引亦作「中止也」，《玉篇》注亦同。「一曰：讃諱啁欺」，非引許書，見《廣雅・釋訓》。

戴 戴

《集韻》去聲代韻：「《說文》：分物得增益曰戴。一曰：首戴。或作載，古作戴。」

《說文》三上異部：「分物得增益曰戴。从異𢦏聲。𢍺，籒文戴。」

案：《集韻》引「分物得增益曰戴」，與二徐同。「一曰：首戴」，非引《說文》。《釋名・釋姿容》：「戴，載也，載之于頭也。」「戴」字，二徐竝云「籒文戴」，《集韻》引云「古作戴」，「古」當改作「籒」。

再 再

《集韻》去聲代韻：「《說文》：一舉而二也。从一冓省。」

《說文》四下冓部：「一舉而二也。从冓省。」

案：二徐本竝作「从冓省」，《集韻》引「从」下有「一」字，《五音韻譜》

引亦有，戴侗《六書故》引作「從一從冓」，則「一」字宜有。《集韻》引「冓」字譌作「篝」，當改。

𠭥

《集韻》上聲𠭥韻：「《說文》：進也。从受古聲。古作敢、𣪠。」

《說文》四下𠬪部：「進取也。从𠬪古聲。𣪠，籒文𠭥。敢，古文𠭥。」

案：二徐竝作「進取也」，《玉篇》訓亦同，知《集韻》「進」下奪「取」字。又「从𠬪古聲」，二徐竝同，《集韻》引「𠬪」形誤作「受」。重文「𣪠」，二徐竝云「籒文」，《集韻》以爲「古文」，非是。

帎

《集韻》去聲震韻：「《說文》：杭巾也。」

《說文》七下巾部：「枕巾也。从巾刃聲。」

案：鍇本作「枕巾」，無「也」字，《集韻》引「枕」作「杭」，形譌也。「枕巾」者，段云：「蓋加枕以藉首，爲易污也。」著作「杭巾」，則無義矣！

殯

《集韻》去聲震韻：「《說文》：死也棺，將遷葬柩，賓遇之。夏后氏殯於阼階，商人殯於兩楹之間，周人殯於賓階。」

《說文》四下歺部：「死在棺，將遷葬柩，賓遇之。从歺从賓，賓亦聲。夏后氏殯於阼階，殷人殯於兩楹之間，周人殯於賓階。」

案：「死在棺」，二徐竝同，《集韻》引「在」訛作「也」，語不可解。「殷人殯於兩楹之間」，見《禮記·檀弓》，二徐竝同，《集韻》引「殷」作「商」，商人即殷人也。

囟

《集韻》去聲稕韻：「《說文》：頭曾嘦蓋也，象形。古作𡿺、𦞤。」

《說文》十下囟部：「頭會𡿺蓋也，象形。𦞤，或从肉宰。𡿺，古文囟字。」

案：「頭會𡿺蓋也」，二徐竝同，《集韻》引「會」作「曾」、「𡿺」作「嘦」，竝形訛也，當改。

瀹

《集韻》入聲藥韻：「《說文》：潰也。一曰：水皃。」

《說文》十一上水部：「漬也。从水龠聲。」

案：二徐竝作「漬也」，《集韻》引作「潰」，乃形近之誤。《廣韻》收入聲十八藥「鬻」字下，云「上同。又漬也」。「一曰」者，非引《說文》，丁氏等增。

箬 箬

《集韻》入聲藥韻：「《說文》：所謂竹皮曰箬。」

《說文》五上竹部：「楚謂竹皮曰箬。从竹若聲。」

案：二徐竝作「楚謂竹皮曰箬。」《集韻》引「楚」誤作「所」，當改。方氏《考正》云宋本《集韻》不誤。

谷 谷

《集韻》入聲藥韻：「《說文》：口上阿也。从口上象其理。或作[口卻]。」

《說文》三上谷部：「口上阿也。从口上象其理。[口卻]，谷或如此。臄，或从肉从豦。」

案：「谷」下，大小徐竝有「[口卻]」「臄」二重文，《集韻》引脫「臄」字。

虐 虐

《集韻》入聲藥韻：「《說文》：殘也。从虍，虎足反爪人也。」

《說文》五上虍部：「殘也。从虍，虍足反爪人也。[虍口]，古文虐如此。」

案：「从虍，虎足反爪人也」，小徐無「虍」字。二徐竝有重文「[虍口]」，注云：「古文虐如此。」《集韻》未收。

璶 璶

《集韻》去聲稕韻：「《說文》：石似玉者。」

《說文》一上王部：「石之似玉者。从王盡聲。」

案：二徐竝作「石之似玉者」，《集韻》奪「之」字，宜補。

容 睿

《集韻》去聲稕韻：「《說文》：深通川也。从谷𣦵。地坑坎意也。引《虞書》曰：睿畎澮距川。或作濬、濬。」

《說文》十一下谷部：「深通川也。从谷从𣦵。𣦵，殘地阬坎意也。《虞書》曰：睿畎澮距川。濬，睿或从水。濬，古文睿。」

案：大徐作「从谷从𣦵。𣦵，殘地阬坎意也」，小徐作「从𣦵。𣦵，殘也。地坑坎意也」《集韻》引從大徐，然「谷」下少一「从」字；「地」上少一「殘」字，當補。「濬」字，二徐竝云「古文睿」，《集韻》引「濬」上當補「古作」二字。

徇 徇

《集韻》去聲稕韻：「《說文》：行示也。引《司馬法》：斬以徇。一曰：永也。順也。歸也。」

《說文》二下彳部：「行示也。从彳勻聲。《司馬法》：斬以徇。」

案：二徐引《司馬法》竝作「斬以徇」，《集韻》引「徇」譌作「徇」，當改。「一曰」下數義，非引《說文》，丁度等所增。

藺 藺

《集韻》去聲稕韻：「《說文》：芫屬。」

《說文》一下艸部：「莞屬。从艸閵聲。」

案：鍇本作「莞屬也」，「也」字涘，屬下不必有「也」字。《集韻》引作「芫屬」，「芫」字形誤。方氏《考正》云：「莞譌芫，據宋本及《說文》正。」

軸 軸

《集韻》去聲稕韻：「《說文》：擊小鼓引樂也。」

《說文》十四下申部：「擊小鼓引樂聲也。从申柬聲。」

案：二徐竝作「擊小鼓引樂聲也」，《集韻》引「樂」下奪「聲」字，當補。

猌 猌

《集韻》去聲稕韻：「《說文》：張齗怒也。」

《說文》十上犬部：「犬張齗怒也。从犬來聲。讀又若銀。」

案：「犬張齗怒也」，二徐竝同，《集韻》敓「犬」字，當補。《玉篇》、《廣韻》去聲二十一震竝訓「犬張齗怒皃」。

瀵　瀵

《集韻》去聲問韻：「《說文》：水漫也。引尾下。一說：泉涌出也。蒲同二州，夾河皆有瀵泉。傳云：隔河相通。」

《說文》十一上水部：「水浸也。从水糞聲。《爾雅》曰：瀵大出尾下。」

案：「瀵」字，《集韻》正文原訛作「瀵」，注文亦是，當改。大徐作「水浸也」，小徐「浸」作「㵱」。《集韻》引作「水漫也」，張文虎《舒藝室隨筆》云：「宋本（作浸）不誤，楝亭本誤漫。」《類篇》引亦作「浸」，知丁氏舊本不誤。「引尾下」也者，當是「引《爾雅》：瀵大出尾下」之省奪。引《爾雅》小徐在「臣鍇按」下，疑非許書原文。「一說」以下，非引許書，見《列子・湯問》。

糞　糞

《集韻》去聲問韻：「《說文》：弃除也。从艸推華棄釆也。官溥說。似米而非米者，矢字。」

《說文》四下𠦒部：「棄除也。从廾推𠦒棄釆也。官溥說。似米而非米者，矢字。」

案：「棄除」之「棄」，二徐竝同，《集韻》引作「弃」，古文也。「从廾推𠦒棄釆也」，二徐亦同，《集韻》引「廾」譌作「艸」，「𠦒」譌作「華」，當改。

坌　坌

《集韻》去聲問韻：「《說文》：掃除也。」

《說文》十三下土部：「埽除也。从土弁聲。讀若糞。」

案：小徐作「棄埽除也」，「棄」字蓋是複出「坌」之譌文耳。《集韻》引同大徐，唯「埽」訛作「掃」，當改。

圓　圓

《集韻》去聲焮韻：「《說文》：圜合也。」

《說文》六下囗部：「圜全也。从囗貟聲。讀若員。」

案：二徐竝作「圜全也」，《集韻》引「全」作「合」，誤字也。段云：「圜者，天體，天屈西北而不全，圜而全則上下四旁如一，是爲渾圓之物。」

王筠《句讀》以「圜」字句絕，「全」下注曰：「全，《集韻》引作合，非。再言此者，言圓非與方對之圜，乃是圜全無陷也。」

寸

《集韻》去聲慁韻：「《說文》：一分也。人手卻一寸動衇，謂之寸口。从又从一。」

《說文》三下寸部：「十分也。人手卻一寸動衇，謂之寸口。从又从一。」

案：「十分也」，二徐竝同。《集韻》引作「一分也」，非。《說苑》：「度量權衡以黍生之口黍爲一分，十分爲一寸，十寸爲一尺，十尺爲一丈。」今俗猶云十分爲一寸。

鶾

《集韻》去聲翰韻：「《說文》：雉肥鶾音者。魯郊以丹雉，祝曰：以斯鶾音赤羽，去魯候之咎。」

《說文》四上鳥部：「雉肥鶾音者也。从鳥倝聲。魯郊以丹雞，祝曰：以斯鶾音赤羽，去魯候之咎。」

案：「魯郊以丹雞」，二徐竝同，《集韻》引「雞」作「雉」，當改。

暵

《集韻》去聲翰韻：「《說文》：乾也。引炅燥萬物者莫暵乎離。」

《說文》七上日部：「乾也。耕暴田曰暵。从日堇聲。《易》曰：燥萬物者，莫暵于離。臣鉉等曰：當从漢省，乃得聲。」

案：「乾」下，二徐竝有「耕暴田曰暵」句，《集韻》蓋脫。二徐本作「《易》曰：燥萬物者……」，《集韻》作「引炅燥萬物者……」，「炅」顯爲「易」之誤。

骭

《集韻》去聲翰韻：「《說文》：體也。」

《說文》四下骨部：「骹也。从骨干聲。」

案：二徐竝作「骹也」，《集韻》引「骹」作「體」，字誤也。許書「骭」上正承「骹」篆。

豻 豻

《集韻》去聲翰韻：「《說文》：胡地野狗。引《詩》：宜犴宜獄。一說：犴，野犬。犬所以守，故謂獄爲豻。或作犴。」

《說文》九下豸部：「胡地野狗。从豸干聲。犴，豻或从犬。《詩》曰：宜犴宜獄。」

案：引《詩》，二徐竝在或文「犴」下，《集韻》引語次亦當如是。「一說」云云，非引許書，蓋丁氏等所補益。《荀子・宥坐》：「獄犴不治不可刑也。」楊注：「獄从二犬，象所以守者，犴亦善守，故謂之犴也。」

懽 懽

《集韻》去聲換韻：「《說文》：喜敹也。引《爾雅》：懽懽愮愮，憂也告也。」

《說文》十下心部：「喜歀也。从心雚聲。《爾雅》曰：懽懽愮愮，憂無告也。」

案：「喜歀也」，二徐竝同。《集韻》引「歀」作「敹」，形訛也。段云：「懽歀，疊韻。歀者，意有所欲也。」引《爾雅》，小徐作「懽懽愮愮，憂也」，大徐作「憂無告也」，與《釋訓》合。《集韻》引「無」譌「也」。

瑕 瑕

《集韻》去聲換韻：「《說文》：石之次玉者。」

《說文》一上王部：「石之似玉者。从玉叚聲。」

案：「瑕」篆，二徐竝同，《集韻》正文原訛作「瑕」，當改。「石之似玉者」，二徐亦同，《集韻》引作「次玉」，誤。

嘆 嘆

《集韻》去聲換韻：「《說文》：呑嘆也。一曰：太息也。」

《說文》二上口部：「呑歎也。从口歎省聲。一曰：太息也。」

案：「呑歎也」，二徐竝同，《集韻》引「歎」作「嘆」。許書欠部曰：「歎，吟也。謂情有所悅，吟歎而歌詠。」段氏云：「嘆、歎二字，今人通用……依《說文》則義異，歎近於喜，嘆近於哀，故嘆訓呑歎，呑其歎而不能發。」然則，當改作「歎」爲宜。

鍛 鍛

《集韻》去聲換韻：「《說文》：小治也。」

《說文》十四上金部：「小冶也。从金段聲。」

案：二徐竝作「小冶也」，《集韻》引「冶」作「治」，形誤也。許書殳部段下曰：「椎物也。」「鍛」下，徐鍇有案語曰：「椎之而已，不錯，故曰小冶。」

段　段

《集韻》去聲換韻：「《說文》：推物也。」

《說文》三下殳部：「椎物也。从殳耑省聲。」

案：「椎物也」，二徐竝同，《集韻》引「椎」作「推」，譌从手。此椎，狀詞也，段云「用椎曰椎」是。

斷　斷

《集韻》去聲換韻：「《說文》：截也。从斤謂。㡭，古文絕。古作𠤏，从㠯。㠯，古文惠字。引《周書》：𠤏𠤏猗無他技。或作剆。」

《說文》十四上斤部：「截也。从斤从㡭。㡭，古文絕。𠤏，古文斷，从㠯，㠯，古文叀字。《周書》曰：𠤏𠤏猗無他技。𠡵，亦古文。」

案：「斷」篆，二徐竝同，《集韻》正文原訛作「斷」，當改。大徐作「从斤从㡭」，小徐作「从斤㡭」，《集韻》引作「从斤謂」，「謂」當是「㡭」之譌。「絕」下，小徐有「字」字。大徐作「㠯，古文叀字」，小徐作「㠯，古文叀」，《集韻》引作「㠯，古文惠字」，「惠」當是「叀」之誤。

𤔔　𤔔

《集韻》去聲換韻：「《說文》：治也。幺子相亂。𠬪，治之也。一曰：理也。徐鍇曰：冂，堝也，界也。古作𤔔。」

《說文》四下𠬪部：「治也。幺子相亂。𠬪，治之也。讀若亂同。一曰：理也。徐鍇曰：冂，坰也，界也。𤔔，古文𤔔。」

案：《繫傳》「臣鍇曰：冂，坰界也」下，尚有「幺，無識也。於外爲姦，於內爲宄……」諸語，知大徐乃節引也。《集韻》引與大徐同，唯「坰」譌作「堝」，宜改。

豢　豢

《集韻》去聲諫韻：「《說文》：从穀圈養豕也。」

《說文》九下豕部：「以穀圈養豕也。从豕釆聲。」

案：「以穀圈養豕也」，二徐竝同，《集韻》引「以」作「从」，形相似而譌也。《初學記》引亦作「以穀圈養豕也。」

丬 釆

《集韻》去聲襉韻：「《說文》：辨別也。象獸指瓜分別也。古作𢒡。」

《說文》二上釆部：「辨別也。象獸指爪分別也。讀若辨。𠂔，古文釆。」

案：「丬」篆，二徐竝同，《集韻》正文原訛作「采」，當改。「指爪」二字，大小徐亦同，《集韻》引「爪」形誤作「瓜」。又古文，二徐竝作「𠂔」，隸寫當作「丂」，《集韻》譌作「𢒡」，亦當改。

辨 辨

《集韻》去聲襉韻：「《說文》：刋也。」

《說文》四下刀部：「判也。从刀辡聲。」

案：二徐竝訓「判也」，《集韻》引「判」訛作「刋」，當改。

薦 薦

《集韻》去聲霰韻：「《說文》：獸之所食艸。从廌从廾。古者袖人以薦遺黃帝。帝曰：何食何處？曰：食薦。夏處水澤，冬處松柏。薦，一曰：進也。藉也。鼠蓬也。」

《說文》十上廌部：「獸之所食艸。从廌从艸。古者神人以廌遺黃帝。帝曰：何食何處？曰：食薦。夏處水澤，冬處松柏。」

案：大徐作「从廌从艸」，小徐作「從廌艸」，《集韻》引從大徐，然「艸」訛作「廾」。「神人」二字，大小徐同，《集韻》引「神」缺誤作「袖」。「一曰」下數義，非引《說文》。《爾雅・釋詁》「薦，進也」；《楚辭・九歎》「薜荔飾而陸離薦兮」注：「薦，藉也」；《爾雅・釋草》「薦，黍蓬」，黍蓬蓋即鼠蓬也。

晛 晛

《集韻》去聲霰韻：「《說文》：見也。引《詩》：見晛曰消。」

《說文》七上日部：「日見也。从日从見，見亦聲。《詩》曰：見晛曰消。」

案：「日見也」，二徐竝同，此以字形釋字義也。《集韻》引「見」上敚「日」字，當補。

旬

《集韻》去聲霰韻：「《說文》：目搖也。或省（旬）。」

《說文》四上目部：「目搖也。从目勻省聲。眴，旬或从目。」

案：《集韻》引「目搖也」，與二徐同。然二徐竝以「旬」爲本字，「眴」爲或文，《集韻》則誤倒。

麪

《集韻》去聲霰韻：「《說文》：麥末也。」

《說文》五下麥部：「麥末也。从麥丏聲。」

案：《集韻》引「麥末也」，與二徐同。唯正文原訛作「麪」，當改。

眄

《集韻》去聲霰韻：「《說文》：目偏合也。一曰：衺視。」

《說文》四上目部：「目偏合也。一曰：衺視也。秦語。从目丏聲。」

案：《集韻》所引字義與二徐同。唯正文「眄」原訛作「眄」，當改。

陧

《集韻》去聲笑韻：「《說文》：耕以重浚出下壚土也。一曰：耕休田也。一曰：隄也。」

《說文》十四下𨸏部：「耕以臿浚出下壚土也。一曰：耕休田也。从𨸏从土召聲。」

案：「陧」字入𨸏部，《集韻》正文原作「哫」，譌从卩。「臿」字，二徐竝同，《集韻》引訛作「重」，遂不詞。「一曰：隄也」，非引《說文》，見《廣雅・釋室》。

唁

《集韻》去聲綫韻：「《說文》：弔生也。」

《說文》二上口部：「弔生也。从口言聲。《詩》曰：歸唁衛侯。」

案：二徐竝有「《詩》曰：歸唁衛侯」句。《集韻》無，不知未引，抑脫？

此許氏偁《詩》以證字也，宜補。

譙

《集韻》去聲笑韻：「《說文》：嬈譊也。引《周書》：亦未敢譙公。古作誚。」

《說文》三上言部：「嬈譊也。从言焦聲。讀若噍。誚，古文譙从肖。《周書》曰：亦未敢誚公。」

案：引《周書》，二徐竝在古文「誚」下，《集韻》引則在「譙」下。小徐「亦」上尚有「王」字。今《書・金縢》「王亦未敢誚公」，从古文作「誚」，《史》《漢》則多作「譙」，故《說文》本字作譙。段云：「漢人作譙，壁中作誚，實一字也。」各本引《周書》皆在古文「誚」下，許氏蓋引《書》證古文也，《集韻》引亦當改從古文。

尞

《集韻》去聲笑韻：「《說文》：柴，祭天也。从火从眘。眘，古慎字。祭天所以慎也。」

《說文》十上火部：「柴，祭天也。从火从眘。眘，古文慎字。祭天所以慎也。」

案：「尞」篆，二徐竝同，《集韻》正文原訛作「寮」，無以見從火之意。大徐作「柴，祭天也」，小徐「柴」作「祡」，是也。許書示部曰「祡，燒柴尞祭天也」，是祡、尞二字轉注。《集韻》引「祡」作「柴」，譌从禾。「从火从眘」，小徐作「从火眘」。「眘，古文慎字」，二徐竝同，《集韻》引「古」下無「文」，非脫，蓋省。

⿰桼包

《集韻》去聲效韻：「《說文》：𣛯垸已，復桼之。」

《說文》六下桼部：「桼垸已，復桼之。从桼包聲。」

案：「桼垸已」，二徐竝同，《集韻》引「桼」作「𣛯」，當改。

臑

《集韻》去聲号韻：「《說文》：羊豕臂。」

《說文》四下肉部：「臂羊矢也。从肉需聲。讀若襦。」

案：《禮記・少儀・釋文》「臑」注引《說文》云：「臂羊矢也」，與今二徐本合。《儀禮・鄉射禮・釋文》引《字林》云：「臂羊豕也」，是《集韻》乃涉《字林》而誤。段氏注亦據《字林》誤改。《史記・龜策傳》「臑骨」下，徐廣注引云：「臑，臂羊矢也」可證。又《繫傳》楚金案語有云「蓋骨形象羊矢，因名之也」，亦可證「矢」字不誤。

謝 謝

《集韻》去聲禡韻：「《說文》：辭去也。一曰：告也。」

《說文》三上言部：「辤去也。从言䠶聲。」

案：二徐本竝作「辤去也」，《集韻》引「辤」作「辭」，宜改。許書辛部「辤」訓「不受也」，「辭」訓「訟也」。「一曰：告也」，非引《說文》，丁氏等增。

貰 貰

《集韻》去聲禡韻：「《說文》：貨也。」

《說文》六下貝部：「貸也。从貝世聲。」

案：二徐竝作「貸也」，《集韻》引「貸」譌作「貨」，不體。

乍 乍

《集韻》去聲禡韻：「《說文》：止也。从亡，从一。徐鍇曰：出亡得一則止，暫止也。」

《說文》十二下亡部：「止也。一曰：亡也。从亡从一。徐鍇曰：出亡得一則止，暫止也。」

案：「止也」下，二徐竝有「一曰：亡也」之訓，《集韻》引奪。大徐作「从亡从一」，小徐作「从亡一，一有所礙也。」，《集韻》引從大徐。

蜡 蜡

《集韻》去聲禡韻：「《說文》：蠅蜡也。引《周禮》：蜡氏掌除骴。」

《說文》十三上虫部：「蠅胆也。《周禮》：蜡氏掌除骴。从虫昔聲。」

案：「蠅胆也」，二徐竝同。《集韻》引「胆」作「蜡」，譌。許書肉部曰：「胆，蠅乳肉中也。」王筠《句讀》曰：「初生曰蜡，長大曰胆。」

吒 吒

《集韻》去聲禡韻：「《說文》：嚌也。吐怒也。」
《說文》二上叉部：「嚌也。叱怒也。从口乇聲。」
案：二徐竝作「嚌也。叱怒也。」《集韻》引「叱」形譌作「吐」，宜改。

㙤

《集韻》去聲禡韻：「《說文》：埣也。或从𨸏（⿰阝虖）。」
《說文》十三下土部：「坼也。从土虖聲。⿰阝虖，㙤或从𨸏。」
案：「坼也」，二徐竝同，《集韻》引「坼」作「埣」，形微訛。

唬

《集韻》去聲禡韻：「《說文》：嗁聲也。一曰：虒聲。」
《說文》三上口部：「嗁聲也。一曰：虎聲。从口从虎。讀若暠。」
案：「一曰：虎聲」，二徐竝同，《集韻》引「虎」字形譌作「虒」，宜改。

崋

《集韻》去聲禡韻：「《說文》：山在弘農華陰。从山華省。」
《說文》九下山部：「山在弘農華陰。从山華省聲。」
案：「从山華省聲」，二徐竝同，《集韻》引「省」下奪「聲」字。

樗

《集韻》去聲禡韻：「《說文》：木也，以其皮裹松脂。或从華（樺）。」
《說文》六上木部：「木也。以其皮裹松脂。从木雩聲。讀若華。檴，或从蒦。」
案：樗之或體，二徐竝作「檴」，云「或从蒦」，《集韻》正文「樗」下次「樺」，注中云「或从華」，方氏《考正》云：「檴譌樺，《類篇》同，據《說文》正。」

唱

《集韻》去聲漾韻：「《說文》：⿱道寸也。」
《說文》二上口部：「導也。从口昌聲。」
案：二徐竝作「導也」，《集韻》引「導」作「⿱道寸」，不體，當改。

快

《集韻》去聲漾韻：「《說文》：不服對也。」

《說文》十下心部：「不服懟也。从心央聲。」

案：「不服懟也」，二徐竝同，《集韻》引「懟」作「對」，非，許書心部懟訓「怨也」，與怏義近；對字是丵部，訓「應無方也」，非此之用。

𨑨 迋

《集韻》去聲漾韻：「《說文》：往也。引《春秋傳》：子無我逞。隸省（迋）。」

《說文》二下辵部：「往也。从辵王聲。《春秋傳》曰：子無我迋。」

案：「迋」字，《說文》見辵部，訓「往也。《春秋傳》曰：子無我迋。」《集韻》正文原訛作「逞」，而以「迋」爲隸省字。注中引《春秋傳》，又訛作「逞」。《說文》彳部曰「徃，之也」又云「徃，古文从辵。」是《集韻》引《說文》欠分析，誤以「徃」之古文爲「迋」之本字。

𢪎 抗

《集韻》去聲宕韻：「《說文》：扞也。」

《說文》十二上手部：「扞也。从手亢聲。杭，抗或从木。臣鉉等曰：今俗作（有闕文）。」

案：二徐竝有重文「杭」，云「抗或从木」，《集韻》無，宜補。

𤝫 犺

《集韻》去聲宕韻：「《說文》：健犬也。」

《說文》十上犬部：「健犬也。」

案：二徐竝作「健犬也」，《集韻》引「健」作「徤」，譌从彳。

𢡱 懬

《集韻》去聲宕韻：「《說文》：闊也。一曰：廣也。」

《說文》十下心部：「闊也。一曰：廣也。一曰：大也。一曰：寬也。从心从廣。廣亦聲。」

案：「廣也」下，二徐竝有「大也」及「寬也」二訓，《集韻》引無，蓋奪。

𦐇 翣

《集韻》入聲狎韻：「《說文》：棺羽飾也。天子八，諸侯六，大夫四，士二，下垂。」

《說文》四上羽部：「棺羽飾也。天子八，諸侯六，大夫四，士二，下垂，从羽。妾聲。」

案：「下垂从羽」者，段注云：「翣者下垂於棺旁，如羽翼然，故字从羽，非眞羽也。」王筠《句讀》亦以「下垂从羽」爲斷。《集韻》引截取「下垂」二字，文不詞，意亦欠醒豁。

䩐 䩐

《集韻》入聲昔韻：「《說文》繫牛脛。」

《集韻》入聲職韻：「《說文》：繫也脛牛。」

《說文》三下革部：「繫牛脛也。从革見聲。」

案：二徐竝作「繫牛脛也」，《集韻》入聲昔韻引無「也」字，職《韻》引「也」字誤迻「繫」下，「牛脛」二字又誤倒，語頗不詞。

析 析

《集韻》入聲錫韻：「《說文》：破木也。一曰：析也。」

《說文》六上木部：「破木也。一曰：折也。从木从斤。」

案：「一曰：折也」，二徐竝同，《集韻》引「折」作「析」，顯係形誤。破木即是析義，不必以「一曰」別之；析折古音同，故別爲一義。

覛 覛

《集韻》入聲錫韻：「《說文》：衺視。」

《說文》十一下𠂢部：「衺視也。从𠂢从見。𧢼，籀文。」

案：「衺」字，小徐作「邪」，俗字也。「視」下，二徐竝有「也」字，《集韻》無。又二徐竝有籀文「𧢼」；《集韻》亦無，當補「籀作𧢼」三字。

旳 旳

《集韻》入聲錫韻：「《說文》：明也。引《易》：爲的顙。」

《說文》七上日部：「明也。从日勺聲。《易》曰：爲旳顙。」

案：引《易》「爲旳顙」，二徐竝同，《集韻》引「旳」作「的」，譌从白。

笛 笛

《集韻》入聲錫韻：「《說文》：七孔筩也。羌笛三孔。」

《說文》五上竹部：「七孔筩也。从竹田聲。羌笛三孔。徐鍇曰：當从胄省乃得聲。」

案：《集韻》入聲錫韻「笛」字注云「羌笛」，下收「篴」字，注云：「樂器。《說文》：七孔筩也。羌笛三孔。或作篴。」方氏《集韻考正》云：「笛下，羌笛二字衍，今據宋本刪，下篴字當連書。」今本《集韻》衍「羌笛」二字，甚明，蓋若正文本字作「篴」，注中斷不云「或作篴」。所引「七孔筩也，羌笛三孔」與二徐同。重文「篴」，許書未見，唯楚金案語有云：「《周禮》作篴，相承是古笛字。」

𩬣 鬄

《集韻》入聲錫韻：「《說文》：髢髮也。」

《說文》九上髟部：「鬄髮也。从髟从刀易聲。」

案：二徐竝作「鬄髮也」，《集韻》引「鬄」作「髢」，形譌也。

覡 覡

《集韻》入聲錫韻：「《說文》：能齊肅事神明也。在男曰覡，在女曰巫。」

《說文》五上巫部：「能齋肅事神明也。在男曰覡，在女曰巫。从巫从見。徐鍇曰：能見神也。」

案：二徐竝作「能齋肅事神明也」，《集韻》引「齋」作「齊」，非許氏之舊。經典雖多借「齊」爲「齋」，然《說文》示部有「齋」字，訓「戒絜也」，許書「肅」上當是用「齋」，非用「齊」也。

觳 觳

《集韻》入聲錫韻：「《說文》：秋端角也。」

《說文》四下角部：「杖耑角也。从角敫聲。」

案：「杖耑角也」，二徐竝同，《集韻》「杖」形譌作「秋」，「耑」用借字「端」，當併改。

鬩 鬩

《集韻》入聲錫韻：「《說文》：恆訟也。引《詩》：兄弟鬩于牆。从門从兒。兒，善訟者也。」

《說文》三下鬥部：「恒訟也。《詩》云：兄弟鬩于牆。从鬥从兒。兒，善訟者也。」

案：「鬩」篆，二徐竝同，《集韻》正文原訛作「鬩」，當改。「恒訟也」，二徐亦同，《集韻》改「恒」爲「烜」，避諱故也。釋字之形，大徐作「从鬥从兒」，小徐作「从鬥兒」，《集韻》從大徐，唯「鬥」訛作「門」，當改。

鶂 鶂

《集韻》入聲錫韻：「《說文》：鳥也。引《春秋傳》：文鶂退飛。或从鬲（鷊），从赤（赤鳥）。」

《說文》四上鳥部：「鳥也。从鳥兒聲。《春秋傳》曰：六鶂退飛。鷊，鶂或从鬲。𪄿，司馬相如說鶂从赤。」

案：二徐引《春秋傳》竝作「六鶂退飛」，《集韻》引「六」形譌作「文」。今《左傳》僖十六年作「六鷁退飛。」

虉 虉

《集韻》入聲錫韻：「《說文》：綬也。引《詩》：卬有旨鷊。」

《說文》一下艸部：「綬也。从艸鶂聲。《詩》曰：卬有旨鷊是。」

案：引《詩》，小徐作「卬有旨虉」，大徐「虉」作「鷊」，蓋據今《詩》改。《集韻》引「旨虉」訛作「旨鷊」，當改。

厄 厄

《集韻》入聲錫韻：「《說文》：石池惡也。」

《說文》九下厂部：「石地惡也。从厂兒聲。」

案：「石地惡也」，二徐竝同，《集韻》引「地」作「池」，形譌也。《玉篇》注作「石地也」。

飾 飾

《集韻》入聲職韻：「《說文》：㕞也。一曰：襐飾。」

《說文》七下巾部：「㕞也。从巾从人食聲。讀若式。一曰：襐飾。」

案：二徐竝作「㕞也」，《集韻》引「㕞」譌作「敝」，當改。許書又部「㕞」下訓「飾也」，與此轉注。

食

《集韻》入聲職韻：「《說文》：一米也。古作𠊊。」

《說文》五下食部：「一米也。从皀亼聲。或說亼皀也。」

案：二徐竝有「或說亼皀也」五字，此亦說義也，《集韻》未引此五字，而曰「古作𠊊」，方氏《考正》云：「《類篇》𠊊作倉，與《說文》合。」是《集韻》「𠊊」原亦當作「倉」，蓋將「亼皀」之義，具於字形也。

色

《集韻》入聲職韻：「《說文》：顏色也。古作㲺。」

《說文》九上色部：「顏气也。从人从卩。㲺，古文。」

案：「顏气也」，二徐竝同。《集韻》引「气」作「色」，蓋涉正文誤。王筠《句讀》謂：「《論語》：正顏色，是气之發于顏者曰色。」

揤

《集韻》入聲職韻：「《說文》：捽也。魏即有𡊅裴侯國。一曰：拭也。」

《說文》十二上手部：「捽也。从手即聲。魏郡有揤裴侯國。」

案：「魏郡有揤裴侯國」，二徐竝同，《集韻》引「郡」作「即」，「揤」作「𡊅」，皆形近之誤也。「一曰：拭也」，非引《說文》，見《廣雅・釋詁》。

𣘻

《集韻》入聲職韻：「《說文》：細理木也。」

《說文》六上木部：「細理木也。从木畟聲。」

案：「𣘻」篆，二徐竝訓「細理木也」，是字之从木，毋庸疑也。《集韻》正文原訛作「稷」，今改。

陟

《集韻》入聲職韻：「《說文》：登也。或作僿。」

《說文》十四下𨸏部：「登也。从𨸏步。𨺒，古文陟。」

案：重文「僿」，二徐竝云「古文」，《集韻》云「或作僿」，「或」當改作「古」，又「僿」字，宜正作「𠐐」。

敇

《集韻》入聲職韻：「《說文》：誡也。兩地曰敕。从攴束聲。」

《說文》三下攴部：「誡也。臿地曰敕。从攴束聲。」

案：「臿地曰敕」，二徐竝同。臿者，今之插字。《集韻》引「臿」形譌作「兩」，當改。

匿 匿

《集韻》入聲職韻：「《說文》：十也。一曰：微也。一曰：朔而月見東方曰側匿。」

《說文》十二下匸部：「亡也。从亡若聲。讀如羊騶箠。」

案：二徐竝作「亡也」，《集韻》引作「十也」，相去遠甚。方氏《考正》云：「亡譌十，據宋本及《說文》正。」兩「一曰」義，非引《說文》，《爾雅・釋詁》「匿，微也。」《尚書・大傳》「朔而月見東方謂之側匿矣。」

杙 杙

《集韻》入聲職韻：「《說文》：劉杙。」

《說文》六上木部：「劉劉。杙。从木弋聲。」

案：二徐竝作「劉劉。杙。」此《爾雅・釋木》文。《集韻》引作「劉杙」，奪一「劉」字。方氏《集韻考正》云：「本書初亦叠出，校者誤以爲宂複而刪之，今挖改之痕顯然可見也。」宋本《類篇》竝叠，可以參證。

趩 趩

《集韻》入聲職韻：「《說文》：趬進趩如也。」

《說文》二上走部：「趨進趩如也。从走翼聲。」

案：「趨進趩如也」，二徐竝同，此《論語・鄉黨》文。《集韻》「趨」作「趬」，乃形近而誤也。「趬」訓「窮也」，與「趩」義不類。

苟 苟

《集韻》入聲職韻：「《說文》：自急敕也。从羊省，从包从口。口，猶慎言也。古作羗。」

《說文》九上苟部：「自急敕也。从羊省，从包省从口。口，猶慎言也。从羊，羊與義美同意。𦍌，古文羊不省。」

案：「从包省从口」，二徐竝同，《集韻》引作「从包从口」，奪「省」字，與篆體不符。

業

《集韻》入聲業韻：「《說文》：大板也。所以飾懸鐘鼓，捷業如鋸齒以白畫之象其鉏鋙相承也。仌丵，从巾，巾象版。引《詩》：巨業維樅。古作𤳹。一曰：大也。緒也。事也。始也。」

《說文》三上丵部：「大版也。所以飾縣鍾鼓，捷業如鋸齒以白畫之象其鉏鋙相承也。从丵，从巾，巾象版。《詩》曰：巨業維樅。[illegible]，古文業。」

案：「大版也」，二徐竝同，《集韻》引「板」。段氏「版」字注云：「凡施於宮室器用者皆曰版，今字作板。」《周頌・有瞽》「設業設虡」，《傳》云：「業，大版也。」《爾雅・釋器》亦云：「大版謂之業。」是《集韻》引當改作「版」爲宜。「一曰」下數義均非引《說文》。「大也」、「緒也」、「事也」竝見《爾雅・釋詁》；「始也」，見《廣雅・釋詁》一。

孟

《集韻》去聲映韻：「《說文》：長也。古作[illegible]。」

《說文》十四下子部：「長也。从子皿聲。[illegible]，古文孟。」

案：古文孟，二徐竝作「[illegible]」，《集韻》作「[illegible]」，譌。《類篇》从隸體作「[illegible]」。

柄

《集韻》去聲映韻：「《說文》：柯也。或作棅。」

《說文》六上木部：「柯也。从木丙聲。[illegible]，或从秉。」

案：重文「棅」，二徐竝云「或从秉」。《集韻》正文「柄」下次「棅」，不誤；而注中云「或作棅」，「棅」當改作「棅」。

𣦸

《集韻》去聲勁韻：「《說文》：坑也。」

《說文》四上𣦼部：「坑也。从𣦼从井，井亦聲。」

案：「[illegible]」篆，二徐竝同，《集韻》正文原譌作「𣦸」，今改。小徐作「坑地」。段氏雖從大徐作「坑也」，然注中云「𣦸謂穿地使空也」，《玉篇》注作「穿地捕獸」，是小徐義亦可通。

𤴓 正

《集韻》去聲正韻：「《說文》：是也。从止，一以止。古从一（𤴓）。二，古上字。或从一足（𤴕），足者亦止也。」

《說文》二下正部：「是也。从止，一以止。徐鍇曰：守一以止也。之盛切。𤴓，古文正从二，二古上字。𤴕，古文正从一足，足者亦止也。」

案：大徐「从止，一以止之」，小徐作「從一，從止」，大徐「一以止」三字，與《繫傳》「臣鍇曰：守一以止也」句合，疑因鍇說改之。重文「𤴓」下，大徐云「古文正从二，二，古上字」，小徐云「古文正从二止；二，古上字」，小徐衍一「止」字。《集韻》云「古从一」，「一」明爲「二」之誤，由下「二，古上字」可知。

徑 徑

《集韻》去聲徑韻：「《說文》：步道。一曰：直也。」

《說文》二下彳部：「步道也。从彳巠聲。徐鍇曰：道不容車，故曰步道。」

案：二徐竝作「步道也」，《集韻》引奪「也」字。「一曰」者，非引《說文》，《文選・上書諫吳王》「徑而寡失」，注：「徑，直也。」

磬 磬

《集韻》去聲徑韻：「《說文》：樂名也。从石殸。象縣虡之形。殳，擊之也。占者母句氏作磬。籀省石（殸），古从巠（硜）。」

《說文》九下石部：「樂石也。从石殸。象縣虡之形。殳，擊之也。古者母句氏作磬。殸，籀文省。硜，古文从巠。」

案：「樂石也」，二徐竝同，《集韻》引「石」作「名」，形譌也。「縣虡」二字，大小徐同，《集韻》引「虡」作「虡」，字體殘誤。虡者，鐘鼓之柎也。「古者」二字，大小徐亦同，《集韻》引「古」作「占」，亦屬字誤。

瑩 瑩

《集韻》去聲徑韻：「《說文》：玉也。一曰：石之次玉者。引《逸論語》：如玉之瑩。」

《說文》一上玉部：「玉色。从玉熒省聲。一曰：石之次玉者。《逸論語》曰：

如玉之瑩。」

案：大小徐竝作「玉色」，《集韻》「色」誤作「也」，當改。引《逸論語》「如玉之瑩」，蓋所以証「玉色」之義也。

𤄾 瀙

《集韻》去聲徑韻：「《說文》：冷寒也。」

《說文》十一上水部：「冷寒也。从水靚聲。」

案：「𤄾」篆，二徐竝同，釋曰「从水靚聲」，《集韻》正文原訛作「滟」，今改。

𠈇 倴

《集韻》去聲證韻：「《說文》：送也。呂不韋曰：有侁民以伊尹倴女。古以爲訓字。」

《說文》八上人部：「送也。从人㚘聲。呂不韋曰有侁氏以伊尹倴女。古文以爲訓字。臣鉉等曰：㚘不成字，當从朕省，案勝字从朕聲。疑古者朕或音倴。」

案：「有侁氏」，二徐竝同，《集韻》引「氏」作「民」，形近而誤也。許氏引呂說，蓋本《呂氏春秋・孝行覽・本味篇》：「湯於是請取婦爲婚，有侁氏喜以伊尹爲媵送女。」段云：「爲送二字乃後人所妄增，許所據不如是。」「古文以爲訓字」二徐竝同，《集韻》引作「古以爲訓字」，「文」字非脫，蓋省。

舊 舊

《集韻》去聲宥韻：「《說文》：鴟舊。舊留也。或从鳥鵂舊，一曰：故也。」

《說文》四上萑部：「鴟舊。舊留也。从萑臼聲。鵂，舊或从鳥休聲。」

案：鍇本作「鴟舊留也」，「留」上脫一「舊」字。蓋「鴟舊」「舊留」異名同物也，許書「雈」注但云「鴟舊」，《玉篇》「舊」注止作「舊鶹」可證。重文「鵂」，二徐竝云「从鳥休聲」，《集韻》引作「从鳥休」其下奪「聲」字也。「一曰：故也」，非引許書，丁度等自增。

复 复

《集韻》去聲宥韻：「《說文》：重也。古作𠣬。」

《說文》九上勹部：「重也。从勹復聲。𡔞，或省彳。」

案：重文「复」下，二徐竝云「或省彳」，《集韻》引云「古作复」，「古」當改作「或」。

臭　臭

《集韻》去聲宥韻：「《說文》：禽走臭而知其迹者犬也。故从犬。徐鍇曰：以鼻知臭，故从自。」

《說文》十上犬部：「禽走臭而知其迹者犬也。从犬从自。臣鉉等曰：古鼻字。犬走以鼻知臭，故从自。」

案：大徐作「从犬从自」，小徐作「故從犬從自」，《集韻》但引「故从犬」，從小徐而省。「以鼻知臭，故从自」，非徐鍇說，爲鉉語，或傳寫偶疏。《繫傳》楚金案語止云「自，鼻也」。

驟　驟

《集韻》去聲宥韻：「《說文》：馬步疾也。」

《說文》十上馬部：「馬疾步也。从馬聚聲。」

案：二徐竝作「馬疾步也」，《集韻》引作「步疾」，倒。〈急就篇〉：「騏駹馳驟，怒步超。」顏注：「疾步曰驟。」

胄　胄

《集韻》去聲宥韻：「《說文》：兜鍪也。从月。《司馬法》从革（䩜）。」

《說文》七下冃部：「兜鍪也。从冃由聲。䩜，《司馬法》胄从革。」

案：胄字「从冃」，二徐竝同，《集韻》引作「从月」，顯係形訛。胄入冃部，字「从冃」，不辯明矣。

詘　詘

《集韻》去聲宥韻：「《說文》：訓也。」

《說文》三上言部：「詶也。从言由聲。」

案：二徐竝作「詶也」，《集韻》引「詶」作「訓」，形近而譌也。《玉篇》「詘」訓「祝也。」段氏云：「祝䌷字亦作袖，葢與詘一字也。」詶，今俗以爲酬應字，若作「訓」，則乖於義也。

𦉩 㱿

《集韻》去聲候韻：「《說文》：米燒瓦器。」

《集韻》入聲屋韻：「《說文》：未燒瓦器。」

《說文》五下缶部：「未燒瓦器也。从缶㱿聲。讀若筩莩。」

案：「未燒瓦器也」，二徐竝同，《集韻》侯韻下引「未」作「米」，形近而誤也，屋韻下引不誤；又兩引「器」下竝奪「也」字。

𡠋 媾

《集韻》去聲候韻：「《說文》：重婚也。引《易》匪寇婚媾。」

《說文》十二下女部：「重婚也。从女冓聲。《易》曰匪寇婚媾。」

案：引《易》，大徐作「匪寇婚媾」，小徐「寇」作「寇」，「婚」作「婚」，是也。《集韻》引「寇」字，譌作「寇」，當改。此《屯卦》六二爻辭。

𨋬 軥

《集韻》去聲候韻：「《說文》：軛下曲者。」

《說文》十四上車部：「軶下曲者。从車句聲。」

案：二徐竝作「軶下曲者」，《集韻》引「軶」作「軛」，形訛也。

𣛴 楙

《集韻》去聲候韻：「《說文》：不盛也。《爾雅》：楙，木瓜。」

《說文》六上林部：「木盛也。从林矛聲。」

案：二徐竝作「木盛也」，《集韻》引「木」作「不」，形音相近而誤也。下引《爾雅》說，見《釋木》。

𨡓 酘

《集韻》去聲候韻：「《說文》：酘酴榆醬也。」

《說文》十四下酉部：「酘酴榆醬也。从酉敄聲。」

案：二徐竝作「酘酴，榆醬也」，《集韻》引「醬」作「醬」，不體。

𡘙 奏

《集韻》去聲候韻：「《說文》：奏進也。从夲𠬞、从屮上進之義。一曰：簡類。《晉法》：召王公以一尺奏，王公以下用一尺版。或作敎𡰪。」

《說文》十下夲部：「奏進也。从夲、从廾、从屮。屮，上進之義。，古文。

，亦古文。」

案：「从夲廾从屮」，二徐竝同，《集韻》引作「从夲从山」，「」字不體，明爲「从廾」二字之誤併，又「山」字爲「屮」之譌，王筠《句讀》謂：「屮，艸也。以字象出形得進義。」古文奏，二徐竝作「𡘫」，《集韻》作「𡘫」，且以爲或文，宜改。「一曰」者，非引《說文》，丁度等所增。

漏

《集韻》去聲候韻：「《說文》：以銅受水刻節，晝夜百節。一曰泄也。」

《說文》十一上水部：「以銅受水刻節晝夜百刻。从水屚聲。盧后切。」

案：「百刻」二字，大小徐同，《集韻》引「刻」作「節」，非。《廣韻》去聲五十候引作「漏以銅受水刻節，晝夜百刻。」「漏」字，陳彭年自加之，餘與二徐同。《文選》劉琨〈答盧諶詩〉注引作「以銅盆受水分時，晝夜百刻」，字句與二徐異，然「百刻」二字則同，《集韻》蓋涉「刻節」之「節」而誤。「一曰：泄也」，非引《說文》，見《廣雅．釋詁》二。

衉

《集韻》去聲勘韻：「《說文》：羊血凝也。或从贛省。」

《說文》五下血部：「羊疑血也。从血臽聲。𧖴，衉或从贛。」

案：岩崎氏本《說文》作「羊疑血也」，「疑」當爲「凝」之誤，小徐本亦作「羊凝血也」，《集韻》引作「血凝」，二字誤倒。重文大徐作「𧖴」，小徐作「𧖴」，竝云「衉或从贛」；《集韻》引作「𧖴」，而云「从贛省」。疑《集韻》引是也，大徐「从贛」下或敚一「省」字，小徐則以篆文與說解不合又加具。桂氏《義證》亦云：「疑從贛省」。

濫

《集韻》去聲闞韻：「《說文》：氾也。一曰濡土及下也。引《詩》：觱沸濫泉。一曰清也。」

《說文》十一上水部：「氾也。从水監聲。一曰濡上及下也。《詩》曰：觱沸濫泉。一曰清也」

案：「一曰：濡上及下也」，二徐竝同，《集韻》引「上」訛作「土」，不詞。

桰 栝

《集韻》去聲栝韻：「《說文》：炊竈不。」

《說文》六上木部：「炊竈木。从木舌聲。臣鉉等曰：當从甛省，乃得聲。」

案：「炊竈木」，二徐竝同，《集韻》引「木」作「不」，顯係形近、音近而誤。

㲸 䥯

《集韻》去聲栝韻：「《說文》：屋順下也。一曰：厭也。」

《說文》七下宀部：「屋傾下也。从宀執聲。」

案：「屋傾下也」，二徐竝同，段云：「謂屋欹傾下陷也，與墊義同。」《集韻》引「傾」作「順」，形譌也。「一曰：厭也」，非引《說文》，見《廣雅・釋言》。

𨓍 𨓍

《集韻》入聲洽韻：「《說文》：疾也。古田器。」

《說文》十二下甾部：「𧤡也。古田器也。从甾疌聲。」

案：二徐並作「𧤡也」，《集韻》作「疾也」。方氏《集韻考正》云：「𧤡譌疾，據宋本及《說文》正。」《爾雅・釋器》「𧤡謂之𨓍。」段云：「𧤡者，斛旁有庣也，𠙹之類，故其字从𠙹。」

欠 欠

《集韻》去聲驗韻：「《說文》：張口气悟也。从人上出之形。一曰不足也。」

《說文》八下欠部：「張口气悟也。象气从人上出之形。凡欠之屬皆从欠。」

案：「象气从人上出之形」，二徐竝同，《集韻》引省「象气」二字，義不完。「一曰：不足也」，丁度等所增，非《說文》，此蓋指虧欠之欠。

劒 劒

《集韻》去聲驗韻：「《說文》：人所帶兵也。或从刀（劒）。」

《說文》四下刃部：「人所帶兵也。从刀僉聲。劒，籀文劒从刀。」

案：从刀之「劒」，二徐均曰：「籀文」，依《集韻》語例，「或从刀」當改作「籀从刀」。

鑑　鑑

《集韻》去聲豔韻：「《說文》：大盆也。一曰：鑑諸，可以取水於月。」

《說文》十四上金部：「大盆也。一曰：監諸可以取明水於月，从金監聲。」

案：「監諸」下，小徐有「也」字。「可以取明水於月」，二徐竝同，《集韻》脫「明」字，當補。《周禮・司烜氏》：「以鑑取明水於月。」

屋　屋

《集韻》入聲屋韻：「《說文》：居也。从尸，刀所主也。一曰：屋形。从至，至所至，所至止。一曰：具也。籒从厂（厔），或作臺。」

《說文》八上尸部：「居也。从尸，尸所主也。一曰：尸象屋形。从至，至所至止。室屋皆从至。[illegible]，籒文屋从厂。[illegible]，古文屋。」

案：「从尸，尸所主也。」二徐竝同，《集韻》引「尸」形誤作「刀」，義不可通。「一曰：尸，象屋形。」二徐並同，段云：「此从尸之又一說也，上象覆，旁象壁。」，《集韻》引省作「一曰：屋形」，誤甚。「从至，至所至止。」大徐本不疊「至所」二字，小徐本並無，《集韻》引衍。

谷　谷

《集韻》入聲屋韻：「《說文》：泉出通川爲谷，从水羊見出於口。一曰：窮也。」

《說文》十一下谷部：「泉出通川爲谷。从水半見出於口。」

案：「从水半見出於口」，二徐竝同，《集韻》引「半」訛作「羊」，當改。「一曰」者，非引《說文》，《詩・桑柔》：「進退維谷。」《傳》：「谷，窮也。」

觳　觳

《集韻》入聲屋韻：「《說文》：盛觵巵。一曰躲具。一曰盡也。」

《說文》四下角部：「盛觵巵也。一曰射具。从角㱿聲。讀若斛。」

案：二徐竝作「盛觵巵也」，《集韻》引奪「也」字。第二義二徐竝作「射具」，《集韻》引「射」作「躲」，本字也。「一曰：盡也」，非引《說文》，見《爾雅・釋詁》。

卜 卜

《集韻》入聲屋韻：「《說文》：灼剝龜也。象炙龜之形。一曰：象龜兆之從橫也。古作卩。」

《說文》：下卜部：「灼剝龜也。象灸龜之形。一曰：象龜兆之從橫也。卜，古文卜。」

案：「象灸龜之形」，二徐竝同，《集韻》引「灸」作「炙」誤。許書火部曰：「灸，灼也。」古文卜作「卜」，《集韻》引譌作「卩」，當改。

鶩 鶩

《集韻》入聲屋韻：「《說文》：鴾鳧也。」

《說文》四上鳥部：「舒鳧也。从鳥敄聲。」

案：二徐竝作「舒鳧也」，《集韻》引「舒」訛作「鴾」，當改。《爾雅·釋鳥》亦作「舒鳧」，許書几部「鳧」下云「舒鳧，鶩也」，正與「鶩」注相應。

鬻 鬻

《集韻》入聲屋韻：「《說文》：鼎實惟葦及蒲。陳留謂健爲鬻。或以食（餗）。」

《說文》三下䰜部：「鼎實惟葦及蒲。陳留謂健爲鬻。从䰜速聲。餗，鬻或从食束聲。」

案：重文「餗」下，二徐竝云「或从食」。《集韻》作「或以食」，「以」當爲「从」字之誤。

箑 箑

《集韻》入聲狎韻：「《說文》：扇也。通作篓。」

《說文》五上竹部：「扇也。从竹疌聲。篓，箑或从妾。」

案：《集韻》引「扇也」，與二徐同。唯重文「篓」，依《集韻》語例當云「或作篓」，不得云「通作篓」。

遺 遺

《集韻》入聲屋韻：「《說文》：媟遺也。徐鍇曰：不以禮自近。」

《說文》二下辵部：「媟遺也。从辵賣聲。」

案：二徐竝作「媟瀆也」，《繫傳》復加案語：「臣鍇曰：不以禮自近也。」《集韻》并引之，唯奪尾詞「也」字。

匵

《集韻》入聲屋韻：「《說文》：匱也。」

《說文》十二下匸部：「匱也。从匸賣聲。」

案：二徐竝訓「匱也」，許書木部曰：「櫝，匱也。」是匵與櫝音義同。《論語》：「韞匵而藏諸。」鄭注：「匵，匱也。」《集韻》引作「匵也」，其爲形誤，甚明。

瀆

《集韻》入聲屋韻：「《說文》：溝也。一曰：江河淮濟爲四瀆。」

《說文》十一上水部：「溝也。从水賣聲。一曰：邑中溝。」

案：「溝也」外，二徐竝有「一曰：邑中溝」之訓，《集韻》引敓奪。「一曰：江河淮濟爲四瀆」，非許書之文，見《爾雅・釋水》。

獨

《集韻》入聲屋韻：「《說文》：犬相得而鬪也。羊爲群，犬爲獨。一曰老而無子曰獨。」

《說文》十上犬部：「犬相得而鬭也。从犬蜀聲。羊爲羣。犬爲獨。一曰北嚻山有獨俗獸，如虎，白身，豕鬣，尾如馬。」

案：「犬相得而鬭也」，二徐竝同，《集韻》引「鬭」譌「鬪」，當改。二徐注有「一曰：北嚻山有獨俗獸。如虎，白身，豕鬣，尾如馬」之訓，《集韻》引脫，而易以「一曰：老而無子曰獨」句，此非引《說文》，係丁氏等所增益，語見《孟子》，蓋指鰥寡孤獨之獨。

服

《集韻》入聲屋韻：「《說文》：用也。一曰：車右騑所以舟旋。从𠬝，一曰：事也。古作𦨈。」

《說文》八下舟部：「用也。一曰：車右騑所以舟旋。从舟𠬝聲。古文服从人。」

案：「从舟𠬝聲」，二徐竝同，《集韻》引作「从𠬝」，非。「一曰：事也」，非引《說文》，見《爾雅・釋詁》。

䵷　鼀

《集韻》入聲屋韻：「蟲名。《說文》：尗鼀，詹諸也。其鳴詹諸，其皮鼀鼀，其行夫尗。或从酋（䵶）。」

《說文》十三下黽部：「尗鼀，詹諸也。其鳴詹諸，其皮鼀鼀，其行尗尗。从黽、从尗、尗亦聲。䵶，鼀或从酋。」

案：「尗鼀」，二徐竝同，《集韻》引「尗」作「尗」，形譌也。「其行尗尗」，二徐亦同，《集韻》引作「夫尗」，不詞，「夫」爲「尗」之誤。段云：「尗尗，舉足不能前之皃。」

䵋　儵

《集韻》入聲屋韻：「《說文》：青黑繒發白色。一曰：黑也，一曰：儵儵罹禍毒也。」

《說文》十上黑部：「青黑繒縫白色也。从黑攸聲。」

案：「儵」字，《集韻》正文及注文注誤作「儵」，今改。鍇本作「青黑繒發白色也」，《集韻》引同，唯奪「也」字耳。大徐「發」作「縫」，誤，蓋涉下黬字之訓「羔裘之縫」而譌。兩「一曰」義，非引《說文》。「黑也」，見《廣雅・釋器》；「罹禍毒也」，見《爾雅・釋訓》。

埱　埱

《集韻》入聲屋韻：「《說文》：气出於土也。一曰：姓也。」

《說文》十三下土部：「乞出土也。一曰：始也。从土叔聲。」

案：小徐作「气出於土也」，《集韻》引同。「一曰：始也」，二徐竝同，《集韻》引「始」作「姓」，形近之誤也，《爾雅・釋詁》：「俶，始也。」許書「俶」下亦曰「始也」，「埱」與「俶」，音義皆同。

竹　竹

《集韻》入聲屋韻：「《說文》：冬生艸也。象形。不垂者箁箬也。」

《說文》五上竹部：「冬生艸也。象形。下垂者箁箬也。」

案：「下垂者箁箬也」，二徐竝同，《集韻》引「下」形誤作「不」，義正相乖，當改。

稑

《集韻》入聲屋韻：「《說文》：疾孰也。引《詩》：黍稷穜稑。鄭司農田先種後熟謂之穜，後種先孰謂之稑。或从翏（穋）。」

《說文》七上禾部：「疾孰也。从禾坴聲。《詩》曰：黍稷種稑。穋，稑或从翏。」

案：「《詩》曰：黍稷種稑」，二徐同，《集韻》引「種」作「穜」，誤。說見「種」字考。下引鄭司農說，見《周禮・內宰》「生穜稑」之穜下注。「鄭司農田」無義，「田」當係「曰」之誤。「先種」「後種」之「種」當改作「穜」，「謂之穜」之「穜」，當改作「種」。「穜」「種」字，今經典多互訛，今《詩・閟官》作「重穋」，亦足徵古字从重不从童矣。

綪

《集韻》入聲屋韻：「《說文》：帛青經縹緯。一曰：育陽染也。」

《說文》十三上糸部：「帛青經縹緯。一曰：育陽染也。从糸育聲。」

案：「一曰：育陽染也」，二徐竝同，《集韻》引「染」譌作「染」，當改。

菊

《集韻》入聲屋韻：「《說文》：六菊蘧麥。」

《說文》一下艸部：「大菊，蘧麥。从艸匊聲。」

案：《集韻》引「大菊」作「六菊」，顯係形近而誤，當改。

驧

《集韻》入聲屋韻：「《說文》：馬曲脊也。」

《說文》十上馬部：「馬曲𦟘也。从馬鞠聲。」

案：「馬曲𦟘也」，二徐竝同，《集韻》引「𦟘」作「脊」，不體。

匊

《集韻》入聲屋韻：「《說文》：曲脊也。」

《說文》九上勹部：「曲𦟘也。从勹𥷚省聲。」

案：鍇本作「曲脊也」，「脊」爲「𦟘」之隸變，《集韻》引「𦟘」作「脊」，不體，當改。

陪

《集韻》入聲沃韻：「《說文》：大阜也。一曰：古扶風郿有陪阜。」

《說文》十四下𨸏部：「大𨸏也。一曰：右扶風郿有陪𨸏。从𨸏告聲。」

案：「大𨸏也」、「陪𨸏」，二徐竝同，《集韻》引「𨸏」皆作「阜」，宜改。「右扶風」二徐亦同，《集韻》引「右」形譌作「古」。

僕

《集韻》入聲沃韻：「《說文》：給事者也。古从臣（𦤎）。」

《說文》三下亻部：「給事者。从人从菐。菐亦聲。𦤎，古文从臣。」

案：二徐竝作「給事者」，無「也」字。《廣韻》入聲二沃「僕」注引作「給事者也」，《集韻》或承其而衍。

蜀

《集韻》入聲燭韻：「《說文》：葵中蠶也。从虫，上目象蜀頭形，中象其身。蜎蜎者蜀。」

《說文》十三上虫部：「葵中蠶也。从虫上目象蜀頭形。中象其身。蜎蜎。《詩》曰：蜎蜎者蜀。」

案：二徐竝作「《詩》曰：蜎蜎者蜀」，依《集韻》引《說文》語例，當作「引《詩》：蜎蜎者蜀」，今敓「引《詩》」二字，當補。

蓐

《集韻》入聲燭韻：「《說文》：陳艸復生也。一曰：蔟也。籀从茻（𦸗）。」

《說文》一下蓐部：「陳艸復生也。从艸辰聲。一曰：族也。𦸗，籀文蓐从茻。」

案：鍇本「生」下無「也」字，重文「蓐」下云「籀文從茻同」，較大徐增一「同」字。《集韻》引籀文原譌作「𦸗」，今改；又注云：「籀从茻。」「茻」乃「茻」字之譌，宜竝改。

鄏

《集韻》入聲燭韻：「《說文》：河南縣直城門宮陌地也。引《春秋傳》：成王定鼎于郟鄏。」

《說文》六下邑部：「河南縣直城門官陌地也。从邑辱聲。《春秋傳》曰：成王定鼎于郟鄏。」

案：「官陌」二徐竝同，《集韻》引「官」作「宮」。段氏云：「官，趙抄宋本，李仁甫本作宮。今《集韻》作宮，《類篇》作官。似官是。官陌即今云官路也。」王筠《句讀》亦從段說。然則《集韻》「宮」字宜改作「官」。

牒 牃

《集韻》入聲帖韻：「《說文》：礼也。」

《說文》七上片部：「札也。从片枼聲。」

案：二徐竝作「札也」，《集韻》「札」作「礼」，明爲形誤。許書木部曰：「札，牃也。」與此轉注。

挶 挶

《集韻》入聲燭韻：「《說文》：戟持也。」

《說文》十二上手部：「戟也。从手局聲。」

案：大徐作「戟持也」，小徐「戟」作「戟」，隸變字也。《集韻》引作「戟」，形體稍有訛誤。許書戈部「戟」下曰：「有枝兵也。」

獄 獄

《集韻》入聲燭韻：「《說文》：硧也。二犬所以守也。」

《說文》十上㹜部：「确也。从㹜从言。二犬所以守也。」

案：「确也」，二徐竝同，《集韻》引「确」作「硧」，形誤也。《釋名》「獄，确也，言實确人情僞也。」

覺 覺

《集韻》入聲覺韻：「《說文》：寤也。」

《說文》八下見部：「寤也。从見學省聲。一曰：發也。」

案：小徐「寤」下無「也」字。又二徐竝有「一曰：發也」之別義，《集韻》引脫。

榷 榷

《集韻》入聲覺韻：「《說文》：水上横木，所以渡者。」

《說文》六上木部：「水上橫木，所以渡者也，从木隺聲。」

案：二徐竝作「水上橫木，所以渡者也」，《集韻》引奪「也」字。

珏

《集韻》入聲覺韻：「《說文》：二玉相合爲一珏。或从瑴（當作㱿）。」

《說文》一上珏部：「二玉相合爲一珏。瑴，珏或从㱿。」

案：《集韻》所引字義與二徐同。唯或體「瑴」字，正文譌作「瑴」，注文「或从㱿」譌作「或从瑴」，當改。

堞

《集韻》入聲帖韻：「《說文》：城上垣也。」

《說文》十三下土部：「城上女垣也。从土葉聲。」

案：二徐竝作「城上女垣也」，《集韻》引脫「女」字。女牆，謂卑矮之牆也。襄公六年《左傳》：「堙之環城，傅於堞。」注：「堞，女牆也。」

确

《集韻》入聲覺韻：「《說文》：磬也。或从㱿（礐）。」

《說文》九下石部：「磬石也。从石角聲。臣鉉等曰：今俗作確，非是。礐，确或从㱿。」

案：二徐竝作「磬石也」，《集韻》引奪「石」字。

駁

《集韻》入聲覺韻：「《說文》：馬色。或从复。」

《說文》十上馬部：「馬色不純。从馬爻聲。臣鉉等曰：爻非聲。疑象駁文。」

案：「馬色不純」，二徐竝同，《集韻》引奪「不純」二字。玄應《音義》十七引《字林》云：「班駁，色不純也。」《通俗文》曰：「黃白雜謂之駁犖。」顏注《急就篇》云：「色不純曰駁。」是諸書皆有「不純」意。

鰒

《集韻》入聲覺韻：「《說文》：海魚。一說：石決明，藥，旁有七空者良。」

《說文》十一下魚部：「海魚名。从魚复聲。」

案：大徐作「海魚名」，小徐「名」作「也」，《集韻》引止作「海魚」有奪文。「一說」云云，非引許書，《後漢書・伏隆傳》：「獻鰒魚。」李注引《廣志》曰：「無鱗有殼，一面附石，細孔襍襍，或七或九。」又引《本草》曰：「石決明一名鰒魚。」

箾 箾

《集韻》入聲覺韻：「《說文》：从竿擊人也。引《虞書》：樂曰箾韶。」

《說文》五上竹部：「以竿擊人也。从竹削聲。虞舜樂曰箾韶。」

案：「虞舜樂曰箾韶」，二徐竝同。《集韻》引「虞舜」誤作「虞書」，當改。

捉 捉

《集韻》入聲覺韻：「《說文》：搤也。」

《說文》十三上手部：「搤也。从手足聲。一曰：握也。」

案：二徐竝有「一曰：握也」之訓，段云：「上文云：握者，搤持也。與此爲轉注。」《集韻》脫此別義，當補。

穛 穛

《集韻》入聲覺韻：「《說文》：早取穀也。一曰：生穫曰穛，熟穫曰穧。」

《說文》七上米部：「早取穀也。从米焦聲。一曰小。」

案：小徐作「早收穀也」，然《玉篇》注作「早取穀也」，同大徐，鈕氏《校錄》云《韻會》引亦同大徐，是小徐舊本當不作「收」也。又二徐竝有第二訓，大徐作「一曰：小。」小徐作「一曰：小也。」《集韻》引奪。「一曰：生穫曰穛。熟穫曰穧」，非引《說文》，見《禮記・內則》鄭注。

斀 斀 椓 椓

《集韻》入聲覺韻：「《說文》：去陰之刑也。《周書》：則劓斀黥。或作椓。」

《說文》三下攴部：「去陰之刑也。从攴蜀聲。《周書》曰：則劓斀黥。」

《說文》六上木部：「擊也。从木豖聲。」

案：「斀」、「椓」二字，許書一在攴部，一在木部，其訓亦各異。檢《集韻》無訓「擊也」之椓，蓋已併入「斀」字條下，又湮其解也。「刖劓斀黥」，今《周書・呂刑》作「刖劓椓黥」是《集韻》云斀或作椓，亦有然也。

籗 籗

《集韻》入聲覺韻：「《說文》：罩魚者也。或並省（篧）。」

《說文》五上竹部：「罩魚者也。从竹靃聲。籗，篧或省。」

案：大徐本重文有「篧」無「篧」，小徐本重文有「篧」。苗夔《繫傳校勘記》曰：「篧，此篆當刪。篧，鉉無此篆。按鉉本改篧爲篧，後人又將篧增入鍇本，故重文總數鉉鍇皆作十五也。如鍇本有篧篆則當云十六矣。」嚴氏《校議》曰：「小徐篧篆後又出篧篆，云籗或從隺。蓋兼收異本。余謂霍乃隸省，當以篧爲是。」田氏《二徐箋異》云：「据二說則大徐本頗無謬誤，倘改大徐本篧作篧，而刪小徐本之篧，斯兩本俱無舛錯矣。」然則《集韻》引作「或並省」，亦誤，當作「或從隺」。

衵 衵

《集韻》入聲質韻：「《說文》：日日所裳衣。」

《說文》八上衣部：「日日所常衣。从衣从日，日亦聲。」

案：「日日所常衣」，二徐竝同，《集韻》引「常」作「裳」，形音相近而誤也。宣九年《左傳》：「皆衷其衵服以戲於朝。」杜云：「衵服，近身衣。」《玉篇》：「衵，近身衣也。日日所著衣。」後一語與二徐意同。

厀 厀

《集韻》入聲質韻：「《說文》：脛頭卩也。」

《說文》九上卩部：「脛頭卩也。从卩桼聲。臣鉉等曰：今俗作膝非是。」

案：「厀」字，《集韻》正文原作「郲」，譌从邑，今改。小徐作「脛頭也」，無「卩」字，蓋脫。《韻會》引作「脛頭卩也」，知小徐舊本不誤。《玉篇》注亦作「脛頭卩也」。

七 七

《集韻》入聲質韻：「《說文》：陽之正也。从一微陰。从中衺出也。」

《說文》十四下七部：「陽之正也。从一微陰。从中衺出也。」

案：「从中衺出也」，二徐竝同，《集韻》引「衺」作「衺」，形似之誤也。

桼 桼

《集韻》入聲質韻：「《說文》：木可以髤物。象形。桼如水滴而下。」

《說文》六下桼部：「木汁可以髤物。象形，桼如水滴而下。」

案：「木汁可以髤物」，二徐竝同，《集韻》引奪「汁」字。桼之用在汁，故字形象其汁，所謂「如水滴而下」是也，故「汁」字不可無。

疾 疾

《集韻》入聲質韻：「《說文》：病也。籒作𤸪𤵸。」

《說文》七下疒部：「病也。从疒矢聲。秦悉切。𤵸，古文疾。𤸪，籒文疾。」

案：二徐重文「𤵸」下竝云「古文」，「𤸪」下竝云「籒文」，《集韻》引頗有訛誤，「𤵸」上當加「古作」二字，「𤸪」當改作「𤸪」。

畢 畢

《集韻》入聲質韻：「《說文》：田罔也。从華，象畢形微也。一曰：貫牲體木。一曰：終也。」

《說文》四下華部：「田罔也。从華，象畢形微也。或曰由聲。臣鉉等曰：由音弗。」

案：二徐竝作「从華，象畢形微也」，《集韻》引「華」形譌作「華」，當改。兩「一曰」義，非引《說文》。《儀禮・特牲禮》「宗人執畢先入」，《注》「狀如叉」，丁氏蓋本此而申釋之爲「貫牲體之木」；《書・大誥》「攸受休畢」，《疏》：「畢，終也。」

觱 觱

《集韻》入聲質韻：「《說文》：羌人所吹角屠觱，以驚馬也。」

《說文》四下角部：「羌人所吹角屠觱，以驚馬也。从角盛聲。盛，古文誖字。」

案：「觱」，篆，二徐竝同，《集韻》正文原作「滭」，譌加氵旁。注中「屠」下之「觱」，《集韻》亦譌加水。

熚 熚

《集韻》入聲質韻：「《說文》：熚火皃。」

《說文》十上火部：「熚⿰火發火皃，从火畢聲。」

案：二徐竝云「熚⿰火發火皃」，《集韻》引奪「⿰火發」字，當補。

⿺走畢　⿺走畢

《集韻》入聲質韻：「《說文》：止行也。」

《說文》二上走部：「止行也。一曰：竈上祭名。从走畢聲。」

案：大小徐「止行也」下，竝有「一曰竈上祭名」之別義，周雲青云：「唐寫本《唐韻》五質⿺走畢注引《說文》：竈上祭也，《玉篇》引同，今二徐本改也作名，非是。」《集韻》引則奪，當補。

⿱必皿　⿱必皿

《集韻》入聲質韻：「《說文》：拭器也。」

《說文》五上皿部：「械器也。从皿必聲。」

案：二徐竝訓「械器也」，《集韻》引則作「拭器也」，段注云：「《廣韻》、《集韻》、《類篇》皆作拭。」因據改「械」為「拭」。鈕樹玉《段氏說文注訂》云：「《廣韻》不引《說文》，《集韻》、《類篇》蓋因《廣韻》改。《玉篇》作械器，手部無拭。」徐承慶《段注匡謬》亦云：「《玉篇》引《說文》（案：《玉篇》未引《說文》。）作械器，械篆『一曰：有盛為械，無盛為器。』則此械字未可改。《廣韻》不引《說文》，許書無拭字。」今檢《廣韻》入聲五質「⿱必皿」注塙不引《說文》，是許書未可輕改也。

筆　筆

《集韻》入聲質韻：「所以書也。《說文》：聿謂之筆。」

《說文》三下聿部：「秦謂之筆。从聿从竹。徐鍇曰：筆尚便疌故从聿。」

案：「秦謂之筆」，二徐竝同，《集韻》引作「聿謂之筆」，「聿」為「秦」之形誤。許書「聿」下云：「楚謂之聿，吳謂之不律，燕謂之弗。」「筆」下云：「秦謂之筆。」王筠《釋例》云《初學記》引此四句，連合為一，惟弗作拂，有異耳。又云：「其詞相連而及，以見其為一物，而以『謂之』別其為不同意也。」

一　一

《集韻》入聲質韻：「《說文》：惟初太始，道立於一。造分天地，化成萬物。或作弌。」

《說文》一上一部：「惟初太始，道立於一。造分天地，化成萬物。凡一之屬皆从一。弌，古文一。」

案：重文「弌」，二徐竝云「古文一」，《集韻》引云「或作弌」，依《集韻》語例，「或」當改作「古」。

沭

《集韻》入聲術韻：「《說文》：水出青州。一曰：披也。」

《說文》十一上水部：「水出青州浸。从水朮聲。」

案：「浸」字，小徐作「濅」，《集韻》引脫。「一曰」者，非引《說文》，丁氏所增。

出

《集韻》入聲術韻：「《說文》：進也。象艸木益滋上出遠。」

《說文》六下出部：「進也。象艸木益滋上出達也。」

案：「象艸木益滋上出達也」，二徐竝同，《集韻》引「達」形誤作「遠」，且奪「也」字。王筠《句讀》云：「出達是複語。《月令》：句者畢出，萌者盡達。《集韻》引作上出遠也，非是。」

欪

《集韻》入聲術韻：「《說文》：咄欪，無慙也。一曰：無腸意。」

《說文》八下欠部：「咄欪，無慙。一曰：無腸意。从欠出聲。讀若卉。」

案：「無慙」下，二徐竝無「也」字，《集韻》引衍。

膟

《集韻》入聲術韻：「《說文》：血祭肉也。或从率（膟），一曰：腸脂。」

《說文》四下肉部：「血祭肉也。从肉帥聲。膟，膟或从率。」

案：《廣韻》入聲六術「膟」注：「《說文》曰：祭肉也。又作䏈。」則古本䏈爲膟之重文。考《玉篇》「膟」下改「䏈」云「同上」，是《玉篇》亦以䏈爲重文。《禮記・祭義・正義》引作「膟血祭」，雖傳寫奪「肉也」二字，然可證今本爲後人誤倒。「一曰腸脂」，非引許書，《玉篇》「膟」

注「脊腸間脂也」，《廣韻》「膟」下亦注曰「腸間脂。」

繘 繘

《集韻》入聲術韻：「《說文》：綆也。古从絲（𦃇），籀作臼（𦆠）。」

《說文》十三上糸部：「綆也。从糸矞聲。𦃇，古文从絲。𦆠，籀文繘。」

案：籀文「繘」，二徐竝作「𦆠」，《集韻》正文不誤，注文中云「籀作臼」，方氏《考正》以爲當改作「从臼」。

櫛 櫛

《集韻》入聲櫛韻：「《說文》：梳叱之總名也。」

《說文》六上木部：「梳比之總名也。从木節聲。」

案：「梳比之總名也」，二徐竝同。《集韻》引「比」作「叱」，顯爲形誤。許書竹部「筐，取蟣比也」，此比，即指櫛髮之比也。

瑟 瑟

《集韻》入聲櫛韻：「《說文》：庖犧所作弦樂。一曰衆多皃。一曰矜莊皃。一曰泉流皃。古作𤦲。」

《說文》十二下珡部：「庖犧所作弦樂也。从琴必聲。𤦲，古文瑟。」

案：「弦樂」下，二徐竝有「也」字，《集韻》奪。三「一曰」義，均非引《說文》。《詩・旱麓》「瑟彼作棫」，《傳》：「瑟，眾皃。」丁氏曰：眾多皃，意同。《詩淇奧》：「瑟兮僩兮。」《傳》：「瑟，矜莊皃。」《詩・邶風・泉水》「毖彼泉水」《傳》「毖，泉流皃」，疑丁度誤以「毖」爲「瑟」。

甶 由

《集韻》入聲勿韻：「《說文》：鬼頭也。象物。」

《說文》九上由部：「鬼頭也。象形。」

案：「象形」二字，大小徐竝同，《集韻》引「形」作「物」，不合許書語例，蓋傳寫之誤。

弗 弗

《集韻》入聲勿韻：「《說文》：橋也。」

《說文》十二下丿部：「橋也。从丿从乀从韋省。臣鉉等曰：韋所以束枉戾也。」

案：《續古逸叢書》北宋本、祁刻本竝作「橋也。」岩崎氏本作「橋」，《集韻》引亦同，皆譌从木。

巿 巿

《集韻》入聲勿韻：「《說文》：韠也。上古衣蔽前而已，巿以象之。天子朱巿，諸侯赤巿，大夫葱衡。从巾，象連帶之形。或从韋犮（韍）。」

《說文》七下巿部：「韠也。上古衣蔽前而已，巿以象之。天子朱巿。諸矦赤巿，大夫葱衡。从巾，象連帶之形。凡巿之屬皆从巿。韍，篆文巿。从韋从犮。臣鉉等曰今俗作紱，非是。」

案：篆文「韍」，二徐竝云「从韋从犮」，《集韻》引作「或从韋犮」，當改作「篆从韋从犮。」

咈 咈

《集韻》入聲勿韻：「《說文》：遣也。引《周書》：咈其耇長。」

《說文》二上口部：「違也。从口弗聲。《周書》曰：咈其耇長。」

案：二徐本均作「違也」，《集韻》「違」作「遣」，乃形譌也。《書・堯典》「咈哉」，《傳》：「咈，戾也」，戾即違意。

汽 汽

《集韻》入聲迄韻：「《說文》：水涸也。引《詩》：汽可小康。一曰泣下。一曰幾也。」

《說文》十一上水部：「水涸也。或曰：泣下。从水气聲。《詩》曰：汽可小康。」

案：「汽」字，《集韻》正文及注，皆作「汽」，宜改。大徐引《詩》在「气聲」下，小徐引《詩》在「注下也」下，《集韻》引則在「水涸也」下，《大雅・民勞》「汽可小康」，《傳》：「汽，危也。」《箋》：「汽，幾也。」與「水涸」義不相蒙，是許引之說假借也。「一曰：幾也」，非許書原文，見上引鄭箋。

鬱 鬱

《集韻》入聲迄韻：「《說文》：芳艸也。丨葉爲貫，百艸貫，築以煮之爲鬱。从臼冂缶鬯。彡，其飾也。一曰：鬱鬯。百艸之華，遠方鬱人所貢芳艸，命釀之，以降神。鬱，今鬱林郡也。」

《說文》五下鬯部：「芳艸也。十葉爲貫，百廾貫，築以煮之爲鬱。从臼冂缶鬯。彡，其飾也。一曰：鬱鬯。百艸之華，遠方鬱人所貢芳艸，合釀之以降神。鬱，今鬱林郡也。」

案：「十葉爲貫」二徐竝同，《集韻》引「十」誤作「丨」，當改。又二徐竝作「百廾貫」，《集韻》引「廾」形誤作「艸」，「廿」者古文二十也，作「艸」義不可通。《周禮》「鬱人」，鄭司農注云：「鬱，草名。十葉爲貫，百二十貫築以煮之……。」可爲佐證。

䏍 明

《集韻》入聲月韻：「《說文》：墮耳也。」

《說文》十二上耳部：「墒耳也。从耳月聲。」

案：大徐作「墒耳也」，小徐「墒」作「墮」，一字之異體。《集韻》引作「墮」，非，當改。《方言》卷六曰：「秦晉中土謂墒耳者明也。」正許所本。

橜 橜

《集韻》入聲月韻：「《說文》：弋也。一曰：門梱。」

《說文》六上木部：「弋也。从木厥聲。一曰：門梱也。」

案：「門梱」下，二徐竝有「也」字，《集韻》引奪。

猲 猲

《集韻》入聲月韻：「《說文》：短喙大也。引《詩》：載獫猲獢。」

《說文》十上犬部：「短喙犬也。从犬曷聲。《詩》曰：載獫猲獢。《爾雅》曰：短喙犬謂之猲獢。」

案：「短喙犬也」，二徐竝同，《集韻》引「犬」譌「大」，當改。

梜 梜

《集韻》入聲洽韻：「《說文》：檢押也。一曰：木名。一曰：木理亂。」

《說文》六上木部：「檢柙也。从木夾聲。」

案：二徐並作「檢柙也」，《集韻》引「柙」作「押」，誤。「檢柙」也者，徐鍇曰：「謂書封函之上，恐磨滅文字，更以一版于上柙護也。」「梜」「柙」並爲靜字，不當从手。兩「一曰」義，非引《說文》。「木名」蓋丁度增。「木理亂」，見《廣韻》。

𣸾 潷

《集韻》入聲洽韻：「《說文》：飲歃也。」

《說文》十一上水部：「飲歃也。一日：吮也，从水算聲。」

案：二徐竝有「一曰：吮也」之訓，《集韻》引脫。《玉篇》、《廣韻》「潷」作「潷」，《玉篇》注曰：「飲也，歃也。又吮也。」嚴氏《校議》曰：「一曰：吮也。疑當在漱篆之欶聲下。欠部：欶，吮也。足以明之。」然他字書「漱」下均無此訓，《集韻》亦無。茲備錄存此一說也。

𩬊 髮

《集韻》入聲月韻：「《說文》：根也。古作𩠐𩕄。」

《說文》九上髟部：「根也。从髟犮聲。𩠐，髮或从首。𩕄，古文。」

案：重文「𩠐」，二徐竝云或文，《集韻》以爲古文，非。當改爲「或作𩠐，古作𩕄。」

齥 齥

《集韻》入聲沒韻：「《說文》：齥齗也。」

《說文》二下齒部：「齥齚也。从齒卒聲。」

案：二徐竝云「齥齚也」，《玉篇》，《廣韻》入聲沒亦云「齚也」，知《集韻》作「齗」乃形近而譌也。

𥦒 突

《集韻》入聲沒韻：「《說文》：犬从穴中出也。从犬在穴中。一曰：滑也。」

《說文》七下穴部：「犬从穴中暫出也。从犬在穴中。一曰：滑也。」

案：「犬从穴中暫出也」，二徐竝同，《集韻》引作「犬从穴中出也」，奪「暫」字。《易·離卦》「突如其來」，《釋文》引《字林》作「暫出」，是「暫」字不可少。蓋由「暫」義，而引伸爲猝乍之稱。

㫚 曶

《集韻》入聲沒韻：「《說文》：出气詞也。从日，象气出形。引《春秋傳》鄭太子曶，一曰佩也。象形。籀作回。」

《說文》五上曰部：「出气詞也。从曰，象气出形。《春秋傳》曰：鄭太子曶。回，籀文曶。一曰：佩也。象形。」

案：「从曰，象气出形」，二徐竝同，《集韻》引「曰」作「日」，形似而誤也。曶入曰部，當从曰。籀文曶，二徐竝作「回」，《集韻》作「回」，微訛。

尳

《集韻》入聲沒韻：「《說文》：厀病也。」

《說文》十下尣部：「厀病也。从尣，从骨，骨亦聲。」

案：「厀」字，小徐作「膝」，俗字也。《集韻》引作「厀」譌从阝，且字之左當改作「桼」。

晣

《集韻》入聲𧀼韻：「《說文》：昭晰明也。引《禮記》：晰明行事。」

《說文》七上日部：「昭晣明也。从日折聲。《禮》曰晣明行事。」

案：兩「晣明」字，二徐竝同，《集韻》引「晣」作「晰」，當改。

嗢

《集韻》入聲沒韻：「《說文》：回也。一曰：大笑。」

《說文》二上口部：「咽也。从口𥁕聲。」

案：二徐竝作「咽也」，《集韻》引「咽」作「回」，形似之誤也。《玉篇》注作「嗢咽也」。「一曰：大笑」，非引《說文》，丁度等增。《廣雅・釋詁》：「嗢，笑也。」《通俗文》：「樂不勝謂之嗢噱。」朱氏《通訓定聲》曰：「大笑至息不利也。咽猶噎也。」

炪

《集韻》入聲𧀼韻：「《說文》：火光也。」

《說文》十上火部：「火光也。从火出聲。《商書》曰：予亦炪謀。讀若巧拙之拙。」

案：二徐竝有「《商書》曰：予亦炪謀」句，《集韻》無，不知未引，抑脫？

𩕾 頞

《集韻》入聲曷韻：「《説文》：皋莖也。或作齃。」

《説文》九上頁部：「鼻莖也。从頁安聲。齃，或从鼻曷。」

案：「鼻莖也」，二徐竝同，《集韻》引「鼻」形訛作「皋」，致義不可通。

𣡌 巘

《集韻》入聲曷韻：「《説文》：伐木餘也。引《商書》：若顛木之有甹巘。或从木辥。古無頭（不），亦作枿。」

《説文》六上木部：「伐木餘也。从木獻聲。《商書》曰：若顛木之有甹巘。五葛切。蘖，巘或从木辥聲。不，古文巘从木無頭。枿，亦古文巘。」

案：巘之或體「蘖」，二徐竝云「或从木辥聲」，《集韻》引作「或从木辥」，意有出入。古文巘作「不」，二徐竝云「从木無頭」，《集韻》引作「古無頭」，詞語過簡，意不詳，若改作「古文从木無頭」，則無此虞也。

𣦻 歺

《集韻》入聲曷韻：「《説文》：𠛱骨之殘也。从半咼。徐鍇曰：咼，剔肉置骨也。歺，殘骨也。故从半咼。或作𣦵。」

《説文》四下歺部：「𠛱骨之殘也。从半冎。讀若櫱岸之櫱。徐鍇曰：冎，剔肉置骨也。歺，殘骨也。故从半冎。臣鉉等曰：義不應有中一，秦刻石文有之。𣦵，古文歺。」

案：「从半冎」「冎，剔肉置骨也」，二徐竝同，《集韻》引「冎」皆誤作「咼」，當改。許書冎部即訓「剔人肉置其骨也」。

𠯑 㖃

《集韻》入聲曷韻：「《説文》：語相訶岠也。口岠卒。辛，惡聲也。」

《説文》二上口部：「語相訶歫也。从口歫辛，辛，惡聲也，讀櫱。」

案：小徐作「語相訶相歫也」，「相歫」之「相」蓋衍。《廣韻》入聲十二曷引作「語相訶距也」，同大徐，而「歫」作「距」。「从口歫辛」小徐作「从口辛」，脱「歫」字。辛爲惡聲，从口歫辛，正語相訶歫之意也。《集韻》引同大徐，唯字多訛誤：兩「歫」字譌作「岠」，「辛」字上譌作「卒」，下譌作「辛」，竝當改。又「口」上當補一「从」字。

撻

《集韻》入聲曷韻：「《說文》：鄉飲酒罰不敬撻其背。引《周書》：𨔛以記之。古作𨔛。」

《說文》十二上手部：「鄉飲酒罰不敬撻其背。从手達聲。𨔛，古文撻。《周書》曰：𨔛以記之。」

案：引《周書》，二徐竝在古文「𨔛」下，《集韻》引則迻於「撻其背下」，語次誤倒。

𢡎

《集韻》入聲末韻：「《說文》：善自用之意也。引《商書》：今汝𢡎𢡎。亦作[illegible]。」

《說文》十下心部：「善自用之意也。从心銛聲。《商書》曰：今汝𢡎𢡎。[illegible]，古文从耳。」

案：重文「[illegible]」，二徐竝云「古文从耳」，《集韻》云「亦作[illegible]」，「亦」當改作「古」。

𣈆

《集韻》入聲末韻：「《說文》：短深目皃。一曰：塞也。」

《說文》四上目部：「短深目皃。从目取聲。」

案：「𥈈」篆，二徐竝同，《集韻》正文原譌作「𣈆」，今改。注引「短深目皃」，與二徐同。「一曰：塞也」，非引許書，見《廣雅・釋詁》三。

址

《集韻》入聲末韻：「《說文》：足刺𣥠也。」

《說文》二上址部：「足刺癶也。从止屮。讀若撥。」

案：「癶」篆，二徐竝同，《集韻》正文原譌作「𣥠」，不體，今改，注中「𣥠」字，亦譌，宜併改。

迊

《集韻》入聲末韻：「《說文》：前頓也。賈侍中說。」

《說文》二下辵部：「前頡也。从辵市聲。賈侍中說。一讀若桮，又若郅。」

案：鉉本篆作「迊」，訓「前頡也」，鍇本篆作「[illegible]」，訓「前頓也」，《集韻》

注引同小徐，然正文仍作「逋」，同大徐。許書辵部前已有「逋」字，云「行皃」，是知鉉本有誤。段本依《玉篇》改作「遱，前頓也。从辵枼聲」，鈕樹玉《段氏說文注訂》不以段改爲然，並云：「《繫傳》作逋是也，走部𧼒解倉卒，與前頓義合，辵走二部可通。」方成珪《集韻考正》於段改，亦有「驚俗」之語。今從鈕氏說，改正文爲「逋」。賈侍中說，「一」下，小徐有「曰」字，無論「曰」字之有無是否，賈說乃說字音也，《集韻》誤以說字義，非。

袚

《集韻》入聲末韻：「《說文》：蠻夷衣。一曰：蔽厀。」

《說文》八上衣部：「蠻夷衣。从衣犮聲。一曰：蔽厀。」

案：「一曰：蔽厀」，二徐竝同，《集韻》引「厀」作「鄰」，譌从阝。

黠

《集韻》入聲黠韻：「《說文》：堅固也。一曰：慧也。」

《說文》十上黑部：「堅黑也。从黑吉聲。」

案：二徐竝作「堅黑也」，《集韻》引「黑」作「固」，蓋傳寫之誤也。方氏《考正》云宋本《集韻》不誤。堅黑也，謂黑之堅者，許書石部硈下曰：石堅也。「黠」入黑部，當有「黑」意。「一曰：慧也」，非引《說文》，見《廣雅・釋詁》一。

坄

《集韻》入聲昔韻：「《說文》：陶竈窻也。」

《說文》十三下土部：「陶竈窻也。从土役省聲。」

案：《集韻》引「陶竈窻也。」與二徐同，然正文「坄」，《集韻》原訛作「役」，今改。

軋

《集韻》入聲黠韻：「《說文》：報也。」

《說文》十四上車部：「輾也。从車乙聲。」

案：《續古逸叢書本》、祁刻《繫傳》竝作「報也」，岩崎氏本作「輾也」，非，《說文》無輾字。許書「軋」下次「報」，訓「轢也」。《通俗文》

曰：「車轢曰軏。」《集韻》引作「報也」，當係「輊」之形誤。

寣

《集韻》入聲黠韻：「《說文》：臥驚也。一曰：小兒號寣寣。一曰：河內相詝也。」

《說文》七下㝱部：「臥驚也。一曰：小兒號寣寣。一曰：河內相評也。从㝱省，从言。」

案：「一曰：河內相評也」，《繫傳》無此句，《玉篇》亦無，疑後人增。《集韻》引從大徐，「評」又訛作「詝」。

駱

《集韻》入聲鐸韻：「《說文》：馬白色黑髦尾也。」

《說文》十上馬部：「馬白色黑鬣尾也，从馬各聲。」

案：「馬白色黑鬣尾也」，二徐同，《集韻》引「鬣」譌作「髦」，當改。

殺

《集韻》入聲黠韻：「《說文》：戮也。古作㪚𣏂𢽛布𣫞𢼉，或作煞。」

《說文》三下殺部：「戮也。从殳杀聲。臣鉉等曰：《說文》無杀字，相傳云音，察未知所出。𢿂，古文殺。𢁿，古文殺。𢻪，古文殺。杀，古文殺。𣫞，籀文殺。」

案：小徐本尚收有古文「𢿂」，籀文「𣫞」，《集韻》所列重文甚夥，方氏《考正》云「未詳其故」，今姑具列之。

貀

《集韻》入聲黠韻：「《說文》：無削足。《漢律》：能捕豺貀購百錢。」

《說文》九下豸部：「獸無前足。从豸出聲。《漢律》：能捕豺貀購百錢。」

案：「獸無前足」，二徐竝同，《集韻》引作「無削足」，脫「獸」字，「前」又訛作「削」。《爾雅・釋獸》：「貀，無前足。」

鵅

《集韻》入聲鐸韻：「《說文》：鳥鸔也。」

《說文》四上鳥部：「鳥鸔也。从鳥各聲。」

案：二徐竝作「鳥鸔也」，《集韻》引「鳥」訛作「烏」；又「鸔」訛从左聲右形之「䳈」，許書「鴇」下即次「鸔」篆，宜作「鸔」爲是。

𩿾 鴃

《集韻》入聲屑韻：「《說文》（『文』字原奪）：鋪豉也。」

《說文》四上鳥部：「鋪豉也。从鳥夬聲。臣鉉等曰：鋪豉。鳥名。」

案：《集韻》屑韻「鴃」下云：「說鋪豉也。」方氏《集韻考正》曰：「說下奪文字，據《類篇》增。」又「豉」字，二徐竝同，《集韻》引作「豉」，譌从支。

𠜾 魝

《集韻》入聲屑韻：「《說文》：楚人謂治魚人。」

《說文》四下刀部：「楚人謂治魚也。从刀从魚。讀若鍥。」

案：二徐竝作「楚人謂治魚也」，《集韻》引作「謂治魚人」，「人」爲「也」之誤。

譎 譎

《集韻》入聲屑韻：「《說文》：權詐也。梁益曰：謬欺天下曰譎。」

《說文》三上言部：「權詐也，益梁曰：謬欺天下曰譎。从言矞聲。」

案：二徐竝作「益梁」，《集韻》引作「梁益」，誤倒。

蛈 蛈

《集韻》入聲屑韻：「《說文》：蛈蛁蟟也。一曰：蟪蛄，秦謂之蛥蛈。」

《說文》十三上虫部：「蛈蛈，蛁蟟也。从虫夬聲。」

案：「蛈蛈，蛁蟟也」，二徐竝同，《集韻》引「蛈」下奪「蛈」字，當補。「一曰」者，非引《說文》，《方言》：「蛥蛈，楚謂之蟪蛄，秦謂之蛥蛈。」

蔑 蔑

《集韻》入聲屑韻：「《說文》：勞目無精也，从首，人勞則蔑然，从戍。」

《說文》四上苜部：「勞目無精也。从苜，人勞則蔑然，从戍。」

案：二徐竝作「从苜」，《集韻》引「苜」作「首」，形近而誤也。

懱

《集韻》入聲屑韻：「《說文》：輕易也。引《商書》：从相陵懱。一曰：木也。」

《說文》十下心部：「輕易也。从心蔑聲。《商書》曰：以相陵懱。」

案：引《商書》，二徐竝作「以相陵懱」，《集韻》引「以」作「从」，蓋形訛。今《商書》無此文，無由考證。「一曰」者，非引《說文》，《廣雅・釋詁》一：「懱，末也。」丁氏蓋引此也，而譌作「木」。方成珪《集韻考正》亦云據《廣雅・釋詁》正爲「末」，唯方氏所見楝亭藏本原譌作「未」。

禼

《集韻》入聲薛韻：「《說文》：蟲也。象形。或作𡿺。」

《說文》十四下厹部：「蟲也。从厹象形。讀與偰同。⿱巛禼，古文禼。」

案：重文「⿱巛禼」，二徐竝云「古文」，《集韻》曰「或作𡿺」，「或」當改作「古」，又，「𡿺」當改作「⿱巛禼」。

楔

《集韻》入聲薛韻：「《說文》：攕也。蜀人从殺。《周禮》：从執。一曰：楔，山桃。」

《說文》六上木部：「櫼也。从木契聲。」

案：二徐竝作「櫼也」，《集韻》引「櫼」作「攕」，誤。許書「楔」上次「櫼」，訓「楔也」，二字轉注。「蜀人」以下均非許君語。「蜀人从殺。《周禮》从執」也者，意謂：「楔」字蜀人从殺作「樧」，《周禮》从執作「槷」。《考工記》曰：「牙得，則無槷而固。」注曰：「鄭司農云：槷，樧也。蜀人言樧曰槷。」段注云：「槷樧皆假借字，樧即楔之假借也。」《爾雅・釋木》：「楔，荊桃。」丁氏云「山桃」，蓋俗名也。

設

《集韻》入聲薛韻：「《說文》：施陳也。从言从殳，使人也。」

《說文》三上言部：「施陳也。从言从殳。殳，使人也。」

案：大徐「从言从殳。殳，使人也」，小徐作「从言殳。使人也」。田吳炤《二徐箋異》云：「小徐渻一『殳』字，則『使人也』三字爲說設字之義矣。」《集韻》引「使人也」上亦脫「殳」字，易生誤解，當補。

㘈

《集韻》入聲職韻：「《說文》：小兒有知也。引《詩》：克跂克㘈。」

《說文》二上口部：「小兒有知也。从口疑聲。《詩》曰：克疑克㘈。」

案：《詩・大雅・生民》「克岐克㘈」，「岐」，岩崎氏本《說文》譌作「疑」，《集韻》引譌作「跂」，宜並改。

或

《集韻》入聲職韻：「《說文》：邦也。从口，从戈，以守一。一，名也。或从土（域）。」

《說文》十二下戈部：「非也。从口从戈，又从一。一，地也。臣鉉等曰：今俗作胡國切，以爲疑或不定之意。域，或又从土，臣鉉等曰：今無復或音。」

案：「邦也」之訓，各本同，岩崎氏本作「非也」，顯爲形誤。大徐作「从口从戈，又从一。一，地也」，小徐作「從口戈，以守一。一，地也」，《集韻》引則半取大徐，半取小徐，唯「一，地也」《集韻》訛作「一，名也」。

洫

《集韻》入聲職韻：「《說文》：十里爲成，成間廣八尺謂之洫。引《論語》：盡力乎溝洫。」

《說文》十一上水部：「十里爲成，成間廣八尺、深八尺謂之洫。从水血聲。《論語》曰：盡力乎溝洫。」

案：大徐作「成間廣八尺，深八尺謂之洫」，小徐兩「尺」字作「赤」，餘同。「尺」「赤」古通用。《集韻》引奪「深八尺」三字，當補。

㝵

《集韻》入聲德韻：「《說文》：行有所得也。」

《說文》八下見部：「取也。从見从寸。寸，度之，亦手也。臣鉉等曰：彳部作古文得字，此重出。」

案：「㝵」訓「取也」，二徐並同。遍檢《集韻》，無訓「取」之「㝵」，僅「得」字條下，收有重文「㝵」，訓「行有所得也」。許書彳部：「得，行有所得也。」又云：「㝵，古文省彳。」段注曰：「按此字已見於見部，與得竝爲小篆，義亦稍異。」見部：「㝵，取也。」段注云：「按彳部㝵爲古文得，此爲小篆，義不同者，古今字之說也。在古文則同得，在小篆則訓取也。」是古文「㝵」，與小篆「㝵」，原爲二字，《集韻》則併爲一字，致有此誤也。

德

《集韻》入聲德韻：「《說文》：外也。一曰：行之得也。」
《說文》二下彳部：「升也。从彳悳聲。」
案：「升也」，二徐竝同，《集韻》引「升」形訛作「外」，不體。「一曰」者，非引《說文》，《禮記・玉藻》：「德，得也。」

北

《集韻》入聲德韻：「《說文》：⿱艹北也，从二人相背。一曰：朔也。」
《說文》八上北韻：「𠁥也。从二人相背。」
案：大徐作「𠁥也」，小徐作「乖也。」許書丫部曰：「𠁥，戾也」，乖爲𠁥之隸體。《集韻》引從大徐，然字訛作⿱艹北，方氏《集韻考正》曰：「𠁥譌⿱艹北，據宋本及大徐本正。」「一曰」者，非引《說文》，《爾雅・釋訓》：「朔，北方也。」

隰

《集韻》入聲緝韻：「《說文》：坂下溼也。」
《說文》十四下𨸏部：「阪下溼也。从𨸏㬎聲。」
案：「阪下溼也」，二徐竝同，《集韻》引「阪」作「坂」，形誤也。王筠《句讀》曰：「《釋地》曰：下溼曰隰，又曰：陂者曰阪，下者曰隰。許君謂下句承上句，而兼以下溼句說之也。」

馽

《集韻》入聲緝韻：「《說文》：絆馬也。引《春秋傳》：韓厥執馽前。通作縶。」
《說文》十上馬部：「絆馬也。从馬口其足。《春秋傳》曰：韓厥執馽前，讀若輒。縶，馽或从糸執聲。」
案：重文「縶」，二徐竝云「或文」，《集韻》引云「通作縶」，依其語例，「通」

當改作「或」。

湁

《集韻》入聲緝韻：「《說文》：湁湒沸涌也。」

《說文》十一上水部：「湁湒鬻也。从水拾聲。」

案：二徐竝作「湁湒鬻也」，《集韻》作「湁湒沸南」，語頗不同，方氏《集韻》考正曰：「鬻字誤作沸南二字，據宋本及二徐本正。」

忣

《集韻》入聲緝韻：「《說文》：福也。一曰：疾也。」

《說文》十下心部：「褊也。从心及聲。」

案：二徐竝作「褊也」，《集韻》引「褊」作「福」，形譌也。「一曰：疾也」，非引《說文》。忣字亦作伋，《淮南・繆稱訓》：「伋於不己知者，不自知也。」高注：「伋，急也。」急與疾意同。

芨

《集韻》入聲緝韻：「《說文》：莖艸也。」

《說文》一下艸部：「堇艸也。从艸及聲，讀若急。」

案：小徐本亦作「堇艸也」。《玉篇》亦云：「芨，堇艸，即烏頭也。」故知《集韻》「堇」作「莖」，及形音相近而譌也。

及

《集韻》入聲緝韻：「《說文》：逮也。徐鍇曰：及前人也。古作弓𨗈。秦刻石作乁。」

《說文》三下又部：「逮也。从又从人。徐鍇曰：及前人也。乁，古文及。秦刻石及如此。𠄎，亦古文及。𨗈，亦古文及。」

案：「𠄎，亦古文及」，小徐無「亦」字。《集韻》引云「古作弓」，「弓」當爲「𠄎」之誤，正文作「𠄎」，尚不誤也。

鈒

《集韻》入聲合韻：「《說文》：鈒也。」

《說文》十四上金部：「鋋也。从金刀聲。」

案：二徐竝作「鋋也」，《集韻》引作「鈒也」，蓋涉正文而誤。許書「鈒」下即次「鋋」篆。

䍇

《集韻》入聲盍韻：「《說文》：坈也。」

《說文》五下缶部：「下平缶也。从缶乏聲，讀若𦒻。」

案：「䍇」篆，二徐竝同，隸寫當作「䍇」，《集韻》正文原訛作「䍇」，今改。二徐竝訓「下平缶也」，《玉篇》注亦同。《集韻》引作「坈也」，蓋涉「缸」注而誤。

僷

《集韻》入聲葉韻：「《說文》：宋衛之間，謂革僷僷。一曰：詘也，容也。」

《說文》八上人部：「宋衛之間謂華僷僷。从人葉聲。」

案：「宋衛之間謂華僷僷」，二徐竝同，《集韻》引「華」作「革」，形似而僞也。華，謂容華也，作「革」，則義不可通。《方言》：「奕、僷，容也。凡美容謂之奕，或謂之僷。宋衛曰僷僷。」「一曰」下二義，非引《說文》，「詘也」見《廣雅・釋詁》四：「容也」，見上所引《方言》。

𣥺

《集韻》入聲葉韻：「《說文》：徒行屬水也。一曰：歷也。一曰：水名，篆作涉。」

《說文》十一下沝部：「徒行厲水也从林从步。𣴎，篆文从水。」

案：二徐竝作「徒行厲水也」，《集韻》引「厲」作「屬」，形譌也。「厲」爲「濿」之省文，許書「砅」或「濿」，「履石渡水也」。「一曰：歷也」非引《說文》，《穀梁傳》襄公二十七年：「與之涉公事矣。」徐邈曰：「涉猶歷也。」「一曰：水名」，亦非引《說文》，蓋丁度等自增也。

銸

《集韻》入聲葉韻：「《說文》：鈷也。」

《說文》十四上金部：「鉆也。从金耴聲。」

案：二徐竝作「鉆也」，《集韻》引「鉆」作「鈷」，形誤也。許書「銸」上承「鉆」，訓「鐵銸也」，二篆轉注。

鬣

《集韻》入聲葉韻：「《說文》：髮鬣鬣也。或作䜚。」

《說文》九上髟部：「髮鬣鬣也。从髟巤聲。䜚，鬣或从毛。獵，或从豕，

案：「髮鬣鬣也」，二徐竝同。《集韻》引下一「鬣」字作「鬛」，方氏《考正》據宋本《集韻》及二徐一正爲「鬣」。許書囟部曰：「巤，毛巤也。象髮在囟上，及毛髮巤巤之形。」此處語例同。重文二徐竝有从毛之䜚，及从豕之「獵」，《集韻》未收「獵」字，當補。

邋

《集韻》入聲葉韻：「《說文》：憎也。一曰：邁也。」

《說文》二下辵部：「擠也。从辵巤聲。」

案：小徐亦作「擠也」，《集韻》引作「憎也」，形誤也。嚴可均《說文校議》云：「擠當作協，《說文》無擠字。」然許書說解不拘於此，《公羊》莊元年傳「擠幹而殺之」，《釋文》作「協」，則「擠」者，「協」之俗字。「一曰：邁也」，非引許。也見《廣雅》入聲二十九葉。

㚔

《集韻》入聲葉韻：「《說文》：所以驚人也。一曰：笑聲也。一曰：俗語以盜不止爲㚔。」

《說文》十下㚔部：「所以驚人也。从大从羊。一曰：大聲也。一曰讀若瓠，一曰：俗語以盜不止爲㚔。㚔讀若籋。」

案：「一曰：大聲也」，二徐竝同。《集韻》引「大」作「笑」，非。嚴氏《校議》曰：「大聲，謂从大得聲。鷙蟄等字皆音至，是大聲也。」《玉篇》、《廣韻》入聲二十九葉引皆作「大聲也」，是徵《集韻》之譌。

聿

《集韻》入聲葉韻：「《說文》：手之疌巧也。从人持巾。」

《說文》三下聿部：「手之疌巧也。从又持巾。」

案：「从又持巾」，二徐竝同，《集韻》引作「从人持巾」，與篆體不符，「人」當改作「又」。

夌

《集韻》入聲麥韻：「《說文》：芒穀，秋種厚蓶，故謂之麥。麥，金也。金王而生，火王而死。从來有穗者。从夕。」

《說文》五下麥部：「芒穀，秋穜厚薶，故謂之麥。麥，金也。金王而生，火王而死。从來有穗者。从夊。凡麥之屬皆从麥。臣鉉等曰：夊，足也。周受瑞麥來麰如行來、故从夊。」

案：「秋穜厚薶」，二徐竝同，《集韻》引「穜」作「種」，非，古種植字作「穜」。又「薶」字譌作「蓶」，亦當改，「薶」見許書艸部，訓「瘞也」。「麥」字从「夊」，《集韻》引作从「夕」，形微訛。

衇

《集韻》入聲麥韻：「《說文》：血理分衺行體者。或从肉（脈）。」

《說文》十一下𠂢部：「血理分衺行體者。从𠂢从血。脈，衇或从肉。𧖴，籀文。」

案：《繫傳》作「血理之分衺行體中者。」較大徐多「之」字、「中」字，然無害於義也。另二徐竝收有籀文「𧖴」，《集韻》無，當補「籀作𧖴」三字。

簀

《集韻》入聲麥韻：「《說文》：休棧也。」

《說文》五上竹部：「牀棧也。从竹責聲。」

案：二徐竝作「牀棧也。」，玄應《音義》卷十五引同，《集韻》引「牀」作「休」，蓋形近而譌也。

釋

《集韻》入聲昔韻：「《說文》：解也。从采。采，取其分別物也。」

《說文》二上釆部：「解也。从釆。釆，取其分別物也。从睪聲。」

案：「从釆。釆，取其分別物也。」二徐竝同，兩「釆」字，《集韻》引竝誤作「采」，當改。方成珪《集韻考正》云：「釋入釆部，音辨，不从采。」

隻

《集韻》入聲昔韻：「《說文》：鳥一枚也。从又持隹。持一隹曰隻。持二隹曰雙。」

《說文》四上隹部：「鳥一枚也。从又持隹。持一隹曰隻。二隹曰雙。」

案：「鳥一枚也。」小徐作「鳥一枚曰隻也。」案說解已云「持一隹曰隻」，是不必有「曰隻」二字。「二隹」上，二徐竝無「持」字，蓋承上「持一隹」而省，《集韻》引乃丁氏自增也。

尺 尺

《集韻》入聲昔韻：「《說文》：十寸也。人手節十分，動脈爲寸口。十寸爲尺，尺所以指尺規榘事也。从尸，从乙。乙，所識也。周制：尺寸咫尋常切諸度量，皆以人之體爲法。」

《說文》八下尺部：「十寸也。人手卻十分，動脈爲寸口，十寸爲尺，尺所以指尺榘事也。从尸，从乙。乙，所識也。周制：寸尺尋常仞諸度量，皆以人之體爲法。」

案：「人手卻十分動脈爲寸口。」，二徐竝同，《集韻》引「卻」譌「節」，「脈」譌「脤」。許書寸部下亦曰：「人手卻一寸動脈謂之寸口。」「寸尺咫尋常仞」，二徐竝同，《集韻》引「仞」訛作「切」。許書人部曰：「仞，伸臂一尋也。」

炙 炙

《集韻》入聲昔韻：「《說文》：炮肉也。从肉在火。籀作䏑。」

《說文》十下炙部：「炮肉也。从肉在火上。䏑，籀文。」

案：「从肉在火上」，二徐竝同，《集韻》引「火」下奪「上」字，致語意不完。籀文「炙」，二徐竝作「䏑」，《集韻》引譌作「䏑」，當改。

睪 睪

《集韻》入聲昔韻：「《說文》：司視也。从橫目，从幸，令吏將目捕罪人也。」

《說文》十下㚔部：「司視也。从橫目，从㚔，令吏將目捕罪人也。」

案：「从㚔」，二徐竝同，《集韻》引「㚔」譌作「幸」，宜改。

嶧 嶧

《集韻》入聲昔韻：「《說文》：葛嶧山在東海下。引《夏書》：嶧陽孤桐。」

《說文》九下山部：「葛嶧山在東海下邳。从山睪聲。《夏書》曰：嶧陽孤桐。」

案：「東海下邳」，二徐竝同，《集韻》引「下」下奪「邳」字。《漢書・地理志》云：「東海郡下邳縣，葛嶧山在西。」

圛 圛

《集韻》入聲昔韻：「《說文》：回行也。引《尚書》：圛圛外雲半有半無。」

《說文》六下口部：「回行也。从口睪聲。《尚書》曰：圛圛升雲半有半無。讀若驛。」

案：「圛圛升雲半有半無」，二徐竝同，《集韻》引「升」作「外」，形誤也。

液 液

《集韻》入聲昔韻：「《說文》：盡也。」

《說文》十一上水部：「㶳也，从水夜聲。」

案：大徐作「㶳也。」，許書血部曰：「㶳，气液也。」小徐作「津」，即㶳之假借。《集韻》引作「盡」，乃誤字也。

辟 辟

《集韻》入聲昔韻：「《說文》：法也。从卩从辛。卩，節制其辠也。从口，用法者也。」

《說文》九上辟部：「法也。从卩从辛。節制其辠也。从口，用法者也。」

案：「从卩从辛。」小徐作「从卩辛。」。「節」字上，二徐竝無「卩」字，《集韻》衍。

舀 舀

《集韻》入聲鐸韻：「《說文》：齊謂舂曰舀。」

《說文》七上臼部：「齊謂舂曰䑛。从臼弜聲。讀若膊。」

案：「齊謂舂曰䑛」，二徐竝同，《集韻》引「䑛」訛作「舀」，當據正。方氏《考正》謂宋本《集韻》不誤。

鑮 鎛

《集韻》入聲鐸韻：「《說文》：大鐘，淳于之屬。所以應鐘磬也。堵以一，金樂則皷鑮應之。」

《說文》十四上金部：「大鐘淳于之屬。所以應鐘磬也。堵以二，金樂，則鼓鑮應之，从金薄聲。」

案：「堵以二，金樂則鼓鏄應之。」二徐竝同，《集韻》引「二」作「一」，宜改。《六書故》引蜀本《說文》曰：「堵以二鏄，奏犬樂，則鼓鏄應之。」字句與今本殊異，唯作「二」則一也。

薄

《集韻》入聲鐸韻：「《說文》：林薄也。」

《說文》一下艸部：「林薄也。一曰：蠶薄。从艸溥聲。」

案：「林薄也」，下二徐竝有「一曰：蠶薄」四字，《集韻》引奪「一曰」之義，當補。

戟

《集韻》入聲陌韻：「《說文》：有枝兵也。引《周禮》戟長丈六尺。或作戟。」

《說文》十二下戈部：「有枝兵也。从戈倝。《周禮》戟長丈六尺。讀若棘。臣鉉等曰：倝非聲。義當从榦省，幹枝也。」

案：「戟」篆，二徐竝同，《集韻》引正文、注文竝作「戟」，注文末又云「或作戟」，與許書不合。「尺」字，小徐作「赤」，古「尺」「赤」通用。

索

《集韻》入聲鐸韻：「《說文》：艸有莖葉，可作繩索。从永糸，杜林說。一曰：盡也。法也。一曰：索索，懼皃。」

《說文》六下𣎳部：「艸有莖葉，可做繩索。从𣎳糸，杜林說。𣎳亦朱木字。」

案：釋字之形，大徐作「从𣎳糸」，小徐作「從𣎳糸聲」，雖會意、形聲有別，「从𣎳」則一也。《集韻》引「𣎳」作「永」，形似而誤也。許書「索」字屬「𣎳」部，當从「𣎳」也。「一曰」以下非引《說文》，《呂覽・下賢篇》：「以心與人相索。」高誘注：「索，盡。」《左》定四年傳：「疆以周索。」注：「索，法也。」《易・震》：「索索。」馬注：「內不安皃。」「不安皃」即「懼皃」。

鶴

《集韻》入聲鐸韻：「《說文》：鳴九皐，聲聞于天。」

《說文》四上鳥部：「鳴九皐，聲聞于天。从鳥隺聲。」

案：小徐作「臯」作「皋」，一字之二體，《集韻》引作「臯」，形微訛，宜改。

䑳 貈

《集韻》入聲鐸韻：「《說文》：似狐善睡獸。引《論語》：狐貈之厚。一曰《說文》从舟誤。當从元聲。」

《說文》九下豸部：「似狐善睡獸。从豸舟聲。《論語》曰：狐貈之厚以居。臣鉉等曰：舟非聲，未詳。」

案：引《論語》、二徐竝作「狐貈之厚以居」，《集韻》引脫「以居」二字，此《鄉黨》文。「一曰」者，明非許書本有，二徐竝云作「舟聲」不當，《集韻》引「从元聲」者，不知何人說？

㵐 涸

《集韻》入聲鐸韻：「《說文》：渴也。」

《說文》十一上水部：「渴也。从水固聲。讀若狐貈之貈。𣸈，涸亦从水鹵舟。」

案：大徐有重文「𣸈」，云「涸亦从水鹵舟。」小徐無。《玉篇》重文亦作「𣸈」，與大徐合，知小徐敓失。《集韻》亦無此重文，當補。

㡿 系

《集韻》入聲陌韻：「《說文》：履也。青絲頭履。」

《說文》十三上糸部：「履也。一曰：青絲頭履也。讀若阡陌之陌。从糸戶聲。」

案：「一曰：青絲頭履也。」二徐竝同，《集韻》引脫「一曰」二字，並奪「也」字。

貉 貉

《集韻》入聲陌韻：「《說文》：北方豸穜也。孔子曰：貉之爲言惡也。一曰靜也，定也。一曰：縮綸也。即綸繩也，謂牽縛貉之。郭璞說。」

《說文》九下豸部：「北方豸穜。从豸各聲。孔子曰：貉之爲言惡也。」

案：「北方豸穜」，二徐同，《集韻》引「穜」作「種」，不體。「一曰」以下，非引《說文》。「靜也」、「定也」，竝見《爾雅・釋詁》；「一曰：縮綸也。」亦見《爾雅・釋詁》，其下見郭《注》。郭《注》原文作「綸者，繩也。謂牽縛縮貉之。」是《集韻》「綸者」譌「即綸」，「貉」上奪「縮」字，當據以補正。

乇

《集韻》入聲陌韻：「《說文》：艸茉。从垂穗，上貫一，下有根。象形。」

《說文》六下乇部：「艸葉也。从垂穗，上貫一，下有根。象形。凡乇之屬皆从乇。」

案：「艸葉也」，二徐竝同，《集韻》引「葉」誤作「茉」，且奪「也」字。

譪

《集韻》入聲陌韻：「《說文》：言壯皃。一曰：數相怒。」

《集韻》入聲陌韻：「《說文》：言壯皃。一曰：數相怒。」

《說文》三上言部：「言壯皃。一曰數相怒也。从言巂聲。讀若畫。」

案：「一曰」之義，二徐竝作「數相怒也。」，《集韻》引奪「也」字。《集韻》入聲陌韻「譪」字兩出，一在「郝格切」下，一在「霍虢切」下，竝引《說文》。

笮

《集韻》入聲陌韻：「《說文》：迫也。在兀之下棼止。一曰矢箙，皮曰箙、竹曰笮。一曰：迮也。」

《說文》五上竹部：「迫也。在瓦之下棼上。从竹乍聲。」

案：「在瓦之下棼上」，二徐竝同。小徐案語並引《爾雅》注曰：「屋上薄謂之屋笮也。」許書林部「棼，複屋棟也。」蓋笮在瓦棼之閒，爲所迫窄，故名笮也。《集韻》引「瓦」訛作「兀」，「上」訛作「止」，竟至不可解。

蠥

《集韻》入聲薛韻：「《說文》：衣服謌謠。艸木之怪，謂之枖，禽獸蟲蝗之怪，謂之蠥。」

《說文》十三下虫部：「衣服歌謠。艸木之怪謂之䄏，禽獸蟲蝗之怪謂之蠥。从虫辥聲。」

案：「衣服歌謠，艸木之怪，謂之䄏」，二徐竝同。《集韻》引「歌」作「謌」，本字也。「䄏」字，《集韻》引作「枖」，譌从木。《詩・桑柔・釋文》引「䄏」作「妖」，《禮記・禮運》引作「祅」，竝非，《中庸・釋文》

引不誤。《漢書・五行志》：「凡艸物之類，謂之妖。」亦用俗字也。

䊹 絜

《集韻》入聲薛韻：「《說文》：扁緒也。一說：弩罥銅帶。一說：御左回曰絜。」

《說文》十三上糸部：「扁緒也。一曰：弩罥鉤帶。从糸折聲。」

案：「一曰：弩罥鉤帶。」二徐同，《集韻》引「一曰」作「一說」，義得兩通；然「鉤」訛作「銅」，當改。「一說：御左回曰絜」，則非引《說文》，丁氏等所增。

篗 篗

《集韻》入聲藥韻：「《說文》：收絲者也。」

《說文》五上竹部：「收絲者也。从竹蒦聲。䉶，篗或从角从閒。」

案：二徐「篗」下竝有或體「䉶」，大徐云「从角从閒」，小徐云「从角閒」，《集韻》引奪重文，當補。

貜 貜

《集韻》入聲藥韻：「《說文》：㹎貜也。」

《說文》九下豸部：「㹎貜也。从豸矍聲。」

案：「㹎貜」，二徐同，《集韻》引「㹎」作「㹎」，誤。許書犬部曰：「㹎，犬屬。」又曰：「从犬殸聲」。

矍 矍

《集韻》入聲藥韻：「《說文》：隹欲逸走也。从又持之矍矍也。一曰：遽也。」

《說文》四上瞿部：「隹欲逸走也。从又持之矍矍也。讀若《詩》云：穬彼淮夷之穬。一曰：視遽皃。」

案：「一曰：視遽皃」，二徐竝同，《集韻》引但云「遽也」，脫「視」字，且「皃」誤作「也」。《後漢書・班固傳》注引作「視遽之皃」，雖衍「之」字，然可證《集韻》之失。

七、大徐是，《集韻》與小徐非者

（計四十八字）

堫

《集韻》平聲東韻：「《說文》：種也。一曰：內其中也。一曰：不耕而種。」

《說文》十三下土部：「穜也。一曰：內其中也。从土嵏聲。」

案：《經典釋文・詩・七月》引《說文》云「禾邊作重，是重穋之字；禾邊作童，是種埶之字」，知當依大徐作「穜」，《集韻》所引與小徐（《繫傳》亦作種）竝誤。「一曰不耕而種」，非許書原文。桂馥《說文義證》曰：「《韻會》引徐鍇本『一曰內其中，一曰不耕而種』。」今考《繫傳》並無第二義，《韻會》實本《集韻》，桂說失察。

䥯

《集韻》平聲支韻：「《說文》：鉏屬。」

《說文》十四上金部：「梠屬。从金罷聲。讀若嫣。」

案：大徐作「梠屬」，小徐「梠」作「鉏」，且「屬」下有「也」。《集韻》引亦作「鉏」，然《說文》無「鉏」字，又《廣雅》曰：「䥯，梠也。」故知大徐是也。

⿱艹豦

《集韻》平聲魚韻：「《說文》：菜也似蘇。」

《說文》一下艸部：「菜也似蘇者。从艸豦聲。」

案：小徐本作「菜佀似蘇者」，殆版本譌，「佀似」二字連用，不詞。大徐「佀」作「也」字是。《集韻》引同大徐，唯「蘇」下奪「者」字，宜補。

矈　矈

《集韻》平聲先韻：「《說文》：目旁薄緻矈矈也。一曰密也。」

《說文》四上目部：「目旁薄緻宀宀也。从目魯聲。」

案：鍇本作「目旁薄緻從宀宀也」，「從」字無義，疑衍。許書自部「魯」下訓「宀宀不見也」。「薄緻宀宀者」，說从魯之意也。《集韻》引「宀宀」作「矈矈」，宜改作「宀宀」爲妥。「一曰：密也」，非引《說文》，見《爾雅・釋言》。

槇　槇

《集韻》平聲先韻：「《說文》：木頂。一曰仆木也。」

《說文》六上木部：「木頂也。从木眞聲。一曰仆木也。」

案：小徐作「木也」，楚金案語云「槇，樹杪也」，知今本脫「頂字」。《玉篇》訓「木梢」，《廣韻》下平一先訓「木上」，皆有「頂」意。段氏云：「人頂曰顚，木頂曰槇。」《集韻》引作「木頂」，不誤，唯奪「也」字。

權　權

《集韻》平聲僊韻：「《說文》：黃華木也。一曰反常。一曰稱錘。」

《說文》六上木部：「黃華木。从木雚聲。一曰反常。」

案：二徐竝作「黃華木」，《集韻》引衍「也」字。「一曰反常」四字，《繫傳》無。田吳炤《二徐箋異》云：「反常曰權，此《公羊》義，許或从之，小徐疑敚。」「一曰稱錘」，非引許書，《廣雅・釋器》：「錘謂之權。」《集韻》蓋取意於此。

郇　郇

《集韻》平聲爻韻：「《說文》：姓也。」

《說文》六下邑部：「地名。从邑包聲。」

案：大徐作「地名」，小徐「地」作「城」，又衍「也」字，蓋譌。《玉篇》注亦作「地名」。《集韻》引作「姓也」，誤。方氏《集韻考正》云：「地名謁姓也，據宋本及《類篇》正。」

鋃

《集韻》平聲唐韻：「《說文》：鋃鐺鎖也。」

《說文》十四上金部：「鋃鐺。瑣也。从金良聲。」

案：大徐作「鋃鐺。瑣也」，小徐「瑣」作「鎖」，《集韻》引同。然段云：「瑣，俗作鎖，非。瑣爲玉聲之小者，引申之彫玉爲連環不絕謂之瑣。漢以後，罪人不用纍紲，以鐵爲之，謂之鋃鐺，遂製鎖字。」段氏又引《楚辭》「文如連瑣」爲說。是知作「鎖」，非也。

斛

《集韻》平聲唐韻：「《說文》：量物溢也。」

《說文》十四上斗部：「量溢也。从斗旁聲。」

案：「量」下，小徐、《集韻》有「物」字，恐非。《玉篇》注亦作「量溢也」，無「物」字。

堂

《集韻》平聲庚韻：「《說文》：距也。」

《說文》二上足部：「歫也。从止尙聲。」

案：小徐、《集韻》作「距也」，誤。「堂」字，从「止」得義，「歫」見《說文》同部，亦訓「止」。「距」見「足」部，訓「雞距也」，意有專指。

軿

《集韻》平聲青韻：「《說文》：輕車。」

《說文》十四上車部：「輜車也。从車并聲。」

案：小徐作「輶車」，恐非。許書「軿」上承「輜」，訓「軿車，前衣車後也」，與此互訓。《玉篇》注亦有「輜車也」三字。《集韻》引作「輕車」，《韻會》九青引同。嚴氏《校議》謂「輕車」亦可通，「輕車」固可通也，然疑「輕」爲「輜」之形誤。

突

《集韻》平聲侵韻：「《說文》：深也。一曰竈突。」

《說文》七下穴部：「深也。一曰竈突。从穴，从火，从求省。」

案：大徐作「一曰竈突」，小徐作「一曰竈突」，《集韻》引同小徐。然《玉篇》訓「竈突」，與大徐同。《廣韻》下平二十一侵訓「突也」，方成珪《集韻考正》「一曰竈突」下云：「小徐本同。宋本及大徐本作『竈突』，段氏校从大徐。」故當作「竈突」爲是。

涌　涌

《集韻》上聲腫韻：「《說文》：滕也。一曰：水名在楚國。」

《說文》十一上水部：「滕也。从水甬聲。一曰涌水在楚國。」

案：大徐作「一曰涌水在楚國」，小徐作「一曰涌水在楚」，然《韻會》引「楚」下有「國」字，是小徐本舊亦有。《集韻》引作「一曰水名，在楚國」，蓋以意改之也，非許氏之舊。

巩　巩　𢀜　𢀜

《集韻》上聲腫韻：「《說文》：褢也。或从手（𢀜）。」

《說文》三下丮部：「褢也。从丮工聲。𢀜，巩或加手。」

《說文》十二上手部：「攤也。从手巩聲。臣鉉等案：丮部有𢀜與巩同。此重出。」

案：重文「𢀜」，大徐云：「巩或加手。」小徐云：「巩或從手。」田氏《二徐箋異》：「𢀜既从丮矣，又从手，故曰：『或加手』當是舊本語。小徐改成『或從手』，失恉。」然則小徐、《集韻》引「从」字當改作「加」。又「𢀜」字又見許書手部，訓「攤也」。鈕氏《校錄》云：此不應爲重文，疑後人增。王筠《句讀》即以已見手部而刪。檢《集韻》無訓「攤也」之𢀜，然則丁氏以手部之「𢀜」重出，不取其訓。段氏亦主𢀜字已見丮部，手部不當重出之說，與王、鈕所見適反。

𨥨　𨥨

《集韻》上聲紙韻：「《說文》：函屬。一曰瑩鐵。」

《說文》十四上金部：「臿屬。从金危聲。一曰瑩鐵也。讀若跛行。」

案：大徐作「臿屬」，小徐作「臿金也」，《廣韻》上聲四紙引作「臿屬」，同大徐，則小徐非是。《集韻》引「臿」形訛作「函」，當改。「瑩鐵」上，小徐複舉「𨥨」字，且下有「也」字。

𤸌 疛

《集韻》上聲止韻：「《說文》：瘕也。」

《說文》七上疒部：「瑕也。从疒㞢聲。」

案：鍇本作「瘕病也」，《玉篇》注亦同。然段氏《注》、王筠《句讀》竝從大徐作「瑕也」，段云：「古本皆作『瑕』，椎小徐及毛本及《集韻》作『瘕』，恐是譌字耳。疛之言疵也。」王云：「《左傳》『余取余求，不女疵瑕也。』蓋當作此疛。」二氏之說甚可取，今從之。《集韻》引「瘕」字，當改从王。」

芐 芐

《集韻》上聲姥韻：「《說文》：地黃也。引《禮》：鈃毛、牛藿、羊芐、豕薇是。」

《說文》一下艸部：「地黃也。从艸下聲。《禮記》：鈃毛、牛藿、羊芐、豕薇是。」

案：「《禮記》」小徐作「《禮》曰」。許書引《儀禮》單偁爲《禮》，「鈃毛」等語爲《禮記・公食大夫》文，《韻會》七麌引作「《禮記》」，是小徐眞本亦同大徐。今小徐作「《禮》曰」，或經後人妄改。《集韻》引作「《禮》」亦誤。

鑸 鑸

《集韻》上聲賄韻：「《說文》：鋃鑸也。」

《說文》十四上金部：「鍡鑸也。从金壘聲。」

案：大徐作「鍡鑸也」，小徐作「不乎也」，「鍡鑸」疊用字，許書「鍡」下訓「鍡鑸，不平也」，「鑸」下，宜作「鍡鑸」，小徐非是。《集韻》引從大徐，唯「鍡」字作「鋃」，形譌也。

鈗 鈗

《集韻》上聲準韻：「《說文》：侍目所執兵也。引《周書》：一人冕執鈗。」

《說文》十四上金部：「侍臣所執兵也。从金允聲。《周書》曰：一人冕執鈗，讀若允。」

案：「侍臣」上，小徐有「從」字，疑衍。「侍臣」二字，義已足，大徐語簡明可從。《集韻》引「臣」作「目」，形似而譌也。「一人冕執銳」，《書・顧命》文，小徐本無「一人」二字。

𣑭 椵

《集韻》上聲馬韻：「《說文》：木，可作林几。」

《說文》六上木部：「木，可作牀几。从木叚聲。讀若賈。」

案：大徐「可作牀几」，小徐作「可作伏几」。《玉篇》「椵」注云「木，可作床几」，段氏亦從大徐，是作「牀」不誤也。《集韻》引作「林几」，「林」爲「牀」之形誤明矣。

觟 觟

《集韻》上聲馬韻：「《說文》：牝牂羊生角者也。」

《說文》四下角部：「牝牂羊生角者也。从角圭聲。」

案：小徐作「牝牂羊生角者也」，《集韻》引同。然許書牛部無牂，羊部「牂」下曰「牝羊也」，故知大徐是也。

瓬 瓬

《集韻》上聲養韻：「《說文》：周家搏埴之功也。」

《說文》十二下瓦部：「周家搏埴之工也。从瓦方聲。讀若抵破之抵。臣鉉等曰：柢音亢非聲。未詳。」

案：「周家搏埴之工」，「工」字，小徐作「功」，誤。《考工記》曰：「搏埴之工陶瓬。」《集韻》引亦誤。

彰 彰

《集韻》上聲靜韻：「《說文》：清節也。」

《說文》九上彡部：「清飾也。从彡青聲。」

案：小徐作「飾也」，「清」字蓋脫，《集韻》引同大徐，唯「飾」譌作「節」。《玉篇》、玄應《一切經音義》卷十二引竝作「清飾也」。

麔 麔

《集韻》上聲有韻：「《說文》：麋牝也。」

《說文》十上鹿部：「麋牡者。从鹿咎聲。」

案：《爾雅・釋獸》：「麎，牡麔，牝麎。」是大徐作「麎牡者」，與《爾雅》合，小徐作「麎牝者」，非。《集韻》引誤從小徐，「者」又改作「也」。許書鹿部麎注曰「牝麎也」，則此下不當云牝矣。

𢔎 後

《集韻》上聲厚韻：「《說文》：遲也。从彳么久者，後也。徐鍇曰：幺猶纚躓之也。古从辵（逡）。」

《說文》二下彳部：「遲也。从彳幺夂者，後也。徐鍇曰：幺猶纚躓之也。逡，古文後从辵。」

案：《繫傳》作「遲也。從幺夂者，後也」，脫彳字，《集韻》引同大徐，唯「幺」訛作「么」，「夂」訛作「久」，宜改。

𨞺 鄉

《集韻》去聲絳韻：「《說文》：里中道也。或作巷。」

《說文》六下𨛜部：「里中道。从𨛜，从共，皆在邑中所共也。巷，篆文从𨛜省。」

案：大徐作「里中道」，小徐作「邑中道」，王筠《句讀》云：「字從邑，故言邑，大徐作里，非。」然段氏從大徐作「里」，注云：「不言邑中道，言里中道者，言邑不該里，言里可該邑也。析言之，國大邑小，邑大里小；渾言之，則國色通偁，邑里通偁。《載師》注曰：『今人云邑居里。』此邑里通偁也。《高祖紀》云：『沛豐邑中陽里人。』此邑里析言也。」依段說，則大徐意較長，《集韻》引從大徐，唯句末衍「也」字。

䘗 被

《集韻》去聲寘韻：「《說文》：寢衣長一身有半。一曰加也。」

《說文》八上衣部：「寑衣長一身有半。从衣皮聲。」

案：「寑衣」之「寑」，小徐作「㾛」，誤。寑，臥也；㾛，臥疾也。《集韻》作「寢」，俗字也。《論語・鄉黨》曰：「必有寢衣，長一身有半。」孔安國曰：「今被也。」「一曰：加也」，非引《說文》，見《廣雅・釋詁》。

轛 轛

《集韻》去聲至韻：「《說文》：車橫軨也。引《周禮》：參分軹圍，去一以箱為轛圍。一曰車。」

《說文》十四上車部：「車橫軨也。从車對聲。《周禮》曰：參分軹圍，去一以為轛圍。」

案：「橫」下，小徐無「軨」，蓋脫。《玉篇》注亦作「車橫軨也」，《集韻》引「軨」訛作「幹」，當改。「參分軹圍，去一以為轛圍」，《考工記・輿人》文，《集韻》引「以」下衍「箱」字，當刪。「一曰：車」，非引許書，丁度等增。

蕢

《集韻》去聲至韻：「《說文》：艸器也。古（臾），象形。引《論語》：荷臾而過孔氏之門。」

《說文》一下艸部：「艸器也。从艸貴聲。臾，古文蕢。象形。《論語》曰：有荷臾而過孔氏之門。」

案：「荷臾而過」，小徐作「荷蕢而過」，案二徐引經皆在重文「臾」下，宜從大徐作「荷臾而過」。二徐「荷」上竝有「有」字，《集韻》引誤脫，宜補。

署

《集韻》去聲御韻：「《說文》：有所网屬。徐鍇曰：署置之言羅絡之，若罘网也。」

《說文》七下网部：「部署有所网屬。从网者聲。徐鍇曰：署置之言羅絡之，若罘网也。」

案：鍇本作「部署也，各有所有也，网屬也」，衍字過多，致本誼不顯，當以大徐本為是。《集韻》引「有所网屬」上脫「部署」二字，當補。

銴

《集韻》去聲祭韻：「《說文》：車撻結也。一曰：銅生五色。」

《說文》十四上金部：「車樘結也。一曰銅生五色也。从今折聲，讀若誓。」

案：二徐竝作「車樘結也」，《集韻》引「樘」作「撻」，譌从手。許書木部「樘」下曰：「衺柱也。」「色」下，小徐無「也」字，《集韻》引同。

䟴

《集韻》去聲夳韻：「《說文》：步行躐跋也。」

《說文》二下足部：「步行躐跋也。从足貝聲。」

案：《繫傳》作「步行躐跋也」，《集韻》引同。然《說文》無「躐」字，《玉篇》亦云「步行獵跋也」，故宜從大徐爲是。」

旆

《集韻》去聲夳韻：「《說文》：繼旐之旗。沛然而垂。」

《說文》七上㫃部：「繼旐之旗也。沛然而垂。从㫃宋聲。」

案：「繼旐之旗」下，小徐無「也」字，「沛然而垂」下有。段氏云：「旗者，旌旗之總名。」《爾雅・釋天》「繼旐曰旆」，是「也」字當在「旗」下，段《注》本即從大徐。《集韻》引「旗」下當補「也」字。

瞀

《集韻》去聲候韻：「《說文》：低目謹視也。一曰目不明也。」

《說文》四上目部：「氐目謹視也。从目敄聲。」

案：《繫傳》作「低目謹視也」，《集韻》引同。唯許書無低字，多用氐字爲之，故宜以大徐本爲是。「一曰目不明也」，非引許也，見《玉篇》。

楘

《集韻》入聲屋韻：「《說文》：車曆錄。束交也。引《詩》：五楘梁輈。」

《說文》六上木部：「車歷錄束文也。从木敄聲。《詩》曰：五楘梁輈。」

案：「車歷錄」二徐竝同，《集韻》引「歷」作「曆」，當改。大徐作「束文也」，小徐「文」作「交」，《集韻》引同。嚴氏《校議》云：「『束文』，宋本及《韻會》一屋引同，毛本刓改『文』字作『交』，與《集韻》一屋引同。按《小戎》疏云：『歷錄者，謂所束之處因以爲文章歷錄然』。歷錄，蓋文章之貌也。又云：『每束皆有文章歷錄』，議依初刻。」然則大徐作「文」是也，小徐、《集韻》引作「交」，竝非。

⿱竹肑

《集韻》入聲覺韻：「《說文》：手足指節鳴也。通作肑。」

《說文》四下筋部：「手足指節鳴也。从筋省，勺聲。肑，筋或省竹。」

案：小徐本作「手足指節之鳴者也」，「之」「者」二字衍。《玉篇》注同大徐，可證。重文「肑」，大徐作「或省竹」，小徐作「或省」，語雖有異，然無關大義。《集韻》曰「通作肑」則欠當，肑爲或文，非借字也。

璱

《集韻》入聲櫛韻：「《說文》：玉英華相帶如瑟弦。引《詩》：璱彼玉瓚。」

《說文》一上玉部：「玉英華相帶如瑟弦。从玉瑟聲。《詩》曰：瑟彼玉瓚。」

案：引《詩》，小徐作「璱彼玉瓚」，《集韻》引同。今《詩・旱麓》作「瑟」，大徐引合，《釋文》云「瑟，又作璱」，不云「《說文》作璱」，知舊本無異文。《韻會》四質引亦作「瑟」，則小徐原未加玉旁。嚴章福《說文校議》曰：「此引經說假借例，與玠下引介圭同。」

茁

《集韻》入聲迄韻：「《說文》：㕞也。」

《說文》一下艸部：「刷也。从艸屈聲。」

案：小徐本作「㕞也」，《集韻》引同。然段注云：「㕞，當作刷字之誤也。㕞，拭也。刷，掊把也。茁之言掘也，與掊杷義近。」故知當以大徐作「刷」爲是。桂氏《義證》曰：「字或从竹。《廣雅》：篙，謂之刷。」亦可爲佐證。

髍

《集韻》入聲月韻：「《說文》：臀骨也。」

《說文》四下骨部：「臋骨也。从骨厥聲。」

案：小徐作「臋骨也」，考《玉篇》「髍」作「臋」，注云「臋骨也」，故知大徐作「臋」是也。《集韻》引「臋」作「臀」，同小徐，宜改。

扴

《集韻》入聲黠韻：「《說文》：亂也。」

《說文》：十二上手部：「刮也。从手介聲。」

案：大徐本作「刮也」，小徐作「括也」，《玉篇》注同大徐，亦作「刮也」，《集韻》引作「亂也」，非是。

㳂 泬

《集韻》入聲屑韻：「《說文》：水从孔穴出也。」

《說文》十一上水部：「水从孔穴疾出也。从水从穴，穴亦聲。」

案：《繫傳》作「水從孔疾出也」，田吳炤《二徐箋異》云：「《玉篇》有古穴，呼決二切，此字宜兼形聲，乃合水。从孔下穴字，亦不可媘。」《集韻》引「孔」下亦有「穴」字，唯脫「疾」字，當補。

甓 甓

《集韻》入聲錫韻：「《說文》：瓴甓也。引《詩》：中唐有甓。」

《說文》十二下瓦部：「瓴甓也。从瓦辟聲。《詩》曰：中唐有甓。」

案：大徐作「瓴甓也」，小徐「甓」作「甋」。《說文》無「甋」，工部「甓」下曰：「瓴適也」。《詩・陳風》「中唐有甓」，《傳》曰：「甓，令適也。」《釋宮・釋文》說亦同。《集韻》引作「瓴甓也」，方氏《考正》云：「甓譌甓，據宋本及大徐《說文》正。小徐本甓作甋，《韻會》同，段氏校本作令適。」

草 萆

《集韻》入聲錫韻：「《說文》：雨衣。一曰蓑衣。一曰萆藨，艸名，似烏韭。」

《說文》一下艸部：「雨衣。一曰衰衣。从艸卑聲。一曰萆藨，似烏韭。」

案：「一曰：衰衣」之「衰」，小徐本作「蓑」，《集韻》引同。《說文》衣部「衰」下云：「秦謂之萆。」與此轉相爲訓，是知當從大徐作「衰」。今俗謂雨衣爲蓑衣，「蓑」乃後起字，非正字也。又「一曰：萆藨，似烏韭」，小徐作「一曰：萆歷，佀烏韭」，嚴氏《校議》云：「萆藨疑即釋艸藨麃，小徐作萆歷，俟考。」《集韻》引同大徐，唯以意加「艸名」二字。

㱁 歡

《集韻》入聲錫韻：「《說文》：且唾聲。一曰小皃。」

《說文》八下欠部：「且唾聲。一曰小笑。从欠毄聲。」

案：「且唾」下，小徐無「聲」字，蓋脫。《玉篇》引亦作「且唾聲」。第二訓，大小徐竝作「小笑」，《集韻》引作「小皃」，段氏「小笑」下注云：

「此與《字林》之謚音義同，《集韻》、《類篇》皆作小皃，葢奪笑字。」

激

《集韻》入聲錫韻：「《說文》：礙衺疾波也。一曰半遮也。」

《說文》十一上水部：「水礙衺疾波也。从水敫聲。一曰半遮也。」

案：鍇本作「水礙也，疾波也」，然《玉篇》引同大徐，可證大徐不誤，《集韻》引則奪「水」字。「衺」作「也」，則別爲二義矣。

榙

《集韻》入聲合韻：「《說文》：榙𣜂，似李。」

《說文》六上木部：「榙𣜂，果似李。从木荅聲。讀若嚃。」

案：《繫傳》作「榙𣜂木」，無「果似李」三字。《玉篇》「𣜂」下注：「榙𣜂，果名，似李。」《廣韻》入聲二十七合「榙」下注：「榙𣜂，果名，似李。出《埤蒼》。」據此，則「果似李」三字宜有。《集韻》引「似李」上敓一「果」字，當補。

欇

《集韻》入聲葉韻：「《說文》：木葉搖白也。一曰木名，似白楊。」

《說文》六上木部：「木葉榣白也。从木聶聲。」

案：大徐作「木葉榣白也」，小徐「榣」作「搖」，恐非。許書「榣」訓「樹動也」，是許氏之舊當從木。「一曰」者，非引《說文》，《爾雅·釋木》：「楓，欇欇。」郭注：「楓樹，似白楊。」丁氏或本此也。